PSICOLOGIA FENOMENOLÓGICA HERMENÊUTICA

QUESTÕES CONTEMPORÂNEAS

PSICOLOGIA FENOMENOLÓGICA HERMENÊUTICA

QUESTÕES CONTEMPORÂNEAS

Henriette Tognetti Penha Morato (Org.)
Paulo Eduardo Rodrigues Alves Evangelista (Org.)

Coleção Fenomenologia e Psicologia Clínica

Artesã

Psicologia fenomenológica hermenêutica:
questões contemporâneas

DIRETOR
Alcebino Santana

DIREÇÃO DE ARTE
Tiago Rabello

REVISÃO
Giovanna Marques Hailer Felipe

CAPA
Artesã Editora

PROJETO GRÁFICO E DIAGRAMAÇÃO
Conrado Esteves

Catalogação na publicação
Elaborada por Bibliotecária Janaina Ramos – CRB-8/9166

P974

Psicologia fenomenológica hermenêutica: questões contemporâneas / Organização de Henriette Tognetti Penha Morato, Paulo Eduardo Rodrigues Alves Evangelista. – Belo Horizonte: Artesã, 2024.

(Fenomenologia e psicologia clínica, V. 6)

320 p.; 14 X 21 cm

ISBN 978-85-7074-118-9

1. Fenomenologia. 2. Hermenêutica. 3. Psicologia clínica. I. Morato, Henriette Tognetti Penha (Organizador). II. Evangelista, Paulo Eduardo Rodrigues Alves (Organizador). III. Título.

CDD 142.7

Índice para catálogo sistemático
I. Fenomenologia

IMPRESSO NO BRASIL
Printed in Brazil

(31)2511-2040 (31)99403-2227
www.artesaeditora.com.br
Rua Rio Pomba 455, Carlos Prates - Cep: 30720-290 | Belo Horizonte - MG
/artesaeditora

Sumário

ENQUADRAMENTOS TEÓRICOS

CASOS E SITUAÇÕES

O desafio dos factos na sua singularidade e o caminho fenomenológico-hermenêutico

Irene Borges-Duarte
Praxis | Universidade de Évora

Temos em mãos uma colectânea de estudos procedentes do Grupo de Trabalho de Psicologia Fenomenológico-Hermenêutica e Questões Contemporâneas, integrante da ANPEPP, que se reuniu, pela primeira vez em presença, em Natal, a 26 de setembro de 2023. Creio ser fiel ao seu espírito, chamando a atenção para os vectores que marcam a pesquisa, em todos presente: por um lado, o ensaio de compreender a diversidade de casos e contextos pelo caminho da sua chegada às narrativas em que se dão a ver, fenomenologicamente, e a ler como singularidades existenciais; e, por outro lado, a convicção de que são acontecimentos que transcendem os limites da clínica, abrindo-se num horizonte epocal em que se conjugam perspectivas, sempre e em cada caso, moduladas e nunca redutíveis ao patológico. Apresentam-se formas de vida e modalidades de sofrimento, sensíveis aos tempos e aos seus espaços de jogo, como modos de ser no mundo e de nele, poder "estar à deriva", como tão belamente destaca Barbosa, num dos textos aqui reunidos.

O pensamento dos filósofos e das filósofas da existência, que serve de apoio à linha fenomenológico-hermenêutica de abordagem na prática psicológica e na sua extensão clínica, é referido com cuidado e abrangência, no enquadramento das referências e na compreensão das situações concretas, completando-se muitas vezes com recurso a pesquisas qualitativas e quantitativas, sem, porém, se cair na tentação da mera objectividade, a que tantas vezes dão lugar a investigações de outras tipologias. No centro da atenção da presente colectânea permanece, pois, o fenómeno pleno da existência, que é de todos, sendo de cada um, neste mundo em que nos lançamos como projecto (individual e também colectivo), mas em que nos perdemos entre os jeitos epocais desta nossa civilização consumista e acelerada. O que vive no projecto definha no ajeitar-se acomodado e pode chegar a extinguir-se, nos dejectos do não viver, de que é vital poder libertar-se.

Ao contrário de outras abordagens, nascidas na proximidade da Medicina e da sua intenção curativa, como aconteceu com a Psicanálise nos seus primórdios, ou na sequência de uma concepção intervencionista objectificante, que procura corrigir desvios à norma do que se considera padrão de saúde mental, o caminho fenomenológico-hermenêutico e de análise existencial não busca curar, mas acompanhar, não quer intervir, mas assistir. Não espera encontrar "doentes", mas apenas seres humanos feridos na sua vulnerabilidade constitutiva e plural. Não se debruça sobre as profundezas da mente, mas sobre as singularidades da existência, à maneira de cada um, neste nosso mundo de hoje, que no Brasil se apresenta com características próprias. Não aplica, portanto, uma norma – seja ela conceptual-ideológica ou metodológica –, antes se limita a traduzir em linguagem as falas diversas dos idiomas de cada um, que são verbais, mas também gestuais, coligindo o disperso em narrativas susceptíveis de serem analisadas em comum, pelo(s) paciente(s) e pelo(s) terapeuta(s), num esforço de compreensão que permita elaborar e, na melhor das hipóteses, superar a situação crítica, que deu lugar ao encontro terapêutico.

A articulação do que aparece no seu aparecer é o sentido primordial do que diz a palavra "fenomenologia": dar estrutura discursiva (lógos) ao que, sem ela, se dissimula ou oculta por falta de sentido articulado. Só pela constituição de uma narrativa o que foi (ou está a ser) sentido e sofrido ganha sentido, podendo ser descrito, incorporado, interpretado. E só pela conversa, pela interlocução, o vivido é contado e, assim, escutado e compreendido como tal: no seu carácter doloroso ou penoso, mas também no alívio de, pela palavra, se libertar o seu peso insoportável. A abordagem fenomenológico-hermenêutica da existência constitui-se como um caminhar em companhia pelos trilhos pedregosos da vida quotidiana, que rompem a continuidade das rotinas, do andar pelas estradas asfaltadas da vertiginosa, mas cómoda, civilização contemporânea. Passar por esses maus passos deverá permitir não tanto evitá-los, mas fazer-lhes frente, compreendendo-os na sua inevitabilidade.

Como venho defendendo, fazendo uso da terminologia do jovem Heidegger, que Gadamer, posteriormente, desenvolveu a seu modo e maneira, tratar-se-ia de tomar em propriedade a "situação hermenêutica" de cada um, para compreendendo-a – isto é, reconhecendo o ponto de vista de que cada um parte, e as perspectivas que de aí se abrem, sempre limitadas, no horizonte por elas enquadrado – poder superá-la, saltando a outro patamar de análise, em que a situação anterior é vista de um ângulo diferente, com outras perspectivas e, portanto, num horizonte mais amplo. Aquilo que, à partida, se dava por bom ou por normal, pode assim passar a ser visto de outro modo, propiciando-se uma mudança de situação, com o correspondente ajuste da forma de vida. A questão fundamental está, pois, na possibilidade de uma reestruturação das modalidades de existência, mediante a possibilidade de trazer à palavra, em diálogo, a compreensão afectiva, que embora operante desde o princípio, estava parcialmente obstruída na sua articulação devido às ideias feitas, culturalmente latentes e subjectivamente padronizadas. Seja em emergência, no plantão, ou em atendimento continuado, em clínica, a assistência solícita ao paciente dá-se sempre como o apoio à sua capacidade de cuidar de si, mediante a mudança da sua situação hermenêutica, que não é outra senão a compreensão de aquela em que estava preso.

Nesta saga da relação terapêutica são fundamentais as vias de acesso afectivo ao que, tantas vezes, à partida, ainda não tem nome e, por isso, não pode ser dito, pois não consta das crenças naturais do horizonte inicial do paciente. A angústia (Teixeira, Barreto & Leite), que estreita a entrada do mundo da vida, a que cada um pertence, ou o luto pela morte de um próximo (Cavalcante Filho & Barreto), que altera totalmente a configuração desse mundo singular, a depressão e o estado de isolamento ou solidão (Evangelista e.a.) ou o que, em geral, denominamos sofrimento (Halfeld), são fenómenos que irrompem na existência, arrebatando a confiança em que se ampara o sentimento de bem-estar, sem o qual a vida cambaleia. São, pois, estes alguns dos temas com que este livro nos enfrenta, como também o são o cuidado amoroso (Iorio) ou o sentimento de solidão ou de conflito (Evangelista e.a.), por diferentes motivos. Sem perder de vista a importância principial da compreensão que o sentir abre, é, porém, no estudo de situações concretas e, em especial, do "ser em situação" (Mattar & Guimarães; Morato) que me parece centrar-se a sua contribuição mais importante, bem como no mapeamento dos procedimentos de registo e análise das narrativas que permitem desenhá-las.

No que respeita à primeira destas questões, encontramo-nos com vários ensaios que se movem no horizonte do mundo universitário, quer do ponto de vista docente (Oliveira & Barreto), na perspectiva da adaptação e progressão na carreira universitária, quer do discente (Evangelista e.a.), na expectativa da aceitação pelo meio académico e na da integração no mundo do trabalho. Ambas as referências se contextualizam numa situação hermenêutica definida pelos parâmetros do neoliberalismo aplicado à vida universitária, no quadro epocal da cultura tecnológica, que incentiva a produtividade, mas procede por corte de recursos aos mais desfavorecidos e, de facto, fomenta segregações de diversos tipos, de que são particularmente gritantes aquelas que refletem a desigualdade económica, étnica ou de género. É atendida com particular atenção a situação resultante da recente pandemia (Evangelista e.a.; Iorio), na sua repercussão sobre as vidas individuais e institucionais, e as configurações em que tem lugar a tendência ao suicídio, seja em grau de ideação seja de tentativa, não só no âmbito universitário (Oliveira & Barreto), mas também no da vida familiar (Cavalcante Filho & Barreto). Estas referências, transversais a todos os ensaios compilados, revelam claramente a imbricação dos traços individualizados de cada caso apresentado com as características da cultura contemporânea, na sua latência e impessoalidade, interagindo na situação existencial e na sua repercussão hermenêutica.

Destaca-se, assim, a vigência da via fenomenológico-existencial que, em contraste com a investigação de um sujeito psicológico e das suas patologias psíquicas e psicossomáticas, enfoca o fenómeno total da existência, nas suas dimensões circunstancial e epocal, no agir conjunto do próprio e do impessoal.

Não são, neste sentido, de negligenciar os parâmetros metódicos deste modelo de abordagem, que aparecem especialmente atendidos (Evangelista et al.; Mattar & Guimarães; Morato), para além do já referido mapeamento do registo e análise das narrativas, presente em todos os trabalhos, embora com particular enfoque na vertente metódica por Morato e por Nunes. Nestes autores, o caminho metódico apresenta-se matizado numa abordagem faseada, no contexto de plantão, que se orienta por "questões-bússola" e progride "cartograficamente", encontrando na teoria hermenêutica – nomeadamente, em Gadamer, sem esquecer Heidegger – o apoio reflexivo, que ampara a organização das narrativas recolhidas em campo e permite um registo integrado e coerente da situação clinicamente relevante, susceptível de análise e discussão, em acompanhamento da acção clínica.

A especial atenção prestada ao horizonte teórico de inspiração da compreensão terapêutica, que aparece em alguns dos textos deste belo livro, reafirma essa convicção de que a teoria não é o ponto de partida da análise fáctica, de que haja que esperar a resolução dos problemas – como claramente expressa Iorio, logo no início da sua exposição –, mas o enquadramento da sua leitura activa, do seu "sentido articulador" mesmo se velado, como sublinha Halfeld, e, portanto, da possível intervenção e amparo em situações concretas de desamparo num mundo de desenho eminentemente sociopolítico – como destacam Mattar & Guimarães com recurso a Simone de Beauvoir, Barbosa na proximidade de Hannah Arendt, e Halfeld, num arco mais amplo, que liga Heidegger ao hoje de Alice Holzey-Kunz e de Marco Casanova.

É de esperar que o grupo de trabalho, que nesta publicação se dá a conhecer como tal, possa prosseguir o seu trajeto colectivo, pelas via teórico-prática da abordagem fenomenológico-hermenêutica existencial. Atenta ao seu crescimento e frutificação, uno-me à persistência da sua pesquisa como a um movimento de vida activa, que parte do saber-se projecto e jeito de ser-no-mundo, e por isso procura abri-lo a formas mais sãs de criar percursos futuros.

QUESTÕES DE MÉTODO

1

A narrativa como método de pesquisa: modo de realização a partir da experiência em plantão psicológico

André Prado Nunes

Este trabalho explora uma proposta metodológica de pesquisa a partir da transcrição de entrevistas gravadas. Tem como ponto de partida entrevistas realizadas com quatro estagiários no Projeto de Atendimento em Plantão Psicológico (A.P.P.) do LEFE, na clínica-escola do Centro Escola do Instituto de Psicologia da Universidade de São Paulo (CEIP-USP). Essas entrevistas fizeram parte da tese de Nunes (2015), cujo tema era compreender a experiência de estágio destes estudantes neste projeto, visto que a prática de atendimento era ofertada a partir do terceiro semestre da graduação.

Durante a pesquisa, o modo de transpor as entrevistas do relato oral para a escrita mostrou-se um desafio ao pesquisador. A princípio, cada entrevista foi transcrita literalmente e enviada aos respectivos colaboradores. Uma nova conversa, então, foi marcada para esclarecer eventuais aspectos que ficaram nebulosos na primeira gravação.

A leitura destas transcrições revelou-se cansativa e dificultava a compreensão daquilo que se mostrou evidente no registro oral. A fala tinha um ritmo que favorecia o entendimento do encadeamento de ideias no momento da entrevista. Por sua vez, o ritmo da leitura era diferente do diálogo oral, e as ideias apareciam dispersas no texto, bem diferente do modo como se deu a conversa. Além disso, tons e impostações da voz, reveladores de estados de ânimos, bem como pausas e gestos, ficavam ausentes do texto impresso. Os estagiários também reclamaram da dificuldade de compreensão do que foi literalmente transcrito e, a princípio, repreenderam-se por terem sido confusos. Houve um estranhamento, porque o registro oral da entrevista não parecia confuso, mas a transcrição literal sim. As dimensões oral e escrita parecem ter características próprias nos modos como cada uma se oferecia ao ouvinte/leitor e de como conseguiam transmitir o sentido da experiência que se buscava explicitar.

Assim, este trabalho busca fundamentar e propor um procedimento de transcrever entrevistas gravadas em áudio para a forma de relatos narrativos. Tais relatos se diferenciam do formato "pergunta-e-resposta" entre entrevistado e entrevistador, na medida em que se apresentam como uma história narrada em primeira pessoa. Acredita-se que esta proposta narrativa seja uma alternativa metodológica apropriada para a comunicação do sentido da experiência em uma pesquisa, pois a sua construção busca atentar para as especificidades da dimensão escrita.

Abordagem Fenomenológica Existencial do existir: bússola para o caminhar investigativo

A proposta metodológica deste trabalho encontra-se intimamente ligada ao tipo de questionamento inicial da investigação. O modo como se explicita a questão de pesquisa delimita e pré-configura o caminho a ser trilhado na investigação. A pergunta feita de início aos estagiários era:

Como está sendo a sua experiência de estágio neste projeto de plantão?

O "como" presente na interrogação aponta para a busca em compreender a experiência dos estagiários no referido Projeto de Plantão Psicológico. A tarefa de compreensão é distinta da busca por explicações e/ou do estabelecimento de nexos causais, dirigindo-se mais à constituição de significados na busca por sentido. A partir deste questionamento inicial, o entrevistador elaborava as questões seguintes com base nas respostas dos entrevistados, tendo como bússola a noção de que eles deveriam contar histórias e situações de atendimento e supervisão mais do que expressar opiniões e avaliações sobre o estágio. Avaliações revelam mais o julgamento do entrevistado a respeito de algo, baseando-se em seus conceitos prévios, o que se distancia do vivido.

O que se entende por "compreender" nesta perspectiva? Segundo Roberto Novaes de Sá[1]:

> O *Dasein* é abertura de sentido e as dimensões essenciais dessa abertura são denominadas por Heidegger "compreensão" (*Verstehen*) e "disposição" (*Befindlichkeit*). Tal abertura compreensiva não é algo afetivamente neutro, que se restringe ao âmbito intelectual. Toda compreensão já é sempre dotada de uma "coloração" afetiva, de um "humor" ou "disposição". Disposição e compreensão constituem o modo de ser abertura.

No cotidiano, o homem se esquece de sua própria capacidade de interrogar pelo sentido das coisas e do existir,

[1] Sá, R. N. (2006). As influências da fenomenologia e do existencialismo na psicologia. *In* Jacó-Vilela, A. M., Ferreira, A. A. L., Portugal, F. T. *História da Psicologia: rumos e percursos*. Rio de Janeiro: Nau Ed.

tomando a si e ao mundo como previamente dados. Aquilo que lhe aparece desvela-se num horizonte de instrumentalidade, como objetos cujo sentido é natural, seguro e aos quais lhe cabe ocupar-se (*Besorgen*) sem maiores desafios ou surpresas[2]. O homem, como abertura ao sentido, pode realizar o questionamento do que lhe é previamente entregue, descobrindo e ampliando o seu horizonte compreensivo, na medida em que desestabiliza e desnaturaliza o terreno de suas certezas.

Nessa articulação, Critelli[3] contribuiu para marcar que o outro com quem se fala sobre algo não é mero receptor de uma mensagem, mas seu co-elaborador, elemento constituinte da possibilidade desse algo se mostrar. As etapas de testemunho, veracização e autenticação do movimento de realização do real, propostas pela autora em sua analítica do sentido, tornaram-se fundamentais na construção do modo como as entrevistas foram trabalhadas. Compreendendo os sujeitos da pesquisa como co-elaboradores da investigação, possibilitou que o investigador dialogasse continuamente com eles, não somente no momento da entrevista, mas em trocas posteriores. Nestes encontros, os entrevistados puderam ler suas respectivas transcrições, e também, o relativo narrativo final, construído em primeira pessoa. Eles puderam sugerir alterações, argumentando com o investigador sobre elas. As conversas foram realizadas individualmente. No final, cada um aprovou a respectiva narrativa, confirmando que ela se aproximava do sentido da experiência vivida no estágio naquele período de graduação.

Tal proposta metodológica baseia-se na construção de um campo de familiaridade entre os co-elaboradores da

[2] *Ibid.*

[3] Critelli, D. M. (1996). *Analítica do Sentido: uma aproximação e interpretação do real de orientação fenomenológica*. São Paulo: EDUC: Brasiliense.

pesquisa, ao invés de sustentar uma atitude de distanciamento, tradicionalmente presente no campo das ciências. É a proximidade e a constância no contato entre pesquisador e colaboradores que possibilita o surgimento de uma relação, na qual a vivência pode vir a ser uma experiência refletida e os seus significados (verdade) podem ser comunicados. Ainda assim, o investigador não deve aceitar o que é dito prontamente, sem maiores problematizações.

Conforme tarefa hermenêutica proposta por Gadamer[4], a compreensão prévia de mundo presente nos colaboradores constitui o ponto inicial a partir do qual o investigador busca apropriar-se de novas significações, ampliando seu horizonte de sentido. Ainda como "projetar", essa compreensão prévia diz respeito a uma historicidade na qual presente e passado fundem-se constantemente, revelando a força de uma tradição que permeia e tendencia todo esforço compreensivo. Deste modo, ela não pode ser expurgada do modo da investigação.

O que se revela pertinente neste trabalho é dar-se conta e estar atento a essa predisposição que pode impedir o surgimento da alteridade presente na experiência que se busca compreender. Alteridade é justamente deparar-se com o não-sabido, o inesperado, aquilo que oferece resistência ao pensar e provoca o apropriar reflexivo de sentido. É a diferença de saberes que provoca ruptura, colocando a verdade do outro em confronto com as minhas próprias opiniões prévias.

Desse modo, o esforço para compreender o sentido da experiência narrada não envolve somente a desconstrução de conhecimentos prévios sobre este contexto, revelando uma

[4] Gadamer, H. (1997). *Verdade e Método*. Petrópolis, RJ: Vozes.

tradição presente enquanto pré-conceitos. Também envolve a construção de pontes e aproximação com outros saberes, sejam eles já teorizados e categorizados, sejam eles poéticos ou trabalho de criação. O investigador, ciente de seu olhar e de seu modo investigativo, penetra assim na trama de significações, constituindo novos saberes: "O que se exige é simplesmente a abertura à opinião do outro ou à do texto. Mas essa abertura já inclui sempre que se ponha a opinião do outro em alguma relação com o conjunto das opiniões próprias..."[5].

Modo de realização das narrativas

Em termos de procedimentos, essa tarefa se realizou do seguinte modo. No decorrer de cada entrevista, fiquei atento para dar-me conta das sensações de estranhamento e familiaridade diante do que era dito. Como já fora supervisor desses estagiários, a aproximação parecia evidente e, por isso perigosa. Nesse lugar, a convivência semanal com os estagiários pode ocultar "mal-entendidos" em relação àquilo que eu buscava compreender. O perigo de "encontrar" o "já sabido" é maior diante da cumplicidade compartilhada a partir dos atendimentos e supervisões. Por outro lado, a proximidade que pode gerar uma "cegueira", também pode auxiliar o desvelamento do sentido da experiência, pois a intimidade propícia para o testemunho de certas situações já se encontra presente pelo convívio.

Após a gravação das entrevistas, busquei em autores como Pierre Bourdieu[6] e José Carlos Bom Meihy[7], os fundamentos para

[5] *Ibid.*, p. 404.

[6] Bourdieu, P. (Org.). (1997). *A Miséria do Mundo* (3 ed.). Petrópolis, RJ: Vozes.

[7] Meihy, J. C. S. B. (1991). *Canto de Morte Kaiowá: história oral de vida*. São Paulo: Ed. Loyola.

uma transcrição pertinente do registro oral. Segundo estes autores, a passagem do oral ao escrito, assim como o seu reverso, demanda transformações necessárias, pois não se pressupõe que o discurso fale por si mesmo. Neste sentido, pode se considerar a transcrição como já uma interpretação, na trajetória do esforço compreensivo.

Nesta proposta, o pesquisador busca chamar a atenção do leitor para elementos pertinentes à compreensão que podem passar desapercebidos. Isso pode ocorrer pelo modo como a pontuação é utilizada: vírgula, ponto e dois pontos buscam guiar a atenção do leitor como pausas progressivas para a respiração. Assim, a atenção do leitor é cuidadosamente conduzida pela trajetória escrita.

De modo a clarear esse modo de realização, observe a seguir o trecho de uma entrevista transcrita, com o colaborador que denomino Caio:

Transcrição Literal da Entrevista

Caio: Da outra vez eu atendi com o Guilherme um rapaz que veio e me deu um estranhamento muito grande! E eu não sabia o que estava acontecendo, de onde vinha, mas achei muito estranho! E eu fiquei com isso... e subindo aqui para a sala é que foi ganhando forma... a possibilidade de uma pessoa em crise mesmo... que demandava até um encaminhamento! E foi o que aconteceu. No dia seguinte eu liguei para a Katia... conversamos e depois eu liguei para ele e sugeri ir ao CAPS da região dele... *E essa foi uma situação em que vendo aquele estranhamento eu poderia ter parado e subido para a supervisão já que aqui tem esse espaço no meio do atendimento... eu poderia ter usado esse espaço melhor.*

Ent.: A gente tem percebido que as pessoas têm interrompido mais os atendimentos e antes isso não acontecia. Talvez a equipe de supervisores também precise colocar de forma mais incisiva essa possibilidade...

Caio: Eu acho muito bom quando acontece isso... é um lugar que você pode parar... até *quando você sai da sala e começa a subir para cá as coisas já ganham uma forma melhor*... porque com esse rapaz foi difícil mesmo, era até difícil explicar como ele estava...

Ent.: E como foi a supervisão?

Caio: ...na verdade *a supervisão foi mais mostrando como esse estado de estranhamento poderia ser uma coisa próxima de um possível surto... de um estado muito fragilizado... e que isso vem do próprio estranhamento...* e essa percepção que eu tive poderia indicar alguma coisa nesse sentido... de uma certa urgência até na situação... no final eu nem sei o que aconteceu porque ele não veio mais... ele foi encaminhado para o CAPS e na conversa se manteve a oportunidade dele voltar ao Plantão... mesmo assim ele não voltou... *mas de todo o modo acho que ajudou a ganhar forma vendo a possibilidade daquilo... naquela situação eu não estava vendo o que poderia acontecer... e era o que dava um peso para a situação... e isso apareceu na supervisão...*

Ent.: Eu não entendi. Você está falando do modo como ele se apresentava?

Caio: Recordando do atendimento... ele estava muito tenso, rígido, contraído... e falando que tinha sempre de se segurar... se manter contido... e não conseguia falar o que aconteceria se não conseguisse se manter assim... ao mesmo tempo ele relatou uns casos de abuso de uma maneira muito distanciada... como se fosse fácil relatar esses eventos... e então deu esse estranhamento... não tanto por esse discurso meio distante, mas *acho que foram pincelados alguns aspectos do atendimento aos poucos...* ele está com uma postura contraída... ele se diz contraído... ele tem visto o mesmo episódio de um desenho que envolve a destruição de todo mundo... e ele é um dos responsáveis por essa destruição... *então acho que foi apurando... eu fui pegando vários aspectos que ficaram soltos... soltos não... distantes! Fui tornando esses aspectos mais próximos... e aí ganha uma outra gravidade a situação... muda a perspectiva... porque* às *vezes no atendimento você vê uma coisa e não liga com a outra...*

Ent.: E aí vocês pensaram no encaminhamento para o CAPS?

Caio: *A gente tinha deixado em aberto para ele voltar à semana que vem... e a outra semana seria feriado... só que aí eu cheguei em casa e percebi que aquele atendimento ainda estava comigo! Eu não acho que só porque já passou não dá para fazer nada... mesmo se na supervisão acharam que seria algo "potencialmente" crítico... que eu não tinha visto na hora... primeiro era um estranhamento e depois se formou como algo potencialmente crítico... eu falei: "Não... não tem como... acho que dá para fazer uma coisa mesmo assim..."*. Aí vim aqui, conversei com a Katia, consegui pegar o telefone e conversar com ele. Isso já me aliviou. Eu fiz o que podia ser feito. Se na hora do atendimento eu não consegui fazer o que a situação pedia, agora consegui fazer isso depois... de um jeito diferente...

Ent.: E como ficou para você ele não ter retornado e não ter tido uma continuidade?

Caio: Eu fiquei tranquilo... acho que se ele não veio ou ele não precisou ou encontrou um espaço que precisava em outro lugar... acho que se eu não tivesse ligado aí eu ficaria mais incomodado porque eu sentiria que eu deixei de fazer alguma coisa..., mas desse jeito eu fiz o que pude e se ele não volta é porque tem os seus motivos...

Na etapa de transcrição literal, mantém-se a estrutura tradicional de uma entrevista, identificando o entrevistado e o entrevistador no início de cada fala. Todas as expressões orais registradas são digitadas, ao mesmo tempo em que atenta para o tom de voz de cada um. A audição do registro promove a recordação visual do evento e das cenas ocorridas. Por isso, sugere-se que a transcrição não seja feita muitos meses depois da entrevista gravada em áudio.

No último trecho destacado em itálico, optei por colocar dois pontos e aspas na transcrição da fala de Caio para evidenciar que o que viria a seguir, dentro das aspas, era o seu pensamento-diálogo consigo mesmo. No registro oral, isso era evidenciado por uma pausa na fala e uma mudança de tom dramático na voz, indicando surpresa e confusão. Por essa via, a entrevista literalmente transcrita, segue padrão semelhante. As pausas nas falas foram marcadas por reticências, por isso quase não há ponto final nos trechos em que a entrevistada está expondo as suas reflexões. Quando isso ocorre, geralmente é para marcar a alternância entre os participantes ou tem a finalidade de deixar a transcrição mais compreensível para o leitor. As vírgulas, assim como as reticências, também marcam pausas na fala, mas são pausas mais curtas, que também servem para orientar a compreensão do registro transcrito.

No trecho apresentado, destaquei sete que constam em itálico, pois eles mostram como, a cada etapa da transcrição para uma narrativa, surgem as alterações rumo à versão final do relato.

Seguindo a proposta de Meihy[8], as transcrições, então, são transformadas em textos, anulando a voz do entrevistador, para dar espaço à voz do narrador, incorporando as perguntas no discurso do entrevistado. A textualização visou à reorganização do discurso para fazê-lo literariamente compreensível e agradável ao leitor. Segue o mesmo trecho da entrevista realizada com Caio, porém, em uma tentativa de textualização:

Tentativa de textualização da Entrevista

Caio: O segundo atendimento foi com um rapaz que me deu um estranhamento muito grande! Eu não sabia o que estava acontecendo, de onde vinha, mas achei estranho! E na supervisão é que foi ganhando forma: uma pessoa em crise que demandava um encaminhamento! E foi o que aconteceu. No dia seguinte eu liguei para a Katia, conversamos e depois eu liguei para ele e sugeri o CAPS da região. *Essa foi uma situação em que diante daquele estranhamento eu poderia ter parado no meio do atendimento e subido para a supervisão... eu poderia ter usado melhor esse espaço, porque quando você sai da sala e começa a subir para cá as coisas já ganham uma forma melhor...*

8 Meihy, *op. cit.*

Pensando na supervisão, com esse rapaz foi difícil mesmo... era até difícil explicar como ele estava. *A supervisão mostrou como essa percepção de estranhamento poderia indicar alguma coisa próxima de um surto... de um estado muito fragilizado e até de uma certa urgência.* No final eu não sei o que aconteceu porque ele foi encaminhado e se manteve a oportunidade de ele voltar ao Plantão, mas ele não voltou...

Recordando do atendimento... ele estava muito tenso, contraído e falando que tinha sempre de se segurar... se manter contido... e não conseguia falar o que aconteceria se não conseguisse se manter assim. Ao mesmo tempo ele relatou situações de abuso de uma maneira muito distanciada... como se fosse fácil relatar esses eventos... e então deu esse estranhamento... não tanto por esse discurso distante, mas eu *fui aproximando esses aspectos que ficaram soltos:* ele está com uma postura contraída, se diz contido... ele tem visto o episódio de um desenho que envolve a destruição do mundo todo e ele é um dos responsáveis... *fui apurando e então a situação ganha uma outra gravidade... muda a perspectiva... porque ás vezes no atendimento você vê uma coisa e não liga com a outra...*

Foi daí que surgiu a ideia do encaminhamento para o CAPS: ficou em aberto dele voltar na próxima semana, mas seria feriado na outra semana. Eu cheguei em casa e percebi que aquele atendimento ainda estava comigo! Eu falei: "Não tem como deixar desse jeito... acho que dá para fazer alguma coisa mesmo assim". Voltei aqui e conversei com a Katia, consegui pegar o telefone e conversar com ele. Isso já me aliviou. Eu fiz o que podia ser feito.

> Se na hora do atendimento eu não consegui fazer o que a situação pedia, consegui fazer isso depois... eu fiquei tranquilo mesmo ele não tendo retornado e não havendo uma continuidade. Ou ele não precisou ou encontrou um espaço que precisava em outro lugar. Se eu não tivesse ligado eu ficaria mais incomodado porque eu sentiria que deixei de fazer alguma coisa, mas eu fiz o que pude e se ele não voltou é porque tem os seus motivos...

A parte de textualização da entrevista foi fundamental para que o aspecto narrativo dos relatos, enquanto comunicação da experiência, pudesse começar a sobressair. Observa-se no trecho da transcrição literal que o depoente Caio menciona um atendimento difícil, que lhe causou forte estranhamento. Entretanto, ele afirma que somente após o atendimento, subindo as escadas para a sala de supervisão, é que ele foi se dando conta da intensidade da crise que o cliente expressou. Neste sentido, ele lamenta não ter usado a estratégia de interromper o atendimento no meio para buscar orientação, pois a sugestão de encaminhamento para o CAPs poderia ter sido feita naquele momento, e não no dia seguinte, por meio de uma ligação telefônica.

Segue-se, então, um comentário do entrevistador a respeito de como os supervisores estão percebendo o aumento da busca por supervisões de meio de atendimento. Caio responde esclarecendo como a interrupção do atendimento pode ajudar a organizar as ideias, e o entrevistador o questiona a respeito de como foi a supervisão após o atendimento, gerando um relato mais detalhado do entrevistado sobre a situação.

No momento da textualização, alguns trechos de "pergunta-resposta" devem ser suprimidos, na busca daquilo que, textualmente, consiga expressar com maior clareza e assertividade o sentido do que se busca comunicar. A dimensão da oralidade possui uma cadência diferente da dimensão da leitura. O diálogo entre os dois interlocutores se desdobra na presença um do outro de maneira ágil. Neste diálogo, junto ao de que se conversa, a presença do outro surge também nos gestos, nas expressões, nos silêncios, na dimensão da afetabilidade e da linguagem. O que se comunica em um diálogo, vai além da mera troca de frases. Há toda uma rica linguagem presente nos gestos, nas expressões e nos silêncios que afetam o interlocutor na presença do entrevistador. Essa pro-vocação, como um chamamento, coloca-o em movimento para atentar de modo especial ao que está pensando e falando.

Essa atenção pode fazer com que o entrevistado decida explorar mais suas recordações e reflexões junto ao entrevistador, como é o caso aqui. Mas quem já participou de entrevistas sabe que a mesma atenção pode tomar rumos diferentes. O entrevistado pode optar por censurar-se, mudar de assunto, calar e distorcer o relato. Independentemente da tomada de decisão, o fato é que a presença um do outro, abre-se para ambos num movimento reflexivo de trocas de significados e intenções, muitos deles sutis.

Na dimensão da escrita, a situação é distinta. Não há uma copresença entre dois seres. Há um leitor diante de um texto e, embora o texto gere provocações e reflexões, muito da complexidade dos gestos e expressões presentes na comunicação entre duas pessoas não se encontra aqui. É realmente um grande desafio traduzir esses aspectos expressivos para a escrita, mantendo-se fiel aos seus significados.

Conjugações verbais, repetições de palavras e certas construções de frases, que são pertinentes durante uma entrevista, justamente por serem um esforço de se fazer entender, na escrita tendem a gerar confusão e a aumentar a sensação de cacofonia, eco e aliteração. Por isso, algumas sentenças são redigidas ou cortadas, de modo a facilitar a leitura e a compreensão do leitor.

Na textualização também ocorre a mudança de trechos da entrevista transcrita. Isso ocorre devido à tentativa de buscar certa linearidade de ideias para o leitor. No registro oral, é comum que o entrevistado inicie um assunto e o interrompa no meio para contar outra situação ou exemplo, às vezes, deixando diversos assuntos em aberto. Esses assuntos em aberto costumam ser finalizados depois de longas digressões e parênteses. Alguns até permanecem sem conclusão mesmo após o término da entrevista. Na situação da entrevista, esse fenômeno não parece causar tanto transtorno. A conversa flui mais rapidamente do que a leitura e ocorre o retorno aos assuntos não finalizados depois de breves minutos. Na escrita, entretanto, é mais fácil que o leitor perca a linha de raciocínio ao tentar acompanhar páginas e páginas de histórias e reflexões que se abrem para outras sem aparente conexão entre si. Por isso, a textualização busca alterar algumas partes da transcrição literal em um encadeamento de ideias que facilite ao leitor o contato com o sentido da experiência que se busca comunicar no âmbito de uma investigação nas ciências humanas[9].

Pode-se considerar essa intervenção como uma das mais radicais feitas pelo investigador, na medida em que

9 A dimensão da escrita pode lançar mão de diversos recursos poéticos e linguísticos para a construção de textos e narrativas. Salienta-se que, entretanto, no contexto das ciências humanas, a escrita deva seguir os princípios da clareza, objetividade, assertividade e linearidade.

altera a sequência de como o pensamento do entrevistado se deu durante a entrevista. É por isso que, para legitimá-la, as textualizações, bem como a narrativa final, devem necessariamente passar pelas mãos dos entrevistados. Os colaboradores acompanham cada uma destas três etapas do procedimento de elaboração dos relatos narrativos. Cada um tendo acesso somente aos seus respectivos textos. São os colaboradores que precisam avaliar se essas novas versões dos seus relatos transpostos em textos ainda mantêm o sentido da comunicação oral, respeitando a singularidade de cada relato, ainda que com as sugestões do pesquisador/narrador.

A partir daí, passei para o processo de transcriação, etapa final deste procedimento. Segundo Meihy[10], "o processo de transcriação, enfim, implica evidenciar o narrador em sua essência maior. O que interessa é jogar luzes na narrativa, e não nas intermediações que devem, como os andaimes, cair desde que procedido o trabalho".

Enquanto "elemento comunicativo prenhe de sugestões"[11], a narrativa contempla as vozes dos interlocutores no amálgama das histórias contadas. Ela busca compartilhar uma sabedoria útil à comunidade de destino que a legitima, sem com isso reduzir-se à dimensão pragmática-utilitária que retira o saber do seu contexto.

Por essa via, o trecho apresentado do relato final tem como característica principal a ideia de se afastar do formato de entrevista para chegar à ideia de um conto ou história. O narrador dirige-se ao leitor na busca de apresentar um relato pessoal e reflexivo sobre a situação de estágio:

[10] Meihy, *op. cit.*, p. 33.

[11] *Ibid.*, p. 31.

Relato Final

O segundo atendimento foi com um rapaz que me deu um forte estranhamento! Eu não sabia de onde vinha, mas achei estranho! Ele estava muito tenso... contraído... falava que tinha de se segurar e se manter contido. Ele não conseguia dizer o que aconteceria se não conseguisse se manter assim. Depois, o cara mencionou o episódio de um desenho que envolvia a destruição do mundo... e ele era um dos responsáveis. Ao mesmo tempo, ele relatou situações de abuso de uma maneira distanciada, como se fosse fácil relatar esses eventos. *No atendimento, eu via uma coisa e não ligava com a outra. Na supervisão eu aproximei esses aspectos que ficaram soltos e a situação ganhou outra gravidade, mudou a perspectiva. Eu vi como esse estranhamento indicava algo próximo de um surto, de um estado muito fragilizado e de urgência. Na supervisão tudo ganhou forma: uma pessoa em crise que demandava um encaminhamento!*

Ainda assim, ficou combinado dele voltar na próxima semana para clarear mais essa demanda. Acontece que não lembramos que na próxima semana seria feriado. Então eu cheguei em casa e percebi que aquele atendimento ainda estava comigo! Aquilo não podia ficar daquele jeito! No dia seguinte, conversei com uma das supervisoras. Depois liguei para o cliente e sugeri o CAPS da região. Eu fiz o que podia ser feito e isso já me aliviou. Se na hora do atendimento eu não consegui fazer o que a situação pedia, consegui fazer depois.

Mesmo ele sendo encaminhado, se manteve o convite para retornar ao plantão, mas ele não voltou. Talvez ele tenha encontrado o que precisava em outro lugar. Eu não sei o que aconteceu, mas fiquei tranquilo. Se eu não tivesse ligado eu ficaria mais incomodado, porque sentiria que deixei de fazer alguma coisa, mas eu fiz o que pude e se ele não voltou é porque tem os seus motivos... *Essa também foi uma situação em que, diante daquele estranhamento, eu poderia ter interrompido o atendimento e ido para a supervisão. Eu poderia ter usado melhor esse espaço, porque quando você sai, as coisas já ganham uma forma melhor.*

Neste trecho, os fragmentos realçados em itálico evidenciam as alterações na sequência das frases no caminhar da construção de um texto que propicie o acesso à experiência narrada. Caio descreve toda a situação, desde o atendimento, passando pela supervisão posterior, até o desfecho de encaminhamento para o CAPS. Somente depois disso ele faz uma reflexão acerca da sua atitude (último trecho em itálico). Comparado ao trecho transcrito literalmente, essa sequência apresenta ao leitor de forma mais clara e precisa a tentativa de Caio em expressar como surgiu para ele a importância da supervisão de meio[12].

[12] Conforme discutido na tese de Nunes (2015), a supervisão de meio é definida como aquele momento no atendimento de Plantão, no qual o plantonista percebe que seria bom interromper a sessão para trocar impressões com o supervisor presente no projeto, bem como com o eventual parceiro, no caso de formarem uma dupla para o atendimento. Essa interrupção revelou-se profícua no sentido de propiciar que os plantonistas clareassem dúvidas e sensações difusas, bem como se assegurassem mais da própria compreensão e condução da situação.

Na transcrição literal, e até na tentativa de textualização anteriores, a história deste atendimento inicialmente é contada de forma superficial. Ele menciona que houve o contato com a cliente gerou uma sensação de forte estranhamento e como ele conduziu esse encaminhamento, sem maiores detalhes. Segue-se então uma sequência de diálogo, na qual Caio e o supervisor falam sobre a "supervisão de meio" e também sobre a supervisão realizada depois do atendimento, avaliando-as.

O assunto gira em torno do estranhamento relatado e Caio revela dificuldade em esclarecer como era esta sensação. O seu relato se torna um pouco fragmentado, impreciso e espaçado, revelando o esforço para explicitar algo que parecia não estar claro para ele no próprio momento da entrevista. O entrevistador também marca a dificuldade de acompanhar o raciocínio de Caio e suas perguntas buscam direcioná-lo para retornar à descrição do atendimento, já que o plantonista parece se perder na digressão sobre o estranhamento vivenciado. A leitura acompanha esses percalços e torna-se prolixa, perdendo o rumo do que está se buscando contar a respeito daquele atendimento.

Na tentativa de textualização já são retiradas frases que repetem o sentido e frases que são "ganchos" para a condução do relato, mas não esclarecem nada em particular. Isso vai "limpando" o texto, aproximando-o de um aspecto mais narrativo. A figura do entrevistador é mesclada ao relato do plantonista e ordem do relato é alterada na busca por contar uma história com começo, meio e fim mais definidos.

Somente no relato final surge uma narrativa clara e agradável ao leitor, facilitando a compreensão do episódio contado. A situação do atendimento é contada sem desvios, esclarecendo a sequência de eventos que conduziram Caio a buscar um melhor encaminhamento para o caso e promover a supervisão de meio. A digressão a respeito da sensação de estranhamento inicia o relato, de forma mais concisa e organizada, embora transmita ainda a ideia de vertigem ao estar em contato com uma pessoa em crise.

Algumas frases são reescritas principalmente na adequação aos tempos verbais. Evita-se a troca de termos e adjetivos por outros sinônimos, no sentido de manter o universo linguístico do entrevistado.

Na espontaneidade da conversa transcrita, há uma desorganização característica daquele pensamento que busca se elucidar enquanto discorre o assunto desse mesmo pensar. No relato final, essa desorganização é substituída por uma narrativa que preserva os embates e as dúvidas do plantonista sobre o atendimento, mas organiza o discurso na forma de uma história concisa e mais assertiva ao leitor. A condução dessa história propicia ao leitor compreender melhor a complexidade do atendimento, bem como o tema central deste trecho da entrevista; a importância da supervisão de meio.

Diante destas reflexões, considero pertinência em apresentar a narrativa de Caio integralmente do jeito que foi apresentada na tese[13]. Acredito que assim o leitor deste trabalho possa compreender melhor como a narrativa se diferencia de uma estrutura de entrevista, bem como propiciar a imersão em uma história que aproxima o leitor das vivências de Caio, favorecendo o contato com saberes, dúvidas e impasses presentes no contexto desse estágio.

[13] Nunes, A. P. (2015). *O estágio de atendimento nos anos iniciais: experiência com plantão psicológico*. Tese de Doutorado, Instituto de Psicologia, Universidade de São Paulo, São Paulo. doi:10.11606/T.47.2015.tde-29092015-173657. Recuperado em 5 mar. 2024, de www.teses.usp.br

Caio e o estágio de Plantão Psicológico em clínica-escola

Eu tive sorte nesse estágio, pois eu já pensava que essa oportunidade de atendimento clínico nos primeiros anos é fundamental. Só a teoria pela teoria não consegue direcionar os meus interesses. É interessante entrar em contato com algo sem primeiro ter uma teoria e aqui me reforçou essa opinião. Aqui é um lugar que não tem a perspectiva teórica tão evidente, mas que me fez ter vontade de estudar a teoria, não para me ajudar a ver o fenômeno e sim para me ajudar a pensar outras coisas depois.

Esse estágio me ajudou a perceber que não adianta querer ver de qualquer forma a teoria no atendimento. Aqui você não sai de um atendimento e recorta-o segundo uma teoria. Eu aprendi que o encontro é fundamental e nesse encontro eu não tento trazer nada que me afaste dele. É aproveitar ao máximo o que acontece ali e não me afastar colocando uma leitura prévia. Sempre haverá uma ideia prévia, mas tento ver o movimento do que acontece ali! Digo isso porque há situações em que vejo que o psicólogo sai do que a pessoa está dizendo para colocar uma coisa só dele e ainda insiste em convencê-la. Isso é uma violência para a pessoa!

Por outro lado, percebi que você fica um pouco perdido se tiver contato com uma prática sem uma teoria... pensando melhor, acho que conhecer uma teoria não me deixaria menos perdido... talvez seria mais uma ilusão.

Bom, é interessante contar como foi o meu início. Eu entrei no segundo ano e no primeiro atendimento fiz dupla com um psicólogo formado. Eu atendi uma mulher que estava bastante fragilizada... tanto é que na semana seguinte ela foi encaminhada para o hospital universitário. Ela fazia doutorado e namorava um estrangeiro que entrou junto no atendimento. Houve momentos em que eles conversaram em outra língua e foi uma coisa bem maluca! Eu fiquei sem saber como agir diante de uma pessoa assim! Por mais que eu tivesse vontade de perguntar algo eu ficava com medo de que o que eu dissesse fosse muito devastador para ela... eu não sabia o que poderia acontecer. Então realmente não falei nada, fiquei mais cauteloso. Depois eu vi que a fragilidade estava mais em mim do que na mulher, porque por mais que eu diga alguma coisa não é algo que vai romper o mundo da pessoa. Eu também estava com medo de colocar o que estava vendo, pois não entendia por que eu via aquilo. Então, eu esperava para entender melhor.

No começo, eu trazia as minhas impressões do atendimento para a supervisão e o sentido se esclarecia, só que a pessoa já tinha ido embora... então não adiantava. Fazia sentido para mim, mas não para a pessoa que veio procurar. O lance do plantão é que a pessoa virá quando ela sentir que precisa, então não dá para saber se ela vai voltar!

Nesse sentido, uma mudança que percebo é que eu não espero as coisas ficarem claras para poder participar. Quando a gente atende em dupla dá para ficar mais quieto e observar... e é bom ficar em silêncio porque você percebe outras coisas... só que agora eu devolvo o que percebo, antes eu deixava passar... eu passei a arriscar mais.

Muitas vezes o que eu vejo é diferente do que o outro vê, mas não é uma coisa alucinada. Perceber isso me permitiu ser mais participativo. Agora eu digo a minha impressão mesmo sem entendê-la direito e vejo o que vai acontecendo. Se eu falar besteira acontece, mas essa tentativa de mostrar o cuidado é mais importante do que pensar se eu falei besteira. Agora é ficar atento para as próximas vezes.

Aliás, o sentido se perde por causa do jeito que se formula a pergunta. Muitas vezes, a pergunta não ajuda a clarear o sentido. Aprendi isso atendendo uma criança. Eu perguntava se ele gostava disso ou daquilo e ele respondia somente sim e não. Percebi que a pergunta era muito fechada... perdia o sentido. Ao invés disso, eu deveria perguntar como era aquilo para ele ou o que ele pensava sobre o assunto.

Quando o cliente afirma não fazer sentido o que eu digo, quebra uma expectativa e demora um pouco para eu me realocar... para ver de outro jeito. Não descarto completamente o que falei, mas não vou insistir para mostrar que a minha percepção é a única e absoluta. Pode até ser verdade, mas o importante é que a pessoa disse que não.

Nesse sentido, dois atendimentos me ajudaram. Num deles, eu fiz dupla com aquele mesmo psicólogo do meu primeiro atendimento. Atendi um homem casado que veio ao plantão a pedido de sua amante para decidir com qual das duas mulheres ele ficaria. Ele pedia ajuda para resolver esta situação, mas, por mais que reclamasse, ele falava disso com orgulho! Dava a impressão de um movimento pendular e de que não era algo que ele realmente quisesse resolver. Mesmo sem isso estar muito claro na hora, eu consegui dizer essas impressões para ele e fez muito sentido!

O segundo atendimento foi com um rapaz que me deu um forte estranhamento! Eu não sabia de onde vinha, mas achei estranho! Ele estava muito tenso... contraído... falava que tinha de se segurar e se manter contido. Ele não conseguia dizer o que aconteceria se não conseguisse se manter assim. Depois, o cara mencionou o episódio de um desenho que envolvia a destruição do mundo... e ele era um dos responsáveis. Ao mesmo tempo, ele relatou situações de abuso de uma maneira distanciada, como se fosse fácil relatar esses eventos. No atendimento, eu via uma coisa e não ligava com a outra. Na supervisão eu aproximei esses aspectos que ficaram soltos e a situação ganhou outra gravidade, mudou a perspectiva. Eu vi como esse estranhamento indicava algo próximo de um surto, de um estado muito fragilizado e de urgência. Na supervisão tudo ganhou forma: uma pessoa em crise que demandava um encaminhamento!

Ainda assim, ficou combinado dele voltar na próxima semana para clarear mais essa demanda. Acontece que não lembramos que na próxima semana seria feriado. Então eu cheguei em casa e percebi que aquele atendimento ainda estava comigo! Aquilo não podia ficar daquele jeito! No dia seguinte, conversei com uma das supervisoras. Depois liguei para o cliente e sugeri o CAPS da região. Eu fiz o que podia ser feito e isso já me aliviou. Se na hora do atendimento eu não consegui fazer o que a situação pedia, consegui fazer depois.

Mesmo ele sendo encaminhado, se manteve o convite para retornar ao plantão, mas ele não voltou. Talvez ele tenha encontrado o que precisava em outro lugar. Eu não sei o que aconteceu, mas fiquei tranquilo. Se eu não tivesse ligado eu ficaria mais incomodado porque sentiria que deixei de fazer alguma coisa, mas eu fiz o que pude e se ele não voltou é porque tem os seus motivos...

Essa também foi uma situação em que, diante daquele estranhamento, eu poderia ter interrompido o atendimento e ido para a supervisão. Eu poderia ter usado melhor esse espaço, porque quando você sai, as coisas já ganham uma forma melhor.

Aliás, outra coisa que eu gosto desse estágio é o atendimento em dupla. Pode haver discrepâncias, mas a experiência é mais construtiva do que prejudicial. Para um plantão que não pressupõe uma continuidade é valioso ter pontos de vista diferentes num mesmo momento! A pergunta do colega pode ser um aspecto que eu não estou vendo. Então eu vou construir junto e não vou interromper. Eu não posso olhar só para o cliente. Eu tenho que olhar, no mínimo, para os três ali naquela situação!

Considerações (im)pertinentes

Nesta proposta, a narrativa foi possibilidade de singularização da experiência de cada colaborador, bem como da construção do sentimento de pertença coletiva. A partir de considerações sobre a obra "O Narrador", de Walter Benjamin (1994), pode-se considerar que a narrativa se relaciona com a comunidade de destino à qual a investigação se refere, bem como da proposta de singularizar cada entrevista.

Nesta obra, Benjamin considera que a origem do modo tradicional de narrar encontra-se presente nos viajantes e nos anciões. Os dois grupos marcam os processos de singularização e pertença ao coletivo. O viajante, por sua condição de migrante, busca encontrar-se a partir do relato das viagens por diversas paragens, lugares e tradições diferentes, nele impregnados. Já o ancião guarda e transmite as tradições e saberes do lugar ao qual pertence. A extensão real da narração só pode ser compreendida se esses dois modos forem considerados[14].

Segundo Benjamin, a narrativa é um modo de transmissão de experiência de geração em geração, configurando-se como o legado transmissível da tradição-memória, que rompe o tempo de imediatamente presente, instaurando a dimensão existencial com presente e passado articulados pela busca por sentido. Destarte, ela encontra-se em sintonia com a perspectiva fenomenológica existencial apresentada.

Neste cenário, a proposta narrativa apresentou-se como alternativa de recurso metodológico à investigação, instaurando uma temporalidade que lhe é própria. A narrativa

[14] Benjamin, W. (1994). *Magia e técnica, arte e política: ensaios sobre literatura e história da cultura* (7. ed.) (Obras escolhidas; v. 1.). São Paulo: Brasiliense.

não buscou a construção de conceitos, mas trabalhou a ação de nomear, a partir da qual o sentido de uma investigação pode se revelar, efetivando uma compreensão.

O sentido de nomeação também se aproxima da analítica proposta por Critelli à medida que tal ação contempla as etapas do movimento de realização do real (fenômeno) a ser investigado. Nomear é entendido como buscar sentido a partir da linguagem, inclusive a poética, propiciando a construção de significados pertinentes à pesquisa, ao mesmo tempo em que mantém a tensão de não mostrar tudo, trabalhando com o silêncio e as interrupções, entre outros elementos constitutivos da linguagem.

Muitos momentos de uma entrevista geram reflexões para transformar vivências em experiências. Muito daquilo que os colaboradores contam se torna acessível enquanto experiência se compartilhado junto ao entrevistador, cujos questionamentos propiciam uma introspecção guiada que explicita os significados da experiência, diferenciando-os de ideias estereotipadas e automáticas.

A narrativa se desenvolve numa temporalidade, enquanto articulação tempo-espaço, oferecendo-se como movimento histórico de sedimentação e reconstrução da memória. Assim, a narrativa não é somente um modo de apresentar a experiência, mas de sua própria constituição, fundamentando-se na linguagem como efetivação do real. Tal contexto encontra-se em sintonia com as noções de Critelli[15] na perspectiva fenomenológica existencial. Por outra mirada, a narrativa também se aproximou das considerações presentes em Gadamer, pois conduzir-se pela memória é desvelar as compreensões prévias da tradição,

[15] Critelli, *op. cit.*

bem como abrir-se para o não sabido presente no esforço compreensivo.

Entretanto, uma ressalva se faz necessária. A narrativa, como registro privilegiado da experiência, encontra-se em vias de extinção na contemporaneidade[16]. Nossa época é marcada por um afastamento cada vez maior das referências e da tradição, bem como de uma aceleração do tempo diante da tecnologia, de modo que o sentido da narrativa é cada vez mais estranho ao homem. Ele acaba por transitar na era da informação e na temporalidade do eterno presente.

Segundo Gagnebin[17], tal cenário marca um empobrecimento na comunicação da experiência, gerando um estado de miséria simbólica que dificulta a singularização do indivíduo a partir do reconhecimento e apropriação de sua história e da tradição. Nesta perspectiva, pode-se afirmar que, além de registro da experiência, a narrativa de uma história também é constitutiva do sujeito.

Por esta reflexão, marca-se o desafio de se conduzir uma investigação tendo a narrativa como recurso privilegiado de pesquisa, embora existam linhas de pesquisa com tal temática em agências de fomento e grupos de pesquisa, nas ciências humanas. Sobretudo, a alternativa metodológica da narrativa como registro da experiência se efetiva diante da grande proximidade com o modo de ser humano desvelado pela perspectiva fenomenológica existencial, conforme elucidado. Assim, tal recurso investigativo revela coerência com a fundamentação metodológica discutida, bem como, afina-se com o modo da existência.

16 Benjamin, *op. cit.*

17 Gagnebin, J. M. (1994). *História e Narração em Walter Benjamin*. São Paulo: Perspectiva.

Referências

Benjamin, W. (1994). *Magia e técnica, arte e política: ensaios sobre literatura e história da cultura* (7. ed.) (Obras escolhidas; v. 1.). São Paulo: Brasiliense.

Bourdieu, P. (Org.). (1997). *A Miséria do Mundo* (3 ed.). Petrópolis, RJ: Vozes.

Critelli, D. M. (1996). *Analítica do Sentido: uma aproximação e interpretação do real de orientação fenomenológica*. São Paulo: EDUC: Brasiliense.

Gadamer, H. (1997). *Verdade e Método*. Petrópolis, RJ: Vozes.

Gagnebin, J. M. (1994). *História e Narração em Walter Benjamin*. São Paulo: Perspectiva.

Meihy, J. C. S. B. (1991). *Canto de Morte Kaiowá: história oral de vida*. São Paulo: Ed. Loyola.

Nunes, A. P. (2015). *O estágio de atendimento nos anos iniciais: experiência com plantão psicológico*. Tese de Doutorado, Instituto de Psicologia, Universidade de São Paulo, São Paulo. doi:10.11606/T.47.2015.tde-29092015-173657. Recuperado em 5 mar. 2024, de www.teses.usp.br

Sá, R. N. (2006). As influências da fenomenologia e do existencialismo na psicologia. *In* Jacó-Vilela, A. M., Ferreira, A. A. L., Portugal, F. T. *História da Psicologia: rumos e percursos*. Rio de Janeiro: Nau Ed.

2

Gadamer na pesquisa em Psicologia? Entre experiência e filosofia prática

Henriette Tognetti Penha Morato

A título de introdução[1]

A presente apresentação pauta-se em dois capítulos já publicados em livros[2], que abordam questões da pesquisa em Psicologia, acerca da questão-bússola para investigar. A palavra **bússola** vem do Grego *pyx*, "buxo", que era uma madeira muito apreciada para se fazerem trabalhos delicados como um instrumento para orientação. Em Latim, *oriri* significa "nascer, sair, levantar-se, surgir, começar". Por sua vez, *Sole oriente* era "sol nascente". Assim *oriente* passou a designar uma orientação. Se uma pessoa sabe onde fica o oriente, sabe facilmente onde ficam os outros pontos cardeais, portanto, ela consegue se **orientar.** Uma **orientação** não

[1] Este artigo é uma edição resumida do capítulo com mesmo nome publicado em *Entre mundos: liber amicorum para Irene Borges Duarte*, Org. Ângelo Milhano, Editora Colibri, 2022, p. 557-574.

[2] Cabral, B. E. B., & Morato, H. T. P. (2019). Redimensionando o valor da questão-bússola no horizonte da produção de conhecimento: para onde uma pesquisa pode apontar? *In* Cabral, B. E. B., Szymanski, L., Moreira, M. I. B., Schmidt, M. L. S. (Orgs.). *Práticas em pesquisa e pesquisa como prática: experimentações em psicologia*. Curitiba: CRV, p. 85-104.

significa apenas uma localização espacial, mas pode ser um ensinamento sobre como agir na vida. De *oriri* naturalmente veio **origem**, que é o ponto do espaço ou tempo onde algo começou. **Original** é um derivado, e tem a conotação de "diferente, novo", ao mesmo tempo que a de "referente ao primeiro, sem paralelos anteriores".

O despertar da questão

Em 31 de maio de 2019, a Professora Irene Borges Duarte, em uma visita ao LEFE[3], proferiu um colóquio que propiciou mudanças de rumos na compreensão de ação clínica e de pesquisa. Apresentando Heidegger para psicólogos, retoma o conceito de «situação hermenêutica», inicialmente definido em 1922, no *Natorp-Berich*, por esse filósofo. Mostra como, "partindo de uma *situação hermenêutica* (sempre) concreta e culturalmente determinada, pode ser possível que esta se transforme, para cada um de nós, criando-se as condições de outra forma de vida, ou seja, de outro projecto de mundo"[4]. Ao compreender essa possibilidade em pesquisa, acompanhando Gadamer, surgiu como interrogação/bússola.

Pesquisar como prática

A produção de conhecimento diz como um processo de construção de compreensões acerca dos fenômenos

[3] Laboratório de Estudos em Fenomenologia e Prática em Psicologia do Instituto de Psicologia da Universidade de São Paulo.

[4] Borges Duarte, I. (2019). Situação hermenêutica e projecto de mundo: habitar como? *III Congresso Internacional de Fenomenologia Existencial – IV Encontro Nacional do Gt Psicologia & Fenomenologia*, cujo tema será sofrimento e historicidade: o desamparo ético-político na contemporaneidade, p. 1. 22, 23 e 24/09/2021, Natal-RN (*on-line*).

pesquisados, na interlocução entre quem pesquisa e quem é pesquisado, valoriza-se o encontro como dimensão fundamental. Pesquisar se fundamenta a partir da experiência entre humanos/as, em que ocorrem afetações – repercussões, mobilizações, desalojamentos, interrogações, provocações –, afetos, em meio aos quais, uma possível construção de sentido, como direção, encaminhamento, projeção podem surgir. Pesquisar lança algo adiante em termos de compreensão de um dado fenômeno, ou seja, impulsiona, ativa, abre outros caminhos, instaura outras questões. Tal compreensão de pesquisa se contorna como "um modo de conhecer pela rota de trânsito entre sentir-pensar, que implica correr riscos e perigo, via experiência" que se mostra por si mesma em gesto ou palavra como dizer de sentido com sentido[5].

Essa consideração decorre do convite reflexivo em torno da pesquisa como prática, tomada como experiência, constituindo uma oportunidade de revisão e compartilhamento de algumas compreensões de pesquisa por vários caminhos percorridos. O solo da escrita é a prática de pesquisa, que tomou rumos próprios, após algumas orientações de mestrado e doutorado. Continuaria a fazer sentido a perspectiva de questão-bússola? Contudo, após 15 anos, revisitá-la apresenta-se como um instigante propósito.

Destarte, a questão que se definiu como bússola desta produção, revisita a trajetória docente: como apresentar aspectos que têm se tornado fundamentais na prática de pesquisa, tomando a perspectiva de questão-bússola como farol? Tratou-se, assim, de uma oportunidade de parar para cuidar de um modo de pesquisar, reconhecendo o que foi se constituindo como referências maiores e assumindo o

[5] Cabral & Morato, *op. cit*, p. 180.

desafio de entretecer essas referências nessa produção. Esse movimento de cuidar do modo de pesquisar, colocando-o em análise, pode ser compreendido como uma faceta da escolha tríplice que implica o cuidar de ser – de que cuidar, de como cuidar e de como se cuida do cuidar[6].

Na presente apresentação/capítulo, busca-se aprofundar esse movimento de cuidado em torno da prática de pesquisa em Psicologia, apresentando algumas notas compreensivas, em interlocuções epistemológicas variadas, no intuito de contribuir com o debate em torno do método de pesquisar sob outra perspectiva. Parte-se de um ponto fundamental para guiar a prática de pesquisa: a reflexão acerca de *para que pesquisar algo*, em dimensão que se situe além de um mero requisito formal. Partindo disso, que pode ser tomada como ação para mostrar de onde brota a questão, vai se configurando o fenômeno pretendido pesquisar, sendo sempre importante desvendar as origens de tal interesse e a relevância pública/social de que se investe o tal *tema* ou *objeto*.

Das afinidades que foram se constituindo pela não identificação com o caminho racionalista e dualista da tradição em pesquisa

Em diversos contextos em Psicologia, evidencia-se a pesquisa experimental – ou qualquer tipo de pesquisa a ela aliançada – revestida, ainda, de reconhecimento hegemônico. Sem dúvida, sua necessidade e legitimidade são reconhecidas, garantindo visibilidade às ciências naturais

6 Critelli, D. M. (2007). *A analítica do sentido: uma aproximação e interpretação do real de orientação fenomenológica*. São Paulo: EDUC / Brasiliense.

como inaugural na formalização do paradigma científico. Contudo, no cenário epistemológico contemporâneo, quanto aos vários modos de produção de conhecimento existentes, debate-se que tal via não é a única pertinente e legítima. A partir de Foucault[7], questiona-se a produção de diversos regimes de verdade em torno do conhecimento científico e as relações de poder que se estabelecem com sua legitimação.

É no centro deste debate epistemológico na academia que se situa a fenomenologia, tanto no projeto de Husserl quanto nas diversas vertentes que dele se desdobraram. Não obstante, o projeto husserliano se afinar ao intuito de garantir um rigor científico, ainda na articulação com uma perspectiva metafísica na crença de que existe a verdade, as bases por ele lançadas, em que se valoriza o sujeito e sua consciência, é fundante do que pode caracterizar a(s) fenomenologia(s): "o sujeito é a fonte constitutiva não só de todo conhecimento como de todo objeto possível de experiência e reflexão"[8]. Nessa direção, Critelli[9] discute a fenomenologia configurando-a como crítica à ciência, especialmente à atitude epistemológica, sustentada pela metafísica, e à técnica moderna, nascendo sobretudo como questionamento do método de conhecimento científico que discrimina tudo que não se alinhe à sua "estrita noção de verdade, de sujeito cognoscente e de objeto cognoscível"[10]. Nas trilhas fenomenológicas de produção de conhecimento, são permanentemente

[7] Foucault, M. (2007). *Microfísica do poder* (24a ed.). São Paulo: Graal.

[8] Figueiredo, L. C. M. (1991). *Psicologia, uma introdução*. São Paulo: EDUC. p. 174.

[9] Critelli, *op. cit.*

[10] *Op. cit.*, p. 8.

reposicionadas as relações entre ser e verdade, pondo-se em questão a possibilidade de neutralidade e a busca de uma verdade absoluta.

Nesse percurso, a fenomenologia existencial foi se descortinando como uma perspectiva possível de pesquisa, exatamente por sua crítica à ciência e à técnica moderna, como discutido por Critelli[11] na *Analítica do Sentido*, realçando a pertinência do pensamento de Hannah Arendt, pelo destaque que confere à discussão em torno do sentido da política e do agir humano. Para Arendt[12], a ação é a dimensão constitutiva, por excelência, da condição humana, de que não se pode abdicar sem deixar de ser humano. Pela ação, que efetiva a condição humana da natalidade, e pelo discurso que efetiva a condição humana da pluralidade, o ser humano se revela. Pela ação e discurso, novos mundos ou novos arranjos no mundo apresentam-se como possibilidades inaugurais pelo enredamento na paradoxal pluralidade de o humano ser distinto e singular entre iguais, condição que possibilita colecionar memórias e histórias, ou seja, a política em Arendt. O caráter inaugural da ação, iniciante e disparadora de outras configurações nas relações humanas, e a possibilidade de situações por e entre humanos constituem uma via fundamental para análise da ação em contextos aos quais à Psicologia se inclina.

Retornando ao método fenomenológico proposto por Heidegger, Rebouças e Dutra[13] afirmam que o redimensionamento da questão do ser em sua proximidade com a práxis

[11] Critelli, *loc. cit.*

[12] Arendt, H. (2001). *A condição humana*. Rio de Janeiro: Ed. Forense Universitária.

[13] 2018, p. 197, Stein (1983) e Casanova (2009).

humana como existência e facticidade, ou seja, os entes se mostram no horizonte fático e histórico, e dotado de sentido. Esse horizonte tem, além disto, um caráter histórico sedimentado. Ele não se determina de maneira lógico-transcendental a partir das relações imanentes à consciência pura, mas se constrói historicamente a partir de decisões de pensamento que vão paulatinamente determinando o que se mostra ou não como dotado de sentido.

Assim, considerando as possibilidades de método de pesquisa, retornamos à prática de campo. Pelas andanças em projetos de extensão em instituições de saúde, de justiça, policial, de educação e de reclusão juvenil, questões de pesquisa se configuraram da prática em um dado cenário de trabalho. Nelas já se revelavam alguns aspectos cruciais que seguiram atravessando/fundamentando as práticas de pesquisa desenvolvidas: *experiência, compreensão* e *sentido ético e político.*

A valorização da *experiência*, compreendida na perspectiva de conexão com a vida tal como vivida, o que se vive, parece central para a produção de pesquisas que possam ter algum efeito interessante para a realidade de redes de produção de cuidado. Desse modo, procede a preferência por pesquisas que realcem o vivido pelos homens nos cenários de imersão de pesquisadoras e pesquisadores, revisando-se a própria relação pesquisador(a)/pesquisado(a), com questões de pesquisa que brotam de algo vivido nessa relação. Em uma tentativa de síntese seria pesquisa em conexão com a vida – vivida na e pela experiência de estar em algum lugar – e com as afetações que disso decorrem. Parece cada vez mais pertinente valorizar o próprio ato de pesquisar como *uma experiência* e, nessa rota, poder-se-ia aprofundar continuamente a compreensão de experiência, bastante cara às matrizes fenomenológicas.

Para Larrossa Bondía[14], "A experiência é o que nos passa, o que nos acontece, o que nos toca. Não o que se passa, não o que acontece, ou o que toca. A cada dia se passam muitas coisas, porém, ao mesmo tempo, quase nada nos acontece. Dir-se-ia que tudo o que se passa está organizado para que nada nos aconteça." Porém, no mundo moderno, a informação, o trabalho e a opinião têm abduzido o sujeito da experiência, aquele para quem acontecimentos ocorrem,

> como território de passagem, seja como lugar de chegada ou como espaço do acontecer, (...) por sua passividade, por sua receptividade, por sua disponibilidade, por sua abertura (...) A experiência é a passagem da existência, a passagem de um ser que não tem essência ou razão ou fundamento, mas que simplesmente "e-xiste" de uma forma sempre singular, finita, imanente, contingente[15].

Ao mesmo tempo, a experiência possibilita abrir outras ordens: uma epistemológica e uma ética, que pela ação expressa um saber e uma práxis, distintos do saber científico, técnico ou da informação e do trabalho. Sendo a experiência o que acontece ao humano ou entre humanos, ela diz da expressão de sentido, concreto e singular, da existência fática e finita. Desse modo, ainda que acontecimento comum, a experiência é própria e singular a cada humano e irrepetível e irreprodutível, encarnada naquele em que acontece: ela é existencial. Nessa medida, na experiência e em seu saber, está implicada uma dialogia heterológica, bem como

[14] Larossa Bondía, J. (2002). Notas sobre a experiência e o saber da experiência. *Revista Brasileira de Educação [online]*, n. 19, pp. 20-28.

[15] *Idem, Ibidem*, p. 24-25.

> tem sempre uma dimensão de incerteza que não pode ser reduzida. Além disso, posto que não se pode antecipar o resultado, a experiência não é o caminho até um objetivo previsto, até uma meta que se conhece de antemão, mas é uma abertura para o desconhecido, para o que não se pode antecipar nem "pré-ver" nem "pré-dizer"[16].

E mais, "Com efeito, a experiência é risco de ilusão, ao mesmo tempo que é uma certa sabedoria prática indispensável e, enfim, ponto de partida e de chegada do discurso sobre a política"[17].

Considerando as possibilidades de pesquisar a partir da experiência, e pelas andanças em diferentes territórios de instituições demandantes por ações clínicas, começou a ser delineado um outro modo de pesquisar via experiência. Assim, iniciou-se uma cartografia clínica, a qual se mostra como uma criação coparticipativa, pois "O conhecimento é construído a partir da ação com o outro"[18], destacando a implicação ético-política da ação de pesquisar. Desse modo, o psicólogo pesquisador está "inserido ele mesmo na situação que investiga"[19]. A cartografia clínica, então, acontece a partir de um contato direto com o cenário social. Nesse contato, abre-se espaço para interrogar o sentido das experiências acontecidas nas paisagens que se constituem como contornos para expressão do viver compartilhado e testemunhado por outros, bem

[16] *Idem, Ibidem*, p. 28.

[17] Chauí, M. (2003). *Política em Espinosa*. São Paulo: Companhia das Letras apud Andrade, Morato & Scmidt, 2007, p. 200.

[18] Andrade, A. N., Morato, H. T. P., & Schmidt, M. L. S. (2007). Pesquisa interventiva em instituição: etnografia, cartografia e genealogia. *In* Rodrigues, M. M. P., & Menandro, P. R. M. (Org.). *Lógicas metodológicas: trajetos de pesquisa em psicologia, v. 1*, p. 193-206. Vitória: Editora GM, p. 196.

[19] *Op. cit.*, p. 196.

como para refletir sobre as tramas co-construídas no modo cotidiano de conviver. Assim compreendido, a versatilidade/mutabilidade se faz imprescindível na cartografia clínica, pois o olhar do cartógrafo clínico repousa sobre o sentido das acontecências no cenário mundo.

Da cartografia como ação clínica em intervenção social

Pela *cartografia* como um método de pesquisa, por sua intenção de produção de compreensões com base na relação direta com o território que se quer melhor compreender, instauraram-se muitas direções possíveis. Era (in)seguramente por aí que, assim afinado, o pesquisador seguia, correndo todos os riscos e sustentando a tensão de um processo de pesquisa cujo rigor se revela na lida com o que acontece, sem intenção de controle ou domínio.

A cartografia foi se delineando pelos trabalhos do Laboratório de Estudos em Fenomenologia Existencial e Prática em Psicologia/LEFE[20]. Aliás, a trilha inicial experimentada nos trabalhos do LEFE se respalda no pensamento de Rolnik[21], conectado aos estudos de Guatarri. Imerso nas paisagens psicossociais, aceitando e se entregando à vida, o cartógrafo abre-se a conhecer pela experiência, pelo contato, ativando sua sensibilidade em todas as frequências possíveis e inventando modos a partir do que encontra nesse transitar pelo território, em que sentidos vão sendo produzidos,

[20] Aun, H. A., & Morato, H. T. P. (2009). Atenção psicológica em instituição: plantão psicológico como cartografia clínica. *In* Morato, H. T. P., Barreto, C. L. B. T., Nunes, A. P. *Aconselhamento Psicológico numa perspectiva fenomenológica existencial: uma introdução.* Rio de Janeiro: Guanabara Koogan.

[21] Rolnik, S. (1989). *Cartografia sentimental: transformações contemporâneas do desejo.* São Paulo: Ed. Estação Liberdade.

como encaminhamentos possíveis, partindo das questões que dispararam o interesse de pesquisa[22].

Para Aun[23], *social* poderia ser compreendido como o meio que se interpõe entre *psicologia* e *clínica*, constituindo um enredamento que possibilitaria uma prática real, contemplando a condição plural e singular de ser *humano*, já que implicaria *conviver* entre homens. Atento, o *clínico* considera o *social* ao mesmo tempo plural, como o fundo de um quadro, e singular, na figura que se mostra. Desta forma, olhar o humano como *coexistente* é poder também *configurá-lo*. Uma ação *social* e *clínica* revelar-se-ia como *clínica* pelo modo de convivência, atuando em situação, junto ao ator social e à instituição na qual se insere, pelo modo de se compreender ser a prática psicológica como uma ação em ação. Seu olhar dirige-se não apenas à compreensão de problemas demandados, mas também à sua compreensão pelos seus interlocutores. Desta forma, **junto e "no campo"**, o clínico constrói e comunica seus conhecimentos. Na singularidade do campo, as teorias são uma via de reflexão acerca da ação, na qual o fio condutor é a própria situação de intervenção[24].

Tal direção, perseguida por algumas reflexões, inspiradas na perspectiva fenomenológica, contribuiu para a compreensão da solicitação apresentada ao psicólogo/pesquisador/cartógrafo, inserido ele mesmo na situação que in-vestiga[25], quando de intervenção em instituição: urge ao clínico não apenas um deslocamento de turista, mas um

22 Pesquisar do latim *per-seguire* = para seguir.

23 Aun & Morato, *op. cit.*

24 *Idem, Ibidem.*

25 Investigar: ir por entre os vestígios que se mostram.

caminhar de viajante-marinheiro, entrelaçando-se nas narrativas dos nativos, enquanto os acompanha.

Em havendo uma possível aproximação entre um pensar/agir fenomenológico e essa perspectiva de produção de conhecimento via cartografia, poderia configurar-se tal encruzilhada epistemológica/metodológica como viável per-seguindo a questão tomada como bússola para in-vestigar percorrendo caleidoscopicamente[26,27] as veredas do território de instituições solicitantes por ação clínica.

Do compromisso com um sentido ético-político compartilhado na produção de pesquisa

Na busca em *como* pesquisar, implica refletir acerca de *para que*, *onde*, *com quem* e *o que* pesquisar. Definir uma *questão de pesquisa* exige um exercício de pensamento conectado a uma realidade específica, que é o solo de onde medra a questão. Esse processo envolve um dado *cenário* – em que pessoas vivem e se relacionam – e *quem* pesquisa – cujos interesses pessoais em uma dada questão e no cenário em destaque precisam ser esclarecidos. A partir de estudos

[26] A metáfora do caleidoscópio – do grego *kalós* (belo) + *eîdos* (forma) + *-skopeîn* (olhar) (Houaiss, 2009) – parece responder bem à tentativa de compreender um processo de pesquisa, tomado como prática: nos giros em campo, você olha (encontra) diversas configurações, que se apresentam enigmáticas a princípio, demandando interpretações. Cada configuração se produz a partir do encontro entre quem olha e o que ou quem é olhado e muitos arranjos são possíveis nesse entremeio, a partir da movimentação no território. Não se trata de perceber algo já dado, que independe do ato de olhar. O que é visto está na relação com o próprio ato de olhar.

[27] Houaiss, A. (2009). *Dicionário Houaiss da língua portuguesa*. Rio de Janeiro: Ed. Objetiva.

sobre pesquisa e práticas de pesquisa, questões de estudo são delineadas, na relação com cenários da vida real, em que uma dada pertinência se apresenta. Uma questão de pesquisa se relaciona ou pertence a uma dada realidade e pretende dizer algo mais dela, por seu caráter de interrogação.

É nessa medida que se compreende pesquisar como a determinação mais originária do pensamento fenomenológico: a compreensão de que o real se caracteriza como fenômeno – em realização – e não objeto ou coisa[28]. Descortina-se uma dimensão relacional em práticas de pesquisa, ou seja, um sujeito que busca compreender algo que se mostra e inquieta, indicando a contingência ou circunstância desse encontro na situação com outros como critério fundamental para que análises se teçam, como produções interpretativas. Buscar possível compreensão à questão, pelo ato de pesquisar, pode contribuir para que algo na realidade pesquisada se transforme em uma direção que faça sentido, possibilitando criar uma destinação necessária e consistente ao coletivo envolvido.

Proponho aqui diferenciar modos de compreender uma questão de pesquisa. Uma possibilidade é conduzi-la como investigação sem necessariamente o pesquisador estar implicado com o "campo", quer dizer, ainda olhando o campo e as pessoas que estão nele como sujeitos de pesquisa, objetos de estudo, acompanhando os questionamentos do pesquisador. Contudo, outra possibilidade do surgimento de uma questão apresenta-se pela perplexidade e, muitas vezes, da experiência de limite do experienciado em campo/território. Uma verdadeira questão de pesquisa, aqui sugerida como bússola, surge na experiência de fronteira com o incontornável, que merece ser interrogado, ou pensamento do sentido. É nesse flerte com

[28] Critelli, 2007.

a perplexidade que o real se mostra como movimento de realização, pela própria etimologia da palavra: per-: através, por, diante de; + plexos: dobra, emaranhado, confusão.

Nas trajetórias de pesquisa revisitadas, outro lastro para a cartografia clínica é a *metodologia de relatos orais*, por Walter Benjamin, a partir do texto *O Narrador* (Benjamin, 1996). A narrativa diz de comunicação e elaboração de experiência, como via de produção de sentido, por (ré)colher modos, visões, compreensões que se elaboram dialogicamente entre narrador e ouvinte. Cultivando a experiência na relação com uma situação que se quer compreender melhor, o momento de colheita pode ser, também, promoção de experiência, ressaltando o caráter interventivo desses modos de pesquisar[29], bem como sintonizado com a perspectiva fenomenológica perseguida.

O aspecto cartográfico e a dimensão dialógica, de afetação mútua entre atores/atrizes/pesquisador envolvidos na ação pesquisar, abririam possibilidade de, em vez de *entrevista*, recorrer a *entrevistas* ou *conversa*, valorizando a interlocução que se busca estabelecer, durante toda situação do pesquisar. Assim, na articulação entre imersão cartográfica e colheita de narrativas, a escrita de narrativas acerca do vivido nos cenários de pesquisa, por meio de diário de bordo/cartográfico, passa a ser um recurso indispensável. A produção de narrativas – pelo(a) pesquisador(a) e interlocutores(as) – sustentaria a possibilidade de compreensão e comunicação do que foi encontrado, partindo de perguntas provocadoras que contemplam a interrogação de pesquisa.

Em Psicologia ou em qualquer outro campo, nomear o que fazemos como técnica aplicada, como práxis reflexivas

[29] Cabral, & Morato, 2013.

ou como experiência dotada de sentido, não é somente uma questão terminológica. As palavras com que nomeamos o que somos, o que fazemos, o que pensamos, o que percebemos ou o que sentimos são mais do que simplesmente palavras. Expressam a conexão com a vida, a facticidade, o que se vive, fundamentando a produção de pesquisas que possam ter alguma significância para a realidade de nossas redes de produção de Psicologia, como cuidado, ética e politicamente implicadas.

De outra possibilidade para a compreensão da ação de pesquisar: a hermenêutica

Ao longo do questionamento acerca de modos de pesquisar, surgiram encruzilhadas epistemológicas entre modos de produção de conhecimento que podem se aproximar. Partindo da fenomenologia existencial, com foco na Analítica do Sentido, e seguindo pela metodologia dos relatos orais, na perspectiva de mergulhar, via inserção cartográfica, outras possibilidades de interlocução epistemológica surgiram. A hermenêutica de Gadamer como pontos de conexão para dar prosseguimento à reflexão sobre pesquisa, para pensar sobre as questões do humano em seu cotidiano, isto é, no plano ôntico. Seria um outro caminho para pesquisar um determinado fenômeno singular, construído no próprio percurso da pesquisa, seguindo a questão que norteia o pesquisador e o movimento do próprio fenômeno[30].

Dessa feita, o conhecimento e as compreensões produzidas são apenas algumas das interpretações possíveis sobre um determinado fenômeno, uma vez que dependem

[30] *Ibid.*

do contexto e da singularidade dos envolvidos. O objetivo do método fenomenológico hermenêutico não é encontrar um conhecimento que possa ser representado, e sim, compreensões, na medida em que este não se guia pela razão/conteúdo, mas pela afetação/sentido, sendo sempre contextual, relativo, provisório e singular.

É por esse registro que assoma a possibilidade de diálogo com Gadamer[31]. Este pensador se interessou pelo ético e humano. Nessa direção, buscou na hermenêutica a possibilidade de o humano romper com a presença forte do instrumental técnico da modernidade, questionando como o método hermenêutico se direciona ao entendimento ou ato de compreensão. Para ele, há um desafio sempre renovado em se compreender aquilo que se mostra como algo obscuro, inquietante, outro, na dimensão de "uma experiência, que experimenta realidade e é ela própria real"[32]. Nesse sentido, a experiência se opõe ao que vem de um saber, seja teórico ou técnico, visto que ela se apresenta sempre como abertura do experimentado já aprendido ao que se apresenta como outra experiência a ser aprendida. Assim, diz que

> a dialética da experiência tem sua própria consumação não num saber concludente, mas nessa abertura à experiência que é posta em funcionamento pela própria experiência. Mas com isso o conceito da experiência de que se trata agora adquire um momento qualitativamente novo. (...) Esta é a experiência que cada um constantemente tem de adquirir e a que ninguém pode se poupar. A experiência é aqui algo que faz parte da essência histórica do homem[33].

[31] Gadamer, H-G. (1999). *Verdade e método.* Petrópolis: Ed. Vozes.

[32] *Ibid.*, p. 512.

[33] *Idem, Ibidem*, p. 525.

Tampouco, a experiência pode ser repetida, embora possa se confirmar algumas vezes. Mas isso não implica fazer de novo a mesma experiência, nem que seja uma nova experiência. Apenas um outro acontecimento inesperado pode se fazer experiência a quem já é "experimentado". Como irremediavelmente nova, a experiência pressupõe necessariamente que se desapontem muitas expectativas, sendo assim, dolorosa e desagradável, por atravessar alguma expectativa do retorno de algo a que podemos estar presos.

É por essa perspectiva que é possível compreender como a experiência diz de conhecer o que é real. Contudo, na medida em que se dá conta do que pode ou não ser revogado, o humano se expõe à sua própria finitude, à limitação de não ser senhor do próprio tempo e futuro. A experiência não chegando ao seu fim, abre ao humano a dimensão da impossibilidade de alcançar uma forma suprema de saber.

Assim considerando, Gadamer segue apontando que em qualquer experiência está implicada uma estrutura da pergunta. Diz ele:

> deveremos indagar pela *estrutura lógica da abertura* que caracteriza a consciência hermenêutica (...) E tal como a negatividade dialética da experiência encontrava sua perfeição na ideia de uma experiência consumada, na qual nos fazíamos inteiramente conscientes de nossa finitude e limitação, também a forma lógica da pergunta e a negatividade que lhe é inerente encontram sua consumação numa negatividade radical: no saber que não se sabe[34].

Nessa medida, a pergunta implica um sentido, ou seja, uma possibilidade de orientação para poder encaminhar-se

[34] *Idem, Ibidem*, p. 533-534.

a uma resposta também com sentido. Isto quer dizer que, ao perguntar acerca de algo, o que é interrogado já se encontra sob uma determinada perspectiva: a de quem o pergunta. Sentido quer dizer, todavia, sentido e orientação. O sentido da pergunta é simultaneamente a única direção que a resposta pode adotar se quiser ser adequada, com sentido. Com a pergunta, o interrogado é colocado sob uma determinada perspectiva: perplexidade.

Assim, ao perguntar, o humano se dispõe ao aberto, no qual a resposta não está já posta como decisória. "O sentido do perguntar consiste em colocar em aberto o perguntado em sua questionabilidade"[35], de modo a deixar em suspenso a possibilidade de prós e contras. Como pergunta aberta, ela se faz autêntica.

No entanto, é possível dizer da falsidade de uma pergunta, caso ela não abarque a abertura, mantendo-se por pressupostos falsos. Já uma pergunta se mostra tortuosa ao não expressar uma real orientação de sentido. Em ambos os casos, a possibilidade de resposta pode não se dar a ver. Contudo, aqui novamente apresenta-se a negatividade da experiência na pergunta, ou seja, não havendo método que possa dizer como perguntar, na pergunta há um sofrer que busca não se apaziguar pelo preestabelecido, conduzindo a novas experiências.

Deste modo, perguntar não é arte que implica apenas se desimplicar de opiniões, mas, ao contrário, pressupõe também essa liberdade. Assim, não se aproxima de um saber a ser ensinado e que permite o conhecimento da verdade, do que merece ser interrogado (Heidegger, Ciência e Meditação)

No jogo da arte do perguntar ainda se desvela como o agir interpretativo implica o modo humano que, no seu cotidiano, procura compreender a si mesmo e a outro no

[35] *Ibid.*, p. 535.

mundo, uma vez que é junto aos outros que se reconhece a alteridade. Isto é, é em diálogo que se gestam possibilidades de compreensão e saber entre pergunta e resposta.

> A dialética, como arte do perguntar, só pode se manter, se aquele que sabe perguntar é capaz de manter em pé suas perguntas, isto é, a orientação para o aberto. A arte de perguntar é a arte de continuar perguntando; isso significa, porém, que é a arte de pensar. Chama-se dialética porque é a arte de conduzir uma autêntica conversação. Para desenvolver uma conversação é necessário, em primeiro lugar, que os interlocutores não passem ao largo um do outro na conversação[36].

É con-versar, tratar de um assunto conjuntamente, com atenção a que o interlocutor acompanhe a orientação da pergunta posta, sem superestimar o argumento da resposta. É se pôr em aberto para caminhar para o "além do que foi respondido", como modo de se dirigir ao horizonte da pergunta por entre as respostas ao perguntado. Por isso, a conversação dialogada acerca da pergunta é "uma arte do ir experimentando"[37].

Entretanto, há que se considerar que o modo de ser humano não se apresenta cronologicamente determinado. Seu modo de ser implica uma temporalidade histórica, na qual a experiência de compreender se apresenta implicada. No mundo entre e junto a outros, a experiência, com sua estrutura do perguntar, aponta perspectivas. Ou, como diz Gadamer:

> Ter horizontes significa não estar limitado ao que há de mais próximo, mas poder ver para além disso.

[36] *Idem, Ibidem*, p. 540.

[37] *Ibid.*, p. 543.

> Aquele que tem horizontes sabe valorizar corretamente o significado de todas as coisas que caem dentro deles, segundo os padrões de próximo e distante, de grande e pequeno. A elaboração da situação hermenêutica significa então a obtenção do horizonte de questionamento correto para as questões que se colocam frente à tradição[38].

Nessa direção, a experiência autêntica abre a possibilidade de se encontrar em outro horizonte que permite apropriação da experiência. Diz de um sentido ou direção para o que se apresenta como demandando compreensão, e não necessariamente como fixo ou dirigido. Ademais, o diálogo em con-versação abre outras perspectivas de visão e de novos horizontes em busca de significado sentido, mediados pela linguagem e pela tradição para o ser humano e as coisas do mundo entre humanos(as). Afinal, é pelo encontro entre horizontes – quiçá, como mestiçagem –, que passado, presente e futuro se apresentam e conduzem os(as) humanos(as) adiante no mundo como perspectivas de existência.

Porém, as questões hermenêuticas de Gadamer não se restringem apenas à filosofia. É nessa direção que sua preocupação ética e humana se dirige também a questionamento acerca da ciência e da arte de curar. Diz ele:

> Quando a experiência nos ensina que um determinado meio curativo tem um determinado efeito, isso significa que a partir de um conjunto de observações detectamos algo comum, e é claro que a verdadeira questão médica, a questão científica, somente se

[38] *Idem, Ibidem*, p. 452.

> torna possível a partir de uma observação garantida desta maneira: somente assim surge a questão do *logos*. (...) A ciência sabe o porquê, em virtude de que razão esse meio tem efeito curativo. A experiência não é a própria ciência, mas é um pressuposto necessário para ela. Ela tem de estar já assegurada, isto é, as observações individuais devem mostrar regularmente os mesmos resultados. Só quando já se atinge a generalidade, da qual se trata na experiência, pode-se colocar a pergunta relativa à razão e, por conseguinte, o questionamento que conduz à ciência. Assim, pois, repetimos nossa pergunta: que generalidade é essa? Evidentemente se refere ao comum indiferenciado de muitas observações individuais. Somente retendo estas se torna possível uma certa capacidade de previsão[39].

É por essa perspectiva que, como inacabável, apenas o humano é mais que aquilo que sabe de si mesmo, do que aquilo que outrem pode saber a seu respeito, ou seja, como objeto da pesquisa do(a) investigador(a). Nessa direção, Gadamer[40] aponta como a ação em saúde pela prática se distingue da técnica, compreendida como procedimentos, para desenvolver-se como *techne*[41][42]. Para os gregos, *techne* era a capacidade de feitura. Dois aspectos pertencem ao âmbito da *techne*: 1) ser capaz de fazer, e 2) a produção de uma obra

[39] *Idem, Ibidem*, p. 518.

[40] Gadamer, H-G. (2006). *O caráter oculto da saúde*. Petrópolis: Ed. Vozes.

[41] *Techne*: refere-se a modos ou metodologia para fazer algo; criação, arte. Possibilidade de recorrer à experiência, distintamente da razão como via única. (Webster, 1974)

[42] Webster, M. (1974). *Webster's neπ collegiate dictionary*. Springfield, Massachussetts: Merriam Company.

permanecerá no mundo depois da produção. A *techne* produz algo pelo ser capaz de fazer. Assim, "*techne* é aquele saber que constitui um determinado ser capaz-de-fazer, seguro de si mesmo, no contexto de uma produção"[43].

Nenhuma precisão da arte de curar, por mais avançada que seja a sua técnica, é capaz de garantir a saúde. Saúde é ser cada um seu próprio agente de saúde em diálogo com quem é capaz de fazer uma terapia (serviço) para tratamento (apalpar)[44]. Assim, Gadamer retoma a questão do diálogo com a afirmação de que ele possibilita ao cuidador e ao que se submete aos seus cuidados exercitarem sua humanidade. Para esse autor, "tratar" diz da necessidade de um ouvido sensível e um olho observador e cuidadoso: critica o uso das certas medidas nas áreas da saúde, por não olhar a doença com os olhos, nem ouvir através da voz, lendo a saúde por valores padrões, a ponto de, no tratamento de um doente crônico ou acompanhamento de paciente terminal, esquecerem "que o paciente é uma pessoa e não um 'caso'"[45]. Ou seja, a saúde, em uma perspectiva existencial, aponta a experiência humana no mundo de vida, onde a doença se manifesta como perturbação.

Mas ao contemplar a última frase deste texto, antes da vereda gadameriana, ou seja, na medida em que se emaranha pelas redes da tradição, o investigador(a)/cartógrafo(a) é convocado(a) a responder por seu próprio sentido pela experiência vivida: a qual horizonte ela se dirige quanto ao questionamento de outro modo de pesquisar?

[43] Gadamer, *op. cit.*, p. 41.

[44] Morato, H. T. P. (2018). Reflexões acerca da saúde: implicações para o desassossego humano contemporâneo. *In* Dutra, E. (Org.) *O desassossego humano na contemporaneidade*. Rio de Janeiro: Via Verita.

[45] Gadamer, *op. cit.*, p. 106.

Pelas veredas da experiência em ação, pesquisar apresenta-se por outra direção. Perplexamente emaranhado pelas redes da tradição, o investigador(a)/cartógrafo(a) é convocado(a) a responder, por seu próprio sentido, pela experiência autêntica até que a verdade do que fala possa aparecer. Afinal, "Um texto só é compreendido no seu sentido quando se alcançou o horizonte do perguntar, que como tal contém necessariamente também outras respostas possíveis. Nessa medida, o sentido de uma frase é relativo à pergunta além daquilo que se diz nela."[46]

Nessa medida, *poderíamos compreender a questão--bússola como horizonte significativo nas andanças da(o) cartógrafa(o)-mestiça(o)?* E, assim, nova pergunta se apresenta para uma outra conversação dialogada... Como pesquisar em Psicologia poderia ser compreendido pela hermenêutica filosófica, afinada com a filosofia prática, ligada ao mundo prático da vida na relação com o outro como algo 'originário', presente em todo proceder/compreender de nossa existência, seja na leitura de um livro, em uma discussão, em uma situação qualquer, dada a compreensão humana ser um *acontecimento* e um *modo* de existência, pelo qual tudo quanto há se manifesta em *discurso*, isto é, se articula em "sentido", com sentido. Afinal, nossa situação hermenêutica[47] e a daqueles que procuramos entender dá-se sempre, por isso mesmo, implantada numa certa cultura, com os pressupostos e os equívocos que lhe são inerentes. Compreender o outro implica, portanto, um encontro de horizontes.

[46] Gadamer, 1999, p. 544.

[47] Gadamer, H-G. (1998). *O problema da consciência histórica*. Rio de Janeiro: Ed. FGV.

Da experiência e hermenêutica à filosofia prática

Gadamer[48] é citado por trabalhos que consideram a *phronesis* como a condição de interpretação, associado à compreensão da tradição e da experiência. Muito mais do que uma mera interpretação, essa investida de Gadamer seria a gênese de sua própria posição filosófica. Recorrendo a Aristóteles para sistematizar o domínio da *práxis* de modo independente saberes teórico e técnico, Gadamer, nos últimos anos do seu pensamento, buscou justamente caracterizar a hermenêutica como filosofia prática. Retomou a *phronesis* **como a capacidade de percepção do contexto particular e das situações** e, nesse caso, correlacionado à forma experiencial de ensino e aprendizagem.

O conceito de práxis também surge correlacionado aos conceitos que consideram a aprendizagem experiencial e a relevância da percepção do contexto e das situações particulares, também em relação à aprendizagem e ao ensino.

Em uma palavra, a hermenêutica é filosofia prática, porque a sua atividade, dado que jamais definitiva, pressupõe a mesma racionalidade que opera no domínio que não se justifica, quer por definições gerais sobre o bem e o mal, quer por aplicações técnicas dessas definições, a saber, a *praxis* humana. Antes de ser uma teoria que apresenta o saber ou o ser humano por meio de definições, a hermenêutica é uma filosofia da *praxis*. A interpretação e a compreensão da experiência humana têm presente a imperativa contingência que opera na própria existência humana.

Como Gadamer mesmo afirmou: "Interpretação não é um ato posteriormente e ocasionalmente complementar à

48 Gadamer H-G (2007). *Hermenêutica em retrospectiva: Heidegger em retrospectiva* (Marco Antônio Casanova, Trad.) (2a ed., Vol. 1). Petrópolis: Vozes.

compreensão, por outro lado, compreensão é sempre interpretação, e, assim, interpretação é a forma explícita da compreensão"[49]. Desse modo, a hermenêutica se apresenta em três momentos: da compreensão, da interpretação e da aplicação.

Talvez seja negligenciado o que se compreende por "aplicação", pois ao se falar em compreensão e aplicação, logo imagina se tratar de utilizar a compreensão de algo com alguma finalidade prático-técnica, como a aplicação de uma lei ou a aceitação de uma regra para as atividades cotidianas. No entanto, quando Gadamer fala em aplicação, ele a entende de outro modo. Trata-se de admitir, por um lado, que a compreensão sempre exerce uma espécie de influência sobre algo, seja sobre si mesmo, o outro ou o mundo e, por outro lado, que ela depende dos efeitos de uma linguagem a ela exterior, do distanciamento de si mesmo, da escuta do outro, do diálogo. De um modo ou de outro, a interpretação surge na relação com um outro e se mantém com o que surge reciprocamente, podendo gerar e transformar ações e palavras que integram a nossa forma de ver o mundo. Nesse sentido, temos que reconhecer que não somente a compreensão e a interpretação fazem parte de um processo unitário e integrante, mas também a aplicação.

Aqui encontra-se uma das justificativas que torna possível o reconhecimento da hermenêutica como filosofia prática. Para Gadamer, toda criação e ação humanas dependem muito mais do modo como atuamos, de como aplicamos a linguagem que herdamos da tradição, de como nossa relação com o outro acontece, do que daquilo que fixamos por escrito ou consideramos que deveria ser feito. As tensões entre vida e morte, interior e exterior, passado

[49] Gadamer, 1999, p. 459.

e futuro, domínio e subjugação, amigo e inimigo, fazem de nossa interpretação algo fundamentalmente do âmbito prático, na medida em que aparecem nas formas variadas em que se dão concretamente as relações entre os seres humanos, no diálogo com os outros, na reação ante o choque de um acontecimento novo. Tais manifestações não são tão óbvias quanto parecem em um primeiro momento. Elas carregam consigo história, preferências, expectativas e, como tal, fazem referência a algo mais do que aquilo que imediatamente aparece. Ademais, aqui também entra em jogo tudo o que somos capazes de transformar com cada troca de pontos de vista, interpretação, decisão.

Por essa razão, para compreender algo adequadamente, implica compreendê-lo em cada situação concreta de uma maneira nova e distinta. Assim, uma questão de pesquisa surge no seu modo de compreender, na ação e não previamente, como aconteceu em projetos de extensão acerca de prática psicológica em diferentes instituições. Aqui, compreender diz de uma aplicação, um sentido para o prático, para o que nos acontece. Desse modo, compreender, interpretar e aplicar são uma coisa só, a qual a hermenêutica gadameriana chama simplesmente de *compreensão*. Nenhum sentido é um horizonte fechado, porque o momento da compreensão é, mesmo que às vezes de maneira imperceptível, um momento de reconhecimento do outro e de transformação das coisas e de nós mesmos.

Inconcluindo...

O que foi mostrado até aqui é como a ação clínica pode se fazer cartográfica tanto numa pesquisa clínica como numa prática psicológica, quando em convers(a)ção os coautores colocam-se à disposição para serem tocados não apenas pela paisagem, mas também pelos acontecimentos, repousando seus olhares sobre o sentido das acontecências no cenário mundo.

A narrativa da experiência, então, é a "matéria-prima" para pôr em curso uma conversação, a qual se faz possibilidade para haver uma fusão de horizontes, sendo tomada como *techné*, uma pro-dução no sentido de deixar aparecer, de levar algo adiante. Importa assinalar que neste modo de pesquisar/intervir faz-se uma "torcedura", tomando o método como *hódos-metá*, destacando a primazia do caminhar que vai compondo o caminho sem prescrições traçadas de antemão. Desse modo, é o se pôr em andança com outros que possibilita seguir a direção apontada pela questão-bússola e/ou pela demanda para prosseguir investigando e/ou intervindo[50].

Pesquisar em Psicologia poderia ser compreendido como situação hermenêutica para cuidar do humano na facticidade da vida, legitimada como aplicação pela filosofia prática segundo Gadamer? Mas essa é uma outra história que fica para uma próxima vez....

Referências

Andrade, A. N., Morato, H. T. P., & Schmidt, M. L. S. (2007). Pesquisa interventiva em instituição: etnografia, cartografia e genealogia. *In* Rodrigues, M. M. P., & Menandro, P. R. M. (Org.). *Lógicas metodológicas: trajetos de pesquisa em psicologia*, v. 1, p. 193-206. Vitória: Editora GM.

[50] Santos, S. E. B., Morato, H. T. P. (2017). Questões metodológicas da clínica psicológica: compondo o caminho pela Via do Hódos-Metá. *III Congresso Luso Brasileiro de Práticas Clínicas Fenomenológico Existenciais IFEN* – 10 a 12 de abril.

Arendt, H. (2001). *A condição humana*. Rio de Janeiro: Ed. Forense Universitária.

Aun, H. A., & Morato, H. T. P. (2009). Atenção psicológica em instituição: plantão psicológico como cartografia clínica. *In* Morato, H. T. P., Barreto, C. L. B. T., Nunes, A. P. *Aconselhamento Psicológico numa perspectiva fenomenológica existencial: uma introdução*. Rio de Janeiro: Guanabara Koogan.

Borges-Duarte, I. (2019). Situação hermenêutica e projecto de mundo: habitar como? *III Congresso Internacional de Fenomenologia Existencial – IV Encontro Nacional do Gt Psicologia & Fenomenologia. Sofrimento e Historicidade: o desamparo ético-político na contemporaneidade*, p. 1. 22, 23 e 24/09/2021, Natal-RN (*on-line*).

Borges-Duarte, I. Situação hermenêutica e projecto de mundo: habitar como? In: *III Congresso Internacional de Fenomenologia Existencial/ IV Encontro Nacional do GT Psicologia & Fenomenologia. Sofrimento e Historicidade: o desamparo ético-político na contemporaneidade*. Natal: 2021.

Cabral, B. E. B., & Morato, H. T. P. (2019). Redimensionando o valor da questão-bússola no horizonte da produção de conhecimento: para onde uma pesquisa pode apontar? *In* Cabral, B. E. B., Szymanski, L., Moreira, M. I. B., Schmidt, M. L. S. (Orgs.). (2019). *Práticas em pesquisa e pesquisa como prática: experimentações em psicologia*. Curitiba: CRV, p. 85-104.

Chauí, M. (2003). *Política em Espinosa*. São Paulo: Companhia das Letras.

Critelli, D. M. (2007). *A analítica do sentido: uma aproximação e interpretação do real de orientação fenomenológica*. São Paulo: ED EDUC/Brasiliense.

Foucault, M. (2007). *Microfísica do poder* (24a ed.). São Paulo: Graal.

Figueiredo, L. C. M. (1991). *Psicologia, uma introdução*. São Paulo: EDUC.

Gadamer H-G (2007). *Hermenêutica em retrospectiva: Heidegger em retrospectiva* (Marco Antônio Casanova, Trad.) (2a ed., Vol. 1). Petrópolis: Vozes.

Gadamer, H-G. (2006). *O caráter oculto da saúde*. Petrópolis: Ed. Vozes.

Gadamer, H-G. (1999). *Verdade e método*. Petrópolis: Ed. Vozes.

Gadamer, H-G. (1998). *O problema da consciência histórica*. Rio de Janeiro: Ed. FGV. p. 83.

Houaiss, A. (2009). *Dicionário Houaiss da língua portuguesa*. Rio de Janeiro: Ed. Objetiva.

Larossa Bondía, J. (2002). Notas sobre a experiência e o saber da experiência. *Revista Brasileira de Educação [online]*, n. 19, pp. 20-28.

Morato, H. T. P. (2018). Reflexões acerca da saúde: implicações para o desassossego humano contemporâneo. *In* Dutra, E. (Org.) *O desassossego humano na contemporaneidade*. Rio de Janeiro: Via Verita.

Rebouças, S. M. S. S., Dutra, E. (2018). A hermenêutica heideggeriana na pesquisa em clínica. *Revista Pesquisa Qualitativa* (São Paulo), 6(11), p. 192-211.

Rolnik, S. (1989). *Cartografia sentimental: transformacões contemporâneas do desejo*. São Paulo: Ed. Estação Liberdade.

Santos, S. E. B., Morato, H. T. P. (2017). Questões metodológicas da clínica psicológica: compondo o caminho pela Via do Hódos-Metá. *III Congresso Luso Brasileiro de Práticas Clínicas Fenomenológico Existenciais IFEN* – 10 a 12 de abril.

Webster, M. (1974). *Webster's new collegiate dictionary*. Springfield, Massachussetts: Merriam Company.

3

Demanda psicológica de uma comunidade acadêmica durante a pandemia de covid-19 – análise dos atendimentos no Serviço de Plantão Psicológico da UFMG de 2020 a 2022

Paulo Eduardo Rodrigues Alves Evangelista
Júlia Alves
Alice Moreira Pauferro
Lucas de Paula Alves Oliveira Reis
Claudia Lins Cardoso

Introdução

O Plantão Psicológico é uma modalidade de atendimento em Aconselhamento Psicológico. Ocorre em dias e horários preestabelecidos e de conhecimento do público geral, dispensando, assim, agendamentos prévios. Os atendimentos frequentemente se dão em um único encontro, não sendo necessários retornos ou acompanhamentos estendidos. Isto porque estes atendimentos caminham no sentido de "esclarecer, junto àquele que sofre, uma demanda a partir dele mesmo, na tentativa de abrir possibilidades para que ele se responsabilize pelo seu próprio cuidado" (p. 210)[1]. Acolhendo

[1] Morato, H. T. P. (2022). Plantão psicológico em uma compreensão fenomenológico-existencial. *In* Melo, F. F. S., & Santos, G. A. O. *Psicologia*

quem experiencia uma interrupção da familiaridade cotidiana[2], o Plantão Psicológico é ocasião em que plantonista e a pessoa atendida, juntos, podem se debruçar sobre a história narrada, sem classificá-la ou diagnosticá-la como problemas ou distúrbios psicológicos, tendo como foco a experiência do cliente[3].

Na Universidade Federal de Minas Gerais (UFMG), o Plantão Psicológico acontece como um projeto de extensão que atende a toda comunidade acadêmica: alunos, professores, servidores técnicos-administrativos e terceirizados, além dos alunos dos cursinhos pré-universitários. A equipe de plantonistas é composta por estudantes da graduação e da pós-graduação da UFMG, supervisionada no momento em que os atendimentos acontecem pelos dois professores coordenadores do projeto. Orientado pelas abordagens Fenomenológico-Existencial[4] e Gestalt-terapêutica[5,6], o Plantão Psicológico voltou a ocorrer no Serviço de Psicologia Aplicada

Fenomenológica e Existencial: fundamentos filosóficos e campos de atuação (pp. 210-239). São Paulo: Manole.

2 Evangelista, P. E. R. A. (2016). Temporalidade kairológica do Dasein e Plantão Psicológico. *In* P. E. R. A. Evangelista, H. T. P. Morato & P. Milanesi (Orgs.). *Fenomenologia existencial e prática em psicologia: alguns estudos* (pp. 147-157). Rio de Janeiro: Via Verita.

3 Mahfoud, M. (1987). A vivência de um desafio: Plantão Psicológico. *In* R. Rosenberg. *Aconselhamento psicológico centrado na pessoa*. São Paulo: EPU.

4 Evangelista, *loc. cit.*

5 Cardoso, C. L. (2020). O Plantão Psicológico em tempos de pandemia. *Vozes em Letras: Olhares da Gestalt-terapia para a situação de pandemia* (pp. 219-235).

6 Cardoso, C. L. (2021). Plantão Psicológico na universidade em tempos de pandemia: Contribuições da Gestalt-terapia. *In* Cardoso, C. L., Giovanetti, J. P., Evangelista, P. (Orgs.). *Cuidado em Tempos de Distanciamento Social* (p. 131-158). Belo Horizonte: Artesã.

da Faculdade de Filosofia e Ciências Humanas (SPA-FAFICH) em 2019. Contudo, durante a pandemia de covid-19, quando as atividades presenciais da UFMG estavam suspensas e o ensino remoto foi adotado[7], o Plantão Psicológico migrou para o formato remoto, realizando atendimentos por plataformas de comunicação *on-line* com áudio e vídeo, para que pudesse proporcionar atenção psicológica à comunidade.

No princípio, os atendimentos direcionaram-se a alunos e professores intercambistas[8] e, posteriormente, em agosto de 2020, a atenção psicológica foi novamente direcionada à toda comunidade acadêmica, permanecendo de forma *on-line* até fevereiro de 2022. A inscrição para o Plantão Psicológico era feita por meio de um formulário eletrônico e os atendimentos se davam pelo Microsoft Teams – plataforma adotada pela UFMG durante o ensino remoto.

Já são várias as pesquisas que mostram os impactos psicológicos da pandemia de covid-19[9,10]. Considerando-se o contexto pandêmico deste período, surge a indagação acerca de que maneira o distanciamento social e o ensino remoto

7 Portaria n. 1819/2020 da Universidade Federal de Minas Gerais. Recuperado em 16 jun. 2024, de https://ufmg.br/storage/8/a/c/2/8ac26882b0e6893313da0b48ca4ee459_15845634585171_467459286.pdf

8 Análises das queixas e demandas psicológicas estão publicadas em Cardoso, Rodrigues, Bohrer, Prado, Villalva, & Evangelista (2023); Cardoso, Rodrigues, Prado, Villalva, & Evangelista (2023); Cardoso, Bohrer, Lopes, Valverde, & Evangelista (2023).

9 Schmidt, B., Crepaldi, M. A., Bolze, S. D. A., Neiva-Silva, L., & Demenech, L. M. (2020). Saúde mental e intervenções psicológicas diante da pandemia do novo coronavírus (COVID-19). *Estudos de Psicologia (Campinas), 37*, e200063. https://doi.org/10.1590/1982-0275202037e200063

10 Faro, A., Bahiano, M. de A., Nakano, T. de C., Reis, C., Silva, B. F. P. da, & Vitti, L. S. (2020). COVID-19 e saúde mental: a emergência do cuidado. *Estudos de Psicologia (Campinas), 37*, e200074. https://doi.org/10.1590/1982-0275202037e200074

influenciaram as demandas atendidas pelo serviço do Plantão Psicológico. Desse modo, nossa proposta é compreender e descrever o sofrimento psicológico testemunhado no plantão entre agosto de 2020 a fevereiro de 2022.

Por meio do método fenomenológico-hermenêutico, buscamos descrever o sentido das demandas psicológicas atendidas e narradas pelos plantonistas nos relatórios sobre os atendimentos. Por demanda, entendemos a situação contextualizada no momento atual e na história de vida do cliente que motivou a procura pelo atendimento, ao passo que a queixa é a situação ou o sofrimento que indica para o cliente a necessidade de intervenção psicológica[11]. A demanda fundamenta a "procura motivada"[12] pelo Plantão Psicológico. Schmidt (2004)[13] a define como "o modo como o cliente vive essa queixa, os recursos subjetivos e do entorno sociopsicológico de que dispõe para cuidar de seu sofrimento, bem como as expectativas e perspectivas que se apresentam a partir da busca de auxílio" (p. 174), lembrando que o serviço atende a demanda.

Tal proposta de compreender o sofrimento da comunidade atendida fundamenta-se no caráter cartográfico do Plantão Psicológico de se defrontar, conhecer e intervir ao

[11] Morato, H. T. P. (2006). Pedido, queixa e demanda no Plantão Psicológico: querer poder ou precisar? *In ANAIS VI Simpósio Nacional de Práticas Psicológicas em Instituição – Psicologia e Políticas Públicas.* Vitória, ES: Universidade Federal do Espírito Santo.

[12] Evangelista, P. E. R. A. (2021). Fenomenologia existencial e a procura motivada do plantão psicológico. *In* Cardoso, C. L., Giovanetti, J. P., Evangelista, P. (Orgs.). *Cuidado em tempos de distanciamento social* (p. 159-186). Belo Horizonte: Artesã.

[13] Schmidt, M. L. S. (2004). Plantão psicológico, universidade pública e política de saúde mental. *Estudos de Psicologia (Campinas), 21*(3), 173-192. https://doi.org/10.1590/S0103-166X2004000300003

mesmo tempo no campo em que atua, oferecendo apoio psicológico, desvelando os modos de ser e de sofrer da comunidade e, por vezes, descobrindo e criando novas possibilidades de ação clínica[14].

Em análise anterior das demandas psicológicas apresentadas pela comunidade atendida no Plantão Psicológico da UFMG, em 2019, Brentano, Viana e Evangelista[15] encontraram e descreveram a incapacidade de experienciação, desafios relativos ao futuro, demandas relativas ao desempenho acadêmico e/ou profissional, dificuldades para tomar decisões, para lidar com mudanças, demandas relativas à autoconfiança, à relação com o próprio corpo, a vivências do passado e relacionamentos interpessoais, familiares e amorosos, além de solidão.

Peres, Santos e Coelho, em categorização das queixas relatadas em um pronto-atendimento psicológico para universitários atendidos em 2000 e 2001, relataram maior incidência de "dificuldades psicológicas moderadas (como dificuldades de se distanciar da família e das pessoas queridas do município de origem e estabelecer vínculos na nova cidade)"[16]. Identificaram também "dificuldades psicológicas circunstanciais (tais como ansiedade frente às provas

[14] Braga, T. B., Mosqueira, S. M., & Morato, H. T. P. (2012). Cartografia clínica em plantão psicológico: investigação interventiva num projeto de atenção psicológica em distrito policial. *Temas em Psicologia (Ribeirão Preto), 20*, p. 555-569, 2012. Recuperado em: 16 jun. 2024, de http://pepsic.bvsalud.org/scielo.php?script=sci_arttext&pid=S1809-68672017000100008&lng=pt&tlng=pt.

[15] Brentano, J. B., Viana, G. M. L., & Evangelista, P. E. R. A. (2022). Plantão Psicológico e sofrimento universitário: um estudo fenomenológico. *Revista do NUFEN, 14*(1), 1-18. https://submission-pepsic.scielo.br/index.php/nufen/article/view/22868

[16] Peres, R. S., Santos, M. A. dos, & Coelho, H. M. B. (2004). Perfil da clientela de um programa de pronto-atendimento psicológico a estudantes

do curso universitário e desentendimentos ocasionais com companheiros de moradia)"[17] e "severas (tais como alcoolismo, drogadição, depressão e tentativa de suicídio)"[18].

Souza, Coelho e Migliorini descreveram o perfil da clientela discente atendida em pronto-atendimento psicológico no serviço-escola da UNESP e indicaram "solidão, os processos de desenraizamento, a crise dos papéis de autoridade, a depressão, a não aceitação do sofrimento – sistematicamente patologizado e medicalizado, na atualidade – a imersão no mundo virtual e seus efeitos, o aumento de comportamentos compulsivos e irrefletidos"[19] como demandas psicológicas apresentadas.

Durante o período de isolamento social em decorrência da pandemia de covid-19, a Secretaria Municipal de Saúde de Guaratinguetá/SP forneceu atendimento psicológico *on-line* a 145 pessoas, com possibilidade de retornos. Desses atendimentos foram identificados como queixas: ansiedade, depressão, dificuldades relativas ao isolamento social, luto, a confirmação de covid-19 em teste ambulatorial e conflitos familiares[20].

Na Universidade do Extremo Sul Catarinense, serviço de psicoterapia *on-line* oferecido durante a pandemia

universitários. *Psicologia em Estudo, 9*(1), 47-54. https://doi.org/10.1590/S1413-73722004000100007, p. 52.

[17] *Idem, ibidem.*

[18] *Idem, ibidem.*

[19] Souza, S. R., Coelho, H. M. B., & Migliorini, W. J. M. (2015). Estudo descritivo sobre a demanda de um pronto-atendimento psicológico em um serviço-escola. *Colloquium Humanarum, 12*(Especial), 1624-1632. DOI: http://dx.doi.org/10.5747/ch.2015.v12.nesp.000790, p. 1630.

[20] Junior, A. P., de Paula, M. S. M., & Zampieri, T. C. C. (2021). Caracterização e demanda de um serviço de atendimento psicológico on-line no contexto da pandemia de covid-19. *Psicologia e Saúde em debate, 7*(1), 94-106.

de covid-19, identificou como queixas principais medo de contaminação por covid-19, de a pandemia perdurar, preocupações com o futuro acadêmico e profissional, dificuldades de adaptação ao ensino remoto e às novas rotinas, instabilidade financeira; "medo e fragilidades diante do desconhecido, isolamento, frustração e improdutividade"[21].

Pereira, Machado e Sei[22] descrevem como demandas psicológicas de discentes e demais clientela de Londrina e região atendidos pelo Plantão Psicológico da Clínica Psicológica da Universidade Estadual de Londrina (UEL) dificuldades relativas à adaptação à vida universitária, sobretudo no contexto remoto, nas alterações de rotinas e nos hábitos, no uso exacerbado da internet, nos sentimentos de frustração, luto, perdas financeiras, dificuldades do isolamento social.

No serviço-escola de Psicologia da Universidade Estadual de Minas Gerais, dos 38 discentes atendidos no Plantão Psicológico *on-line* no período de abril a julho de 2020, foram constatadas como queixas e demandas: ansiedade, depressão, questões nos relacionamentos, queixas emocionais, queixas graves, questões relativas à pandemia e queixas graves (não descritas)[23].

[21] Pacheco, T. R., & Silva, D. M. (2020). Cuidado psicológico *on-line* ofertado no contexto de pandemia pelo Programa Acolher da Universidade do extremo Sul Catarinense. *In* Tomasi, Cristiane Damiani, Soratto, Jacks, Ceretta, Luciane Bisognin (Org.). *Interfaces da COVID-19: impressões multifacetadas do período de pandemia*. Criciúma, SC: UNESC, 2020. p. 80-81. http://dx.doi.org/10.18616/intcov30, p. 80.

[22] Pereira, M. P., Machado, F. A., & Sei, M. B. (2021). Plantão psicológico on-line: ações da Clínica Psicológica da UEL frente à pandemia da Covid-19. *In* M. B. Sei (Org.). *Plantão Psicológico: Um retrato de ações*. Londrina: Clínica Psicológica da UEL. Recuperado em 16 jun. 2024, de https://www.uel.br/clinicapsicologica/pages/publicacoes.php

[23] Pereira, M. M., Trajano, A. R., Caversan, H. A., Moreira, S. P., & Tibiriçá, V. A. (2021). Plantão psicológico: a prática do acolhimento *on-line* durante a pandemia da COVID-19. *Revista de Extensão da Universidade de* Per-

Barcellos, Ferreira, Santos e Rota Jr., em estudo sobre as queixas apresentadas por 100 clientes ao serviço de plantão psicológico organizado por psicólogas voluntárias ligadas ao Centro Universitário FIPMoc, em Montes Claros, de abril a setembro de 2020, indicam a ansiedade como mais frequente (30%), seguida de "queixas difusas" (17%), definidas pelos autores como atendimentos em que "o usuário fez uso do serviço para desabafar e/ou compartilhar sentimentos e emoções amplos"[24].

Assim como os estudos supracitados investigaram as demandas atendidas em serviços de aconselhamento psicológico, esta pesquisa debruça-se sobre as demandas da comunidade universitária da UFMG durante o período de isolamento social e pandemia de covid-19 que, como já demonstrado, teve impactos psicológicos significativos. Os sofrimentos testemunhados no Plantão Psicológico *on-line* seriam muito diferentes daqueles anteriores à pandemia? Novos modos de ser e de sofrer teriam surgido neste contexto? Como eles foram relatados? Interessa-nos, então, descobrir e descrever tais impactos, os quais puderam ser conhecidos por meio da análise fenomenológica dos relatórios acerca dos atendimentos *on-line* realizados pelo Plantão Psicológico durante o ensino remoto.

Metodologia

Esta é uma pesquisa documental que recorreu aos 359 relatórios de atendimento escritos pelos plantonistas acerca

nambuco – REUPE, 6(1), 39-51. https://doi.org/10.56148/2675-2328reupe.v6n1.0.96.pp39-51

[24] Barcellos, A. A. C. G., Ferreira, M. L. L., Santos, M. A. M., & Rota Júnior, C. (2020). Plantão Psicológico online em tempos de pandemia: um relato de experiência. *Revista Unimontes Científica*, *22*(2), 1-15. https://doi.org/10.46551/ruc.v22n2a10, p. 12.

dos atendimentos *on-line* realizados entre agosto de 2020 a fevereiro de 2022 – período do ensino remoto – no Serviço de Plantão Psicológico do SPA da FAFICH. Esses relatórios são relatos de experiência do atendimento, redigidos pelos próprios atendentes – na sua maioria, graduandos em Psicologia vinculados ao projeto de extensão Plantão Psicológico na UFMG – no qual descrevem suas percepções e reflexões sobre o atendimento. Ou seja, não se trata de um relatório psicológico a respeito do cliente, e sim, um relato pessoal das impressões que o atendimento deixou. Os dados de identificação dos atendidos e dos plantonistas não foram utilizados nesta investigação, permanecendo em sigilo no Serviço de Psicologia Aplicada da Faculdade de Filosofia e Ciências Humanas da UFMG. Ademais, a análise dos relatórios se iniciou após o fim do ensino remoto, de modo que não havia outro interesse por parte dos plantonistas a não ser oferecer atenção psicológica.

O método de análise foi o fenomenológico-hermenêutico[25]. O primeiro passo foi a leitura do todo de cada relatório, buscando apreender a totalidade dos fenômenos ali narrados. Os pesquisadores se reuniam – semanalmente, a princípio, e com menor frequência ao longo da pesquisa – para ler e analisar juntos alguns relatórios. Isso foi importante para a apreensão do exercício compreensivo e descritivo aqui empregado, ao mesmo tempo em que possibilitou que a análise não ficasse restrita ao viés de apenas um pesquisador[26]. Encontros com o grupo de pesquisa e o orientador com esta mesma finalidade também aconteceram, favorecendo que perspectivas individuais não se tornassem dominantes.

[25] Fleming V., Gaidys, U., & Robb, Y. (2003). Hermeneutic research in nursing: developing a Gadamerian-based research method. *Nursing Inquiry, 10*, 113-120. doi: 10.1046/j.1440-1800.2003.00163.x

[26] *Idem, ibidem.*

Os registros das demandas psicológicas identificadas em cada relatório foram organizados em planilhas do Microsoft Excel, uma para cada pesquisador. Estes registros foram detalhados, atendo-se à singularidade de cada relatório, e demandas semelhantes foram registradas juntas, formando-se assim unidades de sentido. O detalhamento foi importante para que a posterior descrição das unidades de sentido criadas fosse representativa dos modos de ser e sofrer psicológicos encontrados. À medida em que a leitura dos relatórios avançava, menos categorias eram criadas, pois novos registros frequentemente podiam ser abarcados pelas unidades de sentido já formuladas.

Finalizada a análise de todos os relatórios, seguiu-se a discussão e nomeação das unidades de sentido criadas, feitas entre os pesquisadores e com o grupo de pesquisa. Nesta etapa, a reflexão voltou-se para qual modo de ser e de sofrer cada categoria apontava, bem como para a coerência dos registros contidos em cada uma delas. Neste exercício, unidades de sentido mais amplas do que aquelas inicialmente propostas foram formadas, cuidando para a contenção do essencial de cada unidade nas novas delimitações.

Resultados e discussão

As demandas psicológicas encontradas na comunidade acadêmica atendida pelo serviço de Plantão Psicológico foram: preocupação com o futuro, sofrimento diante da morte e da possibilidade de adoecimento de covid-19, desafios da vida acadêmica, cobrança e autocobrança, dificuldade de experienciar-se, dificuldade de reconhecer-se e confirmar-se sem o outro, sofrimento diante de escolhas, solidão, conflitos interpessoais, conflitos familiares e conflitos nos relacionamentos amorosos. Seguem, a seguir, descrições detalhadas de cada uma delas.

Preocupação com o futuro

O modo como o futuro era imaginado e esperado, em meio à não garantia acerca das coisas que estavam por vir, constituiu-se como uma das demandas psicológico-existenciais atendidas no serviço. Uma preocupação com o futuro desponta, às vezes com o medo de falhar em seus projetos e não conseguir realizar os planos traçados, outras como falta de motivação para cumprir seus propósitos por não saber quando a pandemia terminaria.

No que tange ao cenário pandêmico, podemos dizer que esse contexto escancarou a imprevisibilidade do futuro, a qual costuma permanecer, para nós, como um saber de pano de fundo, enquanto nos ocupamos dos afazeres cotidianos. Entretanto, num período de predominância de incertezas a respeito do controle da propagação da doença e de quando a vida voltaria ao normal, podemos dizer que, para algumas pessoas, esta verdade ontológica não permaneceu encoberta, saltando para o primeiro plano as noções da nossa ausência de controle sobre os acontecimentos e da possibilidade de mudança ou mesmo da finitude da nossa existência a qualquer momento[27].

Relatos sobre como a pandemia desestabilizou os planos, fossem eles para o percurso na graduação, para relacionamentos amorosos e para a trajetória de vida em geral, são o tema de vários relatórios. Com os planos e expectativas radicalmente

[27] Holzhey-Kunz, A. (2018). *Daseinsanálise: o olhar filosófico-existencial sobre o sofrimento psíquico e sua terapia*. Rio de Janeiro: Via Verita.

afetados, uma sensação de estar vivendo em um limbo desde 2020 – ano em que a pandemia chegou ao Brasil[28] – é relatada. Nesse sentido, também surge a dificuldade de fazer planos e de não saber o que seria necessário ao fim deste período, como mudanças no percurso de graduação ou a necessidade de já buscar um emprego. O futuro era motivo de receio e cobrança. Há também medo de perder as conquistas já alcançadas – como relacionamento amoroso e emprego – isto é, a intranquilidade diante da falta de garantia de que a vida como está sendo agora continue do mesmo modo para sempre; há algo a perder.

Por fim, a dimensão de preocupação com o futuro abarca também a certeza de que o que está por vir será ruim. Desse modo, alguns relatórios descrevem o sentimento de haver apenas uma única possibilidade para o futuro, de que nada daria certo, ou então, um sentimento de que de não adiantava se (pre)ocupar com as coisas já que tudo acabaria, fenômeno nomeado por Cardoso, Bohrer, Lopes, Valverde e Evangelista[29], de "falta de controle".

Sofrimento diante da morte e da possibilidade de adoecimento de covid-19

O que aqui nomeamos como sofrimento diante da morte envolve tanto o sofrimento pela perda de pessoas queridas

[28] Moreira, A., & Pinheiro, L. (2020). OMS declara pandemia de coronavírus. *G1*. Recuperado em 28 nov. 2023, de https://g1.globo.com/bemestar/coronavirus/noticia/2020/03/11/oms-declara-pandemia-de-coronavirus.ghtml.

[29] Cardoso, C. L., Rodrigues, A. B., Bohrer, A. P., Prado, L. A., Villalva, O. R., & Evangelista, P. (2023). Pandemia e sofrimentos existenciais de uma comunidade universitária: uma compreensão gestáltica de relato de pesquisa. *In* Cardoso, C. L., Giovanetti, J. P., Evangelista, P. (Orgs.). *Sofrimento existencial e clínica psicológica fenomenológica: ensaios e pesquisas sobre atendimento online* (p. 183-230). Belo Horizonte: Artesã, p. 238.

quanto a noção de nossa própria finitude. A dor pela morte de alguém é descrita nos relatórios analisados a partir da solidão vivenciada e pelo receio de perder outras pessoas. Surge o medo de ficar só, o qual pode se referir também ao risco de outro falecimento, bem como ao fim de outras relações, como o casamento. A perda de bichos de estimação, da mesma maneira, remete à possibilidade da morte de pessoas. Para aqueles que têm diante de si constantemente a possibilidade de seu próprio fim e de seus próximos como iminente, o cotidiano é muito mais difícil[30]. Podemos observar que a pandemia dificultou ainda mais as estratégias de tranquilização adotadas no dia a dia, já que um novo perigo se levantou e alterou nossos cuidados cotidianos, trazendo milhares de mortes.

A vivência da perda é, muitas vezes, experienciada de maneira solitária. Com uma morte na família, há o receio de falar sobre isso com os familiares, pois há a preocupação de deixá-los mal ao compartilhar o que está sentindo, e também com os amigos, devido ao medo de eles se afastarem. Nessa conjuntura, despontam sentimentos de tristeza, vazio e culpa. Por exemplo: culpa por perder um filho em gestação ou culpa por desejar que os avós não tivessem morrido, embora estivessem doentes. Podemos enxergar a culpa aqui sentida como a dívida em relação ao que não se pôde e não se poderá viver mais com os entes queridos que se foram.

Não obstante, há o temor de não estar vivenciando a perda de uma maneira correta ou no tempo certo. Quando não se sente a imensa tristeza e o desespero diante da morte de alguém querido e importante, surge a preocupação de não estar experienciando a perda, bem como o que poderia

[30] Holzhey-Kunz, 2018.

ocorrer futuramente se não elaborasse o luto agora. Numa época em que tudo é mensurado e controlado[31], a dor pela morte de alguém querido também passa pelo crivo do normal X patológico. Entretanto, como discute Feijoo[32], "na perspectiva fenomenológico-existencial, o luto é compreendido como uma experiência humana e, portanto, não é passível de sistematização". Então, os atendimentos com as pessoas que narravam este sofrimento caminhavam no sentido de cocriar um momento, no qual a vivência singular da pessoa pudesse surgir e ser testemunhada, sem ser classificada como saudável ou doentia. Afinal, "não há estágios, não há nem mesmo luto complicado ou patológico: há lutos e há mundos para se habitar enlutado ou para se manter desabrigado"[33].

O sofrimento em virtude de nossa finitude, por sua vez, é vivido como medo de morrer, também aparecendo como medo de contaminação (própria ou de pessoa conhecida). Assim, no temor pela nossa própria fragilidade encontram-se os ataques de pânico. A morte é o único perigo que certamente nos alcançará, apesar de todos os esforços de proteção. E, diferentemente dos outros perigos, para os quais podemos estimar o quando, o onde e o como, a morte pode irromper de maneira totalmente inesperada[34].

[31] Critelli, D. (2016). A técnica no pensamento de Martin Heidegger. Poliética. *Revista de Ética e Filosofia Política, 4*(2), 25-35. DOI: https://doi.org/10.23925/poliética.v4i2.31420

[32] Feijoo, A. M. L. C. L. (2022). Escuta Clínica à experiência de uma mãe enlutada em tempos de Covid-19. *Revista Psicologia: Teoria e Prática, 24*(1), 1-16, p. 4.

[33] Freitas, J. L. (2022). Luto na pandemia de Covid-19: Por quem nos enlutados? *In* E. Dutra (Org.). *Sofrimento e historicidade: o desamparo ético-político na contemporaneidade* (pp. 265-278). Rio de Janeiro: Via Verita, p. 269.

[34] Holzhey-Kunz, 2018.

Desafios da vida acadêmica

Os desafios da vida acadêmica perpassam as dificuldades de se dedicar aos estudos, de obter um desempenho satisfatório, de sentir-se pertencente ao curso e à turma, bem como as frustrações com o curso em si e a preocupação com o futuro acadêmico e profissional. Insatisfeitos com seu desempenho acadêmico, os estudantes se queixam da dificuldade em estudar e/ou em aprender os conteúdos. São comuns os relatos da sensação de estar atrás dos outros colegas, sobretudo se provenientes de uma escola pública; tais estudantes sentem necessidade de estudar mais para alcançar o mesmo desempenho e aprendizado. Há também a sensação de que todos estavam indo bem, exceto o próprio atendido. Há relatos da discrepância entre o que era necessário na escola e o que surgia na universidade.

Ao mesmo tempo em que as tarefas universitárias podem ser experienciadas como chatas ou tediosas, não as desempenhar é motivo de culpa e repreensão. Relatos de falta de motivação para os estudos, quando muitas vezes os atendidos acabam por fazer outras coisas em vez de estudar, são descritos como se eles estivessem perdendo tempo. Assim, a queixa sobre a (falta de) produtividade é forte e, às vezes, vem acompanhada de pedidos de conselhos e dicas para não se sentir nem agir de tal forma. Alguns estudantes, inclusive, acreditam ter algo de errado com eles por não conseguirem estudar ou por se dedicarem aos estudos, mas não alcançarem o resultado almejado.

O receio do futuro profissional vem também da forma como se encontravam no curso: de maneira *on-line*. As dificuldades de adaptação a esse novo contexto – com barulhos e falta de privacidade em casa para os estudos e a forma de condução das aulas pelos professores – contribuem para a insegurança quanto à sua formação acadêmica. Junto a isso, encontram-se a impossibilidade de cursar matérias práticas ou a necessidade de adiá-las para o retorno presencial, o qual era incerto para aqueles que já estavam nos períodos finais.

A dificuldade de concentração e o desânimo em relação ao curso encobriram o sofrimento que era estar na universidade sem nela estar[35,36], de ter tido apenas duas semanas de aulas presenciais ou mesmo de nunca ter entrado no campus.

Aqueles que estavam no meio da graduação relatavam a interrupção de uma vida, em alguns casos, em uma cidade nova, fora da casa dos pais. A sensação descrita é a de sonhos interrompidos. Outros sonhos relacionados à universidade e à impossibilidade de realizá-los também aparecem, como não poder fazer um intercâmbio. Além disso, a quebra de expectativas com o curso, tanto pelo modelo remoto de aulas quanto pela percepção de que não é isso que gostariam de estudar, aponta para um desencantamento. Este se estende para o futuro e se manifesta no medo de se formar e não gostar do que faz e pela frustração por estar no fim do curso e não ter as expectativas atendidas em nenhuma área. Além disso, há a tristeza daqueles que ainda não concluíram a graduação, desencadeando a sensação de perda de tempo.

[35] Evangelista, P. E. R. A. (2022). Sofrimento psicológico de universitários ingressantes - entrar na universidade sem nela entrar. Dutra, E. (Org.). *Sofrimento e Historicidade: O desamparo ético-político na contemporaneidade* (pp. 227-242). Rio de Janeiro: Via Verita.

[36] Borges, M. V. V. (2023). *A experiência de tornar-se universitário no ensino remoto: "não tinha caído a ficha que eu estava na UFMG"*. (Dissertação de Mestrado). Programa de Pós-Graduação em Psicologia da Universidade Federal de Minas Gerais. Belo Horizonte: UFMG. Disponível em: http://hdl.handle.net/1843/62806

Cobrança e autocobrança

Cobrança e autocobrança apareceram, às vezes, reunidas nas demandas descritas pelos plantonistas. A cobrança surgiu relacionada a diferentes âmbitos: vinda da família, do ambiente do trabalho, da universidade e de amigos; cobranças dos pais para ter um bom desempenho acadêmico e para conquistar independência financeira; cobrança por rendimento no trabalho; cobrança pela disponibilidade em estar presente para os amigos são alguns exemplos. Diante deles, alguns sofrem por não corresponder ao ideal de sucesso; outros já se sentem fracassados, achando que nada do que fazem é suficiente para os outros.

Algumas das cobranças também são autocobranças, havendo o sentimento de obrigação em ter boas notas na faculdade ou ser um exemplo para os irmãos, para conseguir um emprego ou se adaptar em um novo. Nesse sentido de sucesso acadêmico e profissional, chama a atenção a grande cobrança por desempenho: estudar, trabalhar, fazer cursos e aprender coisas novas.

Segundo Han[37], a cobrança vem de si mesmo, e a concorrência também é contra si próprio. É o que ele chama de sujeito do desempenho: a perspectiva na sociedade atual é a de que não há limites e, portanto, isso pode e deve ser alcançado. A busca pela superação de sua própria história insere-se em uma lógica a qual, num excesso de positividade, incita a iniciativa própria. O fazer-se de si mesmo enquanto sujeito próprio e de sucesso, entretanto, é um caminho isolado.

O outro surge não como aquele que pode estar desafiado e cansado junto comigo, mas somente pelo viés da

[37] Han, B. -C. (2017). *Sociedade do Cansaço.* (2a ed., E. P. Giachini, Trad.). Vozes.

comparação. A autocobrança ganha mais força quando se julga que há pessoas nas mesmas circunstâncias ou com condições menos favorecidas conseguindo ser mais produtivas. Mesmo enfrentando várias dificuldades, há a cobrança de não ficar para trás, de ter o mesmo desempenho que acredita que todos os outros tenham.

Dificuldade de se experienciar

Reconhecer, compreender e aceitar os próprios pensamentos, bem como reconhecer e vivenciar as sensações corpóreas e o que está acontecendo no momento presente são tarefas árduas para aqueles com dificuldade de experienciar-se. A (in)capacidade de experienciação aparece descrita nos relatórios em meio ao alheamento em relação à própria vida, da qual os atendidos não conseguiam se apropriar, nem narrá-la em primeira pessoa. Para alguns, era como se só fosse possível acompanhá-la por fora, com um olhar externo. Por outro lado, enquanto em algumas situações predominava a dificuldade de reconhecer e experimentar os sentimentos, outros relatórios narravam o sofrimento por não sentir nada.

A dificuldade de estar presente nas situações entrelaça-se com a dificuldade de se lembrar dos acontecimentos, gerando a sensação de viver em um limbo, no qual não há propriedade acerca da própria história. Nesse sentido, encontram-se as queixas por não saber quem é ou o que deseja da vida. No que concerne à construção de uma identidade narrativa histórica, alguns atendidos expressam também a dificuldade de construir um sentido para sua vida, mudando seus interesses de maneira muito rápida, queixando-se de não conseguirem terminar coisas que começaram. Outros se queixam por se perceberem de formas contraditórias, sentindo necessidade de se reconhecerem de forma única e coerente.

Há também aqueles que não conseguem se reconhecer fisicamente. A falta de contato consigo mesmo inviabiliza identificar e entender sensações corpóreas. Relatórios descrevem o sofrimento de pessoas que, não conseguindo reconhecer o que sentiam, voltaram a praticar autolesão.

A dificuldade de reconhecer e se conectar com o que se experimenta compromete o reconhecimento do próprio sofrimento, que isto, por sua vez, pode levar a uma desautorização deste sofrer, como se o que se passa consigo fosse bobagem ou sempre menos importante do que o sofrimento das outras pessoas. Nesse sentido, algumas pessoas vieram ao Plantão Psicológico sem conseguir expressar o que as levavam ao atendimento, sendo difícil descrever seus sentimentos e pensamentos.

Dificuldade de se reconhecer e de se confirmar sem o outro

A dificuldade de se reconhecer e de se confirmar sem o outro compreende a dificuldade de tomar decisões por si mesmo, a vergonha diante do risco de fracassar em alguma meta, o sentimento de inferioridade e a incapacidade de legitimar o próprio sofrimento. A tarefa de tomar decisões por si mesmo suscita sofrimento antes e depois da escolha a ser concretizada. Assim, estando indecisos, os relatórios relatam pessoas que sentiam grande necessidade da validação dos outros para tomarem suas decisões. Quando tomadas, era ainda necessário serem confirmados pelos outros acerca de seus objetivos, pensamentos e planos e segui-las propriamente era algo difícil. Não ter suas conquistas apreciadas nem seu sofrimento levado a sério levava as pessoas ao Plantão

Psicológico, onde eram testemunhadas naquele momento de sua história.

Segundo Critelli[38], "os homens experimentam uma necessidade ontológica de compartilharem seus conhecimentos, suas descobertas, seus sentimentos e pensamentos, pois, para os homens, tudo o que chamamos de real é aberto e sustentado pelo viver em conjunto". Por sermos plurais, por vivermos em comunidade, o sentido e o significado de nossas ações só podem ser definidos a partir dos efeitos que provocam; e os outros têm participação – e até prioridade – na compreensão de quem somos, o que dissemos e o que fazemos em virtude do testemunho e da interpretação que lhes conferem. Groth[39] chama isso de "validação existencial de um ser humano por outro".

Sofrimento diante de escolhas

A compreensão do sofrimento diante de escolhas no presente texto abarca a dificuldade de tomar decisões que se apresentam como possibilidades a serem realizadas e o questionamento de escolhas já feitas. Em relação ao futuro, os relatórios apresentam a dúvida dos atendidos acerca de várias situações: casar ou não com o(a) companheiro(a), sair ou permanecer em um emprego, continuar ou não no curso, decidir qual caminho seguir na graduação, persistir nos estudos ou já se aventurar no mercado de trabalho... Tais reflexões são sofridas por não se poder testar e realizar todas as alternativas, por não saber se uma decisão seria a "certa",

[38] Critelli, D. (2012). *História pessoal e sentido da vida: historiobiografia*. São Paulo: EDUC/FAPESP, p. 26.

[39] Groth, M. (2023). *Por que não, afinal? – uma introdução à Daseinsanalyse* (Evangelista, P., trad.). Belo Horizonte: Artesã, p. 41.

ou seja, se se arrependeria dela no futuro ou não. Segundo Holzhey-Kunz[40], encontramo-nos sempre diante de decisões a serem tomadas, e toda decisão por algo encerra todas as outras possíveis. Tudo isso é expresso nos atendimentos, nos quais as pessoas relatam seu sofrimento por não saber qual caminho escolher, não saber como cada um deles pode se desenrolar.

As escolhas já concretizadas, por sua vez, podem levar à culpa, especialmente pelas coisas que poderia ter feito, mas não fez: ter cuidado melhor dos filhos, ter optado por estudar em sua cidade natal, ter ficado no Brasil em vez de fazer um intercâmbio, ter ficado solteiro(a), entre outras. Podemos perceber aqui a falta das outras possibilidades fechadas quando uma escolha é concretizada, que Boss[41] aponta como a culpabilidade originária da existência. Ao questionarem suas escolhas, surge – mais uma vez – a dimensão do futuro: o medo de fazer escolhas, lembrando-se das decisões das quais se arrepende, associadas ao julgamento por ter agido de forma errada.

Solidão

O sentimento de solidão apareceu no Plantão Psicológico de várias maneiras e relacionado a diversos âmbitos: na universidade, entre os amigos, dentro de casa, e no âmbito da comunidade. Sentir-se isolado e excluído no curso de graduação é um relato frequente. Por vezes tímidos e temendo não serem aceitos, os atendidos têm dificuldade de fazer amigos e manter relações. De outro modo, quando as

[40] Holzhey-Kunz, A., 2018.

[41] Boss, M. (1981). *Angústia, culpa e libertação: ensaios de psicanálise existencial* (B. Spanoudis, Trad., 3a ed.). São Paulo, SP: Duas Cidades.

relações são duradouras e presentes, ainda assim predomina o sentimento de que elas não são recíprocas: não se sentir ouvido; procurar os amigos para estarem próximos, mas não ser procurado por eles; cuidar dos amigos, mas não se sentir cuidado; não sentir a proximidade dos outros, mesmo quando estão fisicamente perto. Isso, não raro, é justificativa para estar cada vez menos com os outros.

No contexto da pandemia, não poder encontrar amigos, namorados, familiares e colegas é frequentemente abordado em meio à solidão experimentada, bem como a vivência de relacionamentos à distância, de maneira virtual. Este cenário, por vezes, é relacionado a períodos anteriores à pandemia.

O sofrimento relatado por sentir-se desamparado, sem ter com quem conversar, sem ter uma rede de apoio e sem ter com quem contar, percebendo a necessidade de dar conta de tudo sozinho, descortina a solidão como nossa condição de sermos sempre os únicos responsáveis pela condução da própria vida[42]. Ou seja, ser desamparado é um dado de nossa existência, sempre indeterminada e, por isso, podendo vir a ser de formas diferentes e próprias, o que não pode ser confundido com o desamparo construído e mantido histórica e socialmente.

Conflitos Interpessoais

Os conflitos aqui descritos se referem às relações entre colegas de curso e de trabalho, entre amigos, entre alunos e professores e entre pessoas com quem divide moradia. Tais relações podem ser pontuais ou duradouras. Nessas demandas

[42] Holzhey-Kunz, *op. cit.*

aparecem conflitos no cotidiano, vergonha ao se expor ao outro, dificuldade de abrir-se e dialogar com as pessoas e experiências de violências.

Adaptar-se ao convívio com outras pessoas dentro de casa não é fácil para alguns atendidos; alguns viveram situações em que se sentiram desrespeitado e invadido pelos outros. Em resposta, tem-se a sensação de estar se isolando. É importante lembrar que os atendimentos do período analisado nesta pesquisa se deram durante a pandemia de covid-19, momento no qual muitos dos relatos sobre questões familiares envolveram a convivência constante em casa, acentuando, assim, os conflitos.

A dificuldade para se abrir para os outros é experienciada como medo do julgamento. O receio acerca de como os outros avaliam, o que pensam e esperam de si, bem como a certeza de que todas essas coisas são negativas, compromete o abrir-se para outras pessoas. Cobranças vindas das amizades também são motivo de sofrimento. Nessa mesma esteira, pensar que incomodaria os outros por falar demais ou por relatar seus problemas e sofrimentos reflete um modo de se relacionar com os outros. Por trás dessas experiências está o fato de o outro aparecer livre e independente de nossa vontade, podendo ver e julgar de modos diferentes[43].

Os plantonistas relataram atendimentos com pessoas que não conseguem manter conversas por muito tempo, veem o interesse nas pessoas diminuído rapidamente ou sentem tédio pela vida. A superficialidade e a fugacidade dessas relações, junto à falta de engajamento nelas, podem ser vistas sob a perspectiva do eclipse da alteridade, descrita

[43] Holzhey-Kunz, *op. cit.*

por Giovanetti[44] como a perda das relações de intimidade, na qual o outro não é cultivado em sua interioridade, assumindo, por vezes, o aspecto de mera coisa à disposição. O autor aponta ainda a apatia como uma das formas de adoecimento existencial dos tempos atuais, a qual se refere a um entorpecimento, a uma falta de ânimo e de investimento emocional no que se faz e se engaja, incluídas aí as relações com os outros.

Conflitos familiares

Relatórios dos plantonistas descrevem a experiência de alguns atendidos sentem sobre a necessidade de ser e de agir de certa forma em casa, sem a liberdade e a espontaneidade como aquelas possíveis entre os amigos. O não reconhecimento por parte da família é, então, narrado, junto à sensação de estar sob controle das figuras dos pais, avós ou tios, não podendo ser si mesmo. Nesse sentido, encontra-se também a não aceitação pelos familiares da orientação sexual e da identificação de gênero de alguns dos atendidos. Violências domésticas, passadas ou atuais, também constituíram demandas atendidas no plantão.

Além disso, cobranças e expectativas familiares e o medo de não corresponder a elas configuram outro ponto de conflito. Isso inclui cobranças de independência financeira e bom rendimento nos estudos. Há também o sofrimento por se sentir obrigado a seguir caminhos determinados pelos pais, como fazer faculdade ou cursar determinada graduação. Outros conflitos envolvem diretamente o âmbito do

[44] Giovanetti, J. P. (2019). O adoecimento existencial no século XXI. *In* Cardoso, C. L., & Giovanetti, J. P. (Orgs.). *Sofrimento humano e cuidado terapêutico* (pp. 47-74). Belo Horizonte: Artesã Editora.

cuidado: há pessoas atendidas que se sentem mãe dos pais e dos avós, tendo que convencê-los da importância da vacinação e das medidas de proteção na pandemia. Há também sofrimento pelo afastamento das relações, pela falta sentida do convívio com os pais e outros familiares, e a falta de apoio financeiro e afetivo vindo destas figuras.

Conflitos nos relacionamentos amorosos

Acontecimentos na relação amorosa são o tema de vários atendimentos no plantão. Eles envolvem a culpa por ter traído o(a) parceiro(a); a sensação de não ser suficiente no relacionamento e não sentir reciprocidade; a dúvida sobre terminar ou não o namoro e, enfim, a dor em virtude do fim dessas relações. Os relatórios também descrevem a dificuldade de perdoar o companheiro por traições ou flertes com outras pessoas.

Ainda, sentimentos de insuficiência no namoro, como se fosse necessário adequar-se à rotina e às exigências do(a) parceiro(a), constituem pontos de reflexão dos atendidos que abordavam os relacionamentos amorosos. Ao mesmo tempo, o receio de sobrecarregar o(a) namorado(a) aparece quando este vínculo era o único que se tinha durante a pandemia. Além disso, conflitos, brigas, desrespeito, cobranças por presença e proximidade e por demonstrações de afetos participam do cotidiano das relações e suscitam sofrimento.

Às vezes, há a falta de reciprocidade no sentimento amoroso, sendo experimentado como algo muito ruim tanto para aqueles que namoram quanto para os que buscam um(a) companheiro(a), mas ficam desanimados de se aventurarem em novas relações pela falta de reciprocidade. O fim de namoros, processos de divórcios e separações levaram também muitas pessoas ao atendimento psicológico, no qual a tristeza, a saudade, o vazio e a sensação de estar perdido ao término de um relacionamento apareciam. Em alguns casos, a tristeza pelo fim de uma relação e a vontade de retomá-la ressurgem tempos depois do término, de modo que este sofrimento chega tanto quando o rompimento é recente quanto já fazia parte da história do atendido por um tempo. Assim, ver o(a) ex-companheiro(a) com outras pessoas é doloroso e realizar planos sem a pessoa amada era difícil. Também sofrimentos relativos a graves conflitos relacionais, nomeados pelos atendidos como "violências domésticas" e "relações tóxicas".

As pessoas de quem parte o desejo de terminar, por sua vez, encontram no Plantão Psicológico a ocasião para falarem sobre o término sem serem julgados, diferentemente de quando conversam com amigos que conheciam e tinham amizade com o(a) parceiro(a).

Discussão

Os resultados aqui encontrados convergem com outras análises realizadas com a população atendida pelo serviço antes do isolamento social em razão da pandemia de covid-19[45]. Apesar das diferentes nomenclaturas para as categorias das demandas psicológicas encontradas, as experiências descritas coincidem, com exceção do sofrimento mais claramente articulado à situação da pandemia ("Sofrimento diante da morte e da possibilidade de adoecimento de covid-19"). Em 2019, o sofrer com o adoecimento corpóreo era um aspecto do "enfrentamento da dimensão corporal", ao passo que lutos foram categorizados como "lida com vivências do passado"[46]. Do mesmo modo, os

[45] Brentano, Viana, & Evangelista, 2022.

[46] *Idem.*

estudos sobre o sofrimento psicológico de alunos e professores intercambistas da UFMG durante o primeiro semestre de 2020[47,48], nos meses iniciais do distanciamento social, apresentaram demandas semelhantes às encontradas aqui. Também os atendimentos psicoterápicos realizados na Universidade do Extremo Sul Catarinense, analisados por Pacheco e Silva[49], e as demandas psicológicas dos estudantes da Universidade Estadual de Londrina[50] trazem demandas compatíveis com as descobertas pelo serviço de plantão psicológico da UFMG.

Sofrimentos relacionados ao desempenho acadêmico, os quais já estavam presentes, agora receberam o acréscimo de um suposto maior tempo disponível em razão de não haver deslocamentos. Assim, os alunos atendidos parecem se cobrar por estarem usando "mal" o tempo livre com passatempos, quando deveriam estar produzindo mais academicamente. Apesar da diferente manifestação, o sentido é o mesmo: cobrança e autocobrança,

Por conseguinte, é possível dizer quc tais categorias compreendem a mesma essência de fenômenos vivenciados

[47] Cardoso, C. L., Rodrigues, A. P., Prado, L. A., Villalva, O. R., & Evangelista, P. (2023). Universidade, covid e vida cotidiana: relato de pesquisa à luz da Gestalt-terapia. *In* Cardoso, C. L., Giovanetti, J. P., Evangelista, P. (Orgs.). *Sofrimento existencial e clínica psicológica fenomenológica: ensaios e pesquisas sobre atendimento online* (p. 255-274). Belo Horizonte: Artesã.

[48] Cardoso, C. L., Rodrigues, A. B., Bohrer, A. P., Prado, L. A., Villalva, O. R., & Evangelista, P. (2023). Pandemia e sofrimentos existenciais de uma comunidade universitária: uma compreensão gestáltica de relato de pesquisa. *In* Cardoso, C. L., Giovanetti, J. P., Evangelista, P. (Orgs.). *Sofrimento existencial e clínica psicológica fenomenológica: ensaios e pesquisas sobre atendimento online* (p. 183 – 230). Belo Horizonte: Artesã.

[49] Pacheco e Silva, 2020.

[50] Pereira, Machado, & Sei, 2021.

pela comunidade universitária durante a pandemia, marcada por desafios do futuro, sejam eles profissionais acadêmicos, pelos conflitos nos relacionamentos, pela solidão e pela dimensão corporal que é inseparável e indistinguível de cada ser. Ao se tratar da mesma comunidade, não é surpreendente que as demandas encontradas, em um intervalo relativamente curto de tempo – 3 anos – aparentem permanecer as mesmas.

Estes dados sugerem que as demandas psicológicas encontradas na população atendida pelo Plantão Psicológico da UFMG estão mais relacionadas à condição de ser estudante universitário do que à pandemia de covid-19. Entretanto, mais pesquisas são necessárias para confirmar esta hipótese.

Contudo, considerando-se a pandemia, surge a pergunta que fora um dos motivadores desta nova investigação: a pandemia alterou os modos de ser e de sofrer? Novos sofrimentos surgiram neste novo contexto? Tomando-se essas pesquisas em análise, podemos dizer que não. Vemos que os modos de ser e de sofrer descritos nos relatórios dos atendimentos aqui analisados não se limitam à época pandêmica, sendo representativos de modos de ser no mundo para além deste contexto. Assim, não consideramos adequado dizer que a pandemia criou ou determinou sofrimentos específicos, e sim que os modos de ser nesta adversa conjuntura ganharam um novo pano de fundo, inóspito, restritivo e até então desconhecido.

O medo da contaminação por covid-19, todavia, pode ser equivocadamente interpretado como um sofrimento causado pelo contexto pandêmico. Embora tal demanda ressalte uma singularidade do sofrimento vivenciado durante a pandemia, a possibilidade de adoecer e de falecer, assim como de perder entes queridos por uma doença infecciosa, é uma possibilidade humana. Quando este risco ganha forma pelo coronavírus, as restrições impostas e as novas dinâmicas estabelecidas, o medo toma proporções maiores, sendo experienciado de outra forma. Afinal, conforme apontam Cardoso, Rodrigues, Prado, Villalva e Evangelista[51], "A pandemia de covid-19 gerou impactos de diversas naturezas na existência humana e mobilizou diferentes dimensões da vida de todos nós: afetou a nossa relação com o tempo, com o espaço, com nós mesmos e também a nossa relação com os outros".

As já citadas pesquisas de Peres, Santos e Coelho[52], Junior, de Paula e Zampieri[53] e Pereira, Trajano, Caversan, Moreira e Tibiriçá[54] tabularam as queixas apresentadas, não as demandas, o que dificulta a comparação com nossa pesquisa. Ainda assim, relataram dificuldades relativas ao isolamento social, luto, medo do adoecimento por covid-19 e conflitos familiares[55] como queixas – sintomas relatados pelos clientes no momento de procura – que correspondem a vivências relatadas pelos plantonistas de nossa pesquisa. Já Souza, Coelho e Migliorini[56] propõem explicações para os sofrimentos psicológicos encontrados na população atendida no serviço-escola da UNESP, que pode convergir com o que encontramos. Eles relataram solidão e desenraizamento com fenômenos que contribuem para a busca por atendimento psicológico. Chamam a atenção para o excesso de relações

[51] Cardoso, Rodrigues, Prado, Villalva, & Evangelista, 2023, p. 255.

[52] Peres, Santos e Coelho, 2004.

[53] Junior, de Paula, & Zampieri, 2021.

[54] Pereira, Trajano, Caversan, Moreira, & Tibiriçá, 2021.

[55] Junior, de Paula, & Zampieri, *op. cit.*

[56] Souza, Coelho e Migliorini, 2015.

virtuais, o que, durante a pandemia, tornou-se um modo privilegiado e quase unânime de se relacionar com os outros. Nossa pesquisa, porém, não traz dados sobre o uso de tecnologias de informação e comunicação como elemento destacado na vivência de sofrimento.

Considerações finais

O Plantão Psicológico é uma modalidade clínica que proporciona atendimento no momento da procura pelo cliente. Sem a necessidade de agendamentos prévios e, muitas vezes, realizado em um único encontro, o Plantão Psicológico tem um caráter plástico, que se molda às instituições onde ele acontece, bem como às mudanças que surgem em diferentes contextos. Um exemplo de tal plasticidade ocorreu na Universidade Federal de Minas Gerais, quando o serviço migrou para o formato remoto, oferecendo atendimentos por chamadas de vídeo em plataformas de comunicação *on-line*.

Analisando os relatórios acerca dos atendimentos *on-line* ocorridos durante o ensino remoto, doze demandas psicológicas foram encontradas (sofrer com o próprio ser, interrupção da familiaridade...).

Para que os modos de ser e de sofrer da comunidade UFMG sejam conhecidos em maior profundidade e amplitude são necessárias outras pesquisas. Ressaltamos que os resultados aqui descritos não pretendem abarcar a totalidade dos sofrimentos vivenciados pelos membros da comunidade acadêmica. Como limitações desta investigação, destaca-se o momento inicial da presente análise: após o ensino remoto, quando as atividades presenciais já haviam retornado. Ela parte dos escritos dos plantonistas acerca dos atendimentos, enquanto narrativas subjetivas sobre a experiência do atendimento, não do que "de fato" aconteceu. Não obstante, o quantitativo de relatórios analisados (359) é pequeno em relação ao total de pessoas que formam a comunidade UFMG. Tais parâmetros objetivos não são impedimentos na perspectiva fenomenológico-hermenêutica, porém reconhecemos seus limites, e vemos como necessárias outras pesquisas, que partam também de outras formas de conceituar e investigar a realidade.

Ademais, a partir dos modos de sofrer aqui descritos, indagamos se ações e dispositivos de cuidado em saúde mental na universidade podem ser desenvolvidos ou revistos. Sem pretender apontar caminhos, mas esboçando outra futura discussão que pode ser construída, consideramos grupos terapêuticos, por exemplo, uma dessas ações ou dispositivos, dada a quantidade de pessoas que se sentiam solitárias, que estavam enlutadas ou que pensavam ser as únicas com um desempenho acadêmico insatisfatório, entre outras vivências.

Nessa perspectiva, evidencia-se o caráter, já apontado, cartográfico do Plantão Psicológico, que pôde oferecer apoio à comunidade acadêmica de maneira virtual. Além de proporcionar atenção psicológica no momento da procura por atendimento, pôde também compreender alguns dos modos de ser e sofrer desta comunidade.

Agradecimentos

À Pró-reitoria de Pesquisa da Universidade Federal de Minas Gerais, que financiou esta pesquisa pelo Programa Institucional de Bolsas de Iniciação Científica – PIBIC (Edital PRPq – 04/2022), por meio de bolsa a então discente autora Júlia Alves.

Referências

Barcellos, A. A. C. G., Ferreira, M. L. L., Santos, M. A. M., & Rota Júnior, C. (2020). Plantão Psicológico *Online* em Tempos de Pandemia: Um relato de Experiência. *Revista Unimontes Científica*, *22*(2), 1–15. https://doi.org/10.46551/ruc.v22n2a10

Borges, M. V. V. (2023). *A experiência de tornar-se universitário no ensino remoto: "não tinha caído a ficha que eu estava na UFMG"*. (Dissertação de Mestrado). Programa de Pós-Graduação em Psicologia da Universidade Federal de Minas Gerais. Belo Horizonte: UFMG.

Boss, M. (1981). *Angústia, culpa e libertação: ensaios de psicanálise existencial* (Bárbara Spanoudis, Trad., 3a ed.). São Paulo, SP: Duas Cidades.

Braga, T. B., Mosqueira, S. M., & Morato, H. T. P. (2012). *Cartografia clínica em plantão psicológico: investigação interventiva num projeto de atenção psicológica em distrito policial.* Temas em Psicologia (Ribeirão Preto), 20, p. 555-569, 2012. Recuperado em: 16 jun. 2024, de http://pepsic.bvsalud.org/scielo.php?script=sci_arttext&pid=S1809-68672017000100008&lng=pt&tlng=pt.

Brentano, J. B., Viana, G. M. L., & Evangelista, P. E. R. A. (2022). Plantão Psicológico e sofrimento universitário: um estudo fenomenológico. *Revista do NUFEN*, 14(1), 1-18.

Cardoso, C. L. (2020). *O Plantão Psicológico em tempos de pandemia*. Vozes em Letras: Olhares da Gestalt-terapia para a situação de pandemia (pp. 219-235).

Cardoso, C. L. (2021). Plantão Psicológico na universidade em tempos de pandemia: Contribuições da Gestalt-terapia. *In* Cardoso, C. L., Giovanetti, J. P., Evangelista, P. (Orgs.). *Cuidado em Tempos de Distanciamento Social* (p. 131-158). Belo Horizonte: Artesã.

Cardoso, C. L., Rodrigues, A. B., Bohrer, A. P., Prado, L. A., Villalva, O. R., & Evangelista, P. (2023). Pandemia e sofrimentos existenciais de uma comunidade universitária: uma compreensão gestáltica de relato de pesquisa. *In* Cardoso, C. L., Giovanetti, J. P., Evangelista, P. (Orgs.). *Sofrimento existencial e clínica psicológica fenomenológica: ensaios e pesquisas sobre atendimento online* (p. 183 – 230). Belo Horizonte: Artesã.

Cardoso, C. L., Rodrigues, A. P., Prado, L. A., Villalva, O. R., Evangelista, P. (2023). Universidade, covid e vida cotidiana: relato de pesquisa à luz da Gestalt-terapia. In: Cardoso, C. L., Giovanetti, J. P., Evangelista, P. (orgs.) *Sofrimento existencial e clínica psicológica fenomenológica: ensaios e pesquisas sobre atendimento online* (p. 255 - 274). Belo Horizonte: Artesã.

Cardoso, C. L., Rodrigues, A. B., Bohrer, A. P., Prado, L. A., Villalva, O. R., & Evangelista, P. (2023). Pandemia e sofrimentos existenciais de uma comunidade universitária: uma compreensão gestáltica de relato de pesquisa. *In* Cardoso, C. L., Giovanetti, J. P., Evangelista, P. (Orgs.). *Sofrimento existencial e clínica psicológica fenomenológica: ensaios e pesquisas sobre atendimento online* (p. 183-230). Belo Horizonte: Artesã.

Critelli, D. (2012). *História pessoal e sentido da vida*: historiobiografia. São Paulo: EDUC: FAPESP.

Critelli, D. (2016). A técnica no pensamento de Martin Heidegger. Poliética. *Revista de Ética e Filosofia Política*, 4(2), 25-35. DOI: https://doi.org/10.23925/poliética.v4i2.31420

Evangelista, P. E. R. A. (2016). Temporalidade kairológica do Dasein e Plantão Psicológico. *In* P. E. R. A. Evangelista, H. T. P. Morato & P. Milanesi (Orgs.). *Fenomenologia existencial e prática em psicologia: alguns estudos* (pp. 147-157). Rio de Janeiro: Via Verita.

Evangelista, P. E. R. A. (2021). Fenomenologia existencial e a procura motivada do plantão psicológico. *In* Cardoso, C. L., Giovanetti, J. P., Evangelista, P. (Orgs.). *Cuidado em tempos de distanciamento social* (p. 159-186). Belo Horizonte: Artesã.

Evangelista, P. E. R. A. (2022). Sofrimento psicológico de universitários ingressantes - entrar na universidade sem nela entrar. Dutra, E. (Org.). *Sofrimento e Historicidade: O desamparo ético-político na contemporaneidade* (pp. 227-242). Rio de Janeiro: Via Verita.

Faro, A., Bahiano, M. de A., Nakano, T. de C., Reis, C., Silva, B. F. P. da ., & Vitti, L. S. (2020). COVID-19 e saúde mental: a emergência do cuidado. *Estudos de Psicologia (Campinas), 37*, e200074. https://doi.org/10.1590/1982-0275202037e200074

Feijoo, A. M. L. C. L. (2022). Escuta Clínica à Experiência de uma Mãe Enlutada em Tempos de COVID-19. *Revista Psicologia: Teoria e Prática, 24(1)*, 1-16.

Fleming V., Gaidys, U., & Robb, Y. (2003). Hermeneutic research in nursing: developing a Gadamerian-based research method. *Nursing Inquiry, 10*, 113-120. doi: 10.1046/j. 1440-1800.2003.00163.x

Freitas, J. L. (2022). Luto na pandemia de Covid-19: Por quem nos enlutados? *In* E. Dutra (Org.). *Sofrimento e historicidade: o desamparo ético-político na contemporaneidade* (pp. 265-278). Rio de Janeiro: Via Verita.

Giovanetti, J. P. (2019). O adoecimento existencial no século XXI. *In* Cardoso, C. L., & Giovanetti, J. P. (Orgs.). *Sofrimento humano e cuidado terapêutico* (pp. 47-74). Belo Horizonte: Artesã Editora.

Groth, M. (2023). *Por que não, afinal? – uma introdução à Daseinsanalyse* (Evangelista, P., trad.). Belo Horizonte: Artesã.

Han, B.-C. (2017). *Sociedade do cansaço.* Petrópolis, RJ: Vozes.

Holzhey-Kunz, A. (2018). *Daseinsanálise: o olhar filosófico--existencial sobre o sofrimento psíquico e sua terapia.* Rio de Janeiro: Via Verita.

Junior, A. P., de Paula, M. S. M., & Zampieri, T. C. C. (2021). Caracterização e demanda de um serviço de atendimento psicológico *on-line* no contexto da pandemia de covid-19. *Psicologia e Saúde em debate*, 7(1), 94-106.

Mahfoud, M. (1987). A vivência de um desafio: Plantão Psicológico. *In* R. Rosenberg. *Aconselhamento psicológico centrado na pessoa*. São Paulo: EPU.

Morato, H. T. P. (2006). Pedido, queixa e demanda no Plantão Psicológico: querer poder ou precisar? *In Trabalho Completo*. Vitória, ES: Universidade Federal do Espírito Santo.

Morato, H. T. P. (2022). Plantão psicológico em uma compreensão fenomenológico-existencial. *In* Melo, F. F. S., & Santos, G. A. O. *Psicologia Fenomenológica e Existencial: fundamentos filosóficos e campos de atuação* (pp. 210-239). São Paulo: Manole.

Moreira, A., & Pinheiro, L. (2020). OMS declara pandemia de coronavírus. *G1*. Recuperado em 28 nov. 2023, de https://g1.globo.com/bemestar/coronavirus/noticia/2020/03/11/oms-declara-pandemia-de-coronavirus.ghtml.

Pacheco, T. R., & Silva, D. M. (2020). Cuidado psicológico *on-line* ofertado no contexto de pandemia pelo Programa Acolher da Universidade do extremo Sul Catarinense. *In* Tomasi, Cristiane Damiani, Soratto, Jacks, Ceretta, Luciane Bisognin (Org.). *Interfaces da COVID-19: impressões multifacetadas do período de pandemia*. Criciúma, SC: UNESC, 2020. p. 80-81. http://dx.doi.org/10.18616/intcov30

Pereira, M. P., Machado, F. A., & Sei, M. B. (2021). Plantão psicológico on-line: ações da Clínica Psicológica da UEL frente à pandemia da Covid-19. *In* M. B. Sei (Org.). *Plantão Psicológico: Um retrato de ações*. Londrina: Clínica Psicológica da UEL. Recuperado em 16 jun. 2024, de https://www.uel.br/clinicapsicologica/pages/publicacoes.php

Pereira, M. M., Trajano, A. R., Caversan, H. A., Moreira, S. P., Tibiriçá, V. A. (2021). Plantão psicológico: a prática do acolhimento *on-line* durante a pandemia da COVID-19. *Revista de*

Extensão da Universidade de Pernambuco - REUPE, 6(1), 39-51. https://doi.org/10.56148/2675-2328reupe.v6n1.0.96.pp39-51

Peres, R. S., Santos, M. A. dos, & Coelho, H. M. B. (2004). Perfil da clientela de um programa de pronto-atendimento psicológico a estudantes universitários. *Psicologia em Estudo*, 9(1), 47-54. https://doi.org/10.1590/S1413-73722004000100007

Portaria n. 1819/2020 da Universidade Federal de Minas Gerais. Recuperado em 16 jun. 2024, de https://ufmg.br/storage/8/a/c/2/8ac26882b0e6893313da0b48ca4ee459_15845634585171_467459286.pdf

Schmidt, B., Crepaldi, M. A., Bolze, S. D. A., Neiva-Silva, L., & Demenech, L. M. (2020). *Saúde mental e intervenções psicológicas diante da pandemia do novo coronavírus (COVID-19).* Estudos de Psicologia (Campinas), 37, e200063. https://doi.org/10.1590/1982-0275202037e200063

Schmidt, M. L. S. (2004). Plantão psicológico, universidade pública e política de saúde mental. *Estudos De Psicologia (Campinas), 21*(3), 173–192. https://doi.org/10.1590/S0103-166X2004000300003

Souza, S. R., Coelho, H. M. B., & Migliorini, W. J. M. (2015). *Estudo descritivo sobre a demanda de um pronto-atendimento psicológico em um serviço-escola.* Colloquium Humanarum, 12(Especial), 1624-1632. DOI: http://dx.doi.org/10.5747/ch.2015.v12.nesp.000790

ENQUADRAMENTOS TEÓRICOS

Produtividade, trabalho e consumo na atualidade: a condição existencial de *estar à deriva*

Caroline Garpelli Barbosa
(Universidade Federal Fluminense)

Mil vezes a perspectiva de enfrentar a pior tempestade do que as mornas calmarias sem rumo, sem ir a lugar nenhum.
(Amyr Klink)

"[...] Quem se dedica hoje em dia à profissão de ajudar as pessoas psiquicamente enfermas, deve saber o que acontece; deve saber onde está historicamente"[1]. Esta frase, embora proferida por Heidegger há mais de cinquenta anos, caminha ao encontro de um debate que é bastante atual, a saber, a necessidade de a psicologia discutir e problematizar a historicidade das diversas formas de sofrimento. Isso é importante, pois os discursos da psicopatologia tradicional e das descrições empírico-pragmáticas acerca do sofrimento facilmente agrupam as mais variadas experiências humanas em categorias diversas, assumindo saúde e adoecimento como entidades abstratas, individuais e sem qualquer conexão com a situação histórica e com a dimensão ontológica

[1] Heidegger, M. (2001). *Seminários de Zollikon*. Educ: Vozes, p. 129.

em que o existir se dá. Contudo, a partir de um olhar fenomenológico-hermenêutico de base heideggeriana, consideramos que, enquanto existentes, já sempre nos encontramos no interior de campos de sentidos que delimitam nossas possibilidades de ser. As experiências de sofrimento não são genéricas e abstratas, mas constituídas a partir de certo matiz histórico cuja estrutura possibilita a emergência de certos modos de ser, favorece que algo possa ou não aparecer como sofrimento, bem como viabiliza certas características presentes nos sofrimentos em geral[2].

A partir de algumas reflexões orientadas por textos de Martin Heidegger, Hannah Arendt e autores que pensam o mundo atual, o **objetivo** do presente texto é discutir como, em nossa época contemporânea, praticamente todas as esferas da vida têm se tornado sinônimo de produtividade, trabalho e consumo, conduzindo a existência para um estado de sofrimento que aqui chamaremos de condição existencial de *estar à deriva*. Nesse contexto, "estar à deriva" significa estar sem rumo, sendo levado e de modo solitário a lugar algum. Na experiência clínica de muitas psicólogas e psicólogos, a condição de estar à deriva tem aparecido em relatos de desalento, vazio, apatia e sensação de insuficiência, acompanhados de narrativas que envolvem sentimento de solidão e cansaço. Em meio a um cotidiano imerso em uma avalanche de atividades de trabalho, consumo e em tentativas quase sempre frustradas de correspondência aos ideais de eficiência e produtividade que estruturam o mundo atual, muitas vezes o que se busca é apenas "desligar a si mesmo" mediante uma espécie de anestesiamento (fazer compras, sentir prazer com

[2] Casanova, M. A. (2020). Prefácio: depressão, tédio e técnica em Cristine Mattar. *In* C. M. Mattar. *Depressão: doença ou fenômeno epocal.* (pp. 9-17). Via Verita.

a comida pedida pelo *delivery*, maratonar séries, jogos de celular e videogame e se entorpecer com qualquer forma de passatempo). Nesse paradoxal movimento paralisante, tudo se mostra como um devir infinito e vertiginoso a partir do qual nada se retém: relações, espaço e tempo. A existência se torna cada vez mais planificada, com atividades ininterruptas que, ao mesmo tempo, "*nos detêm e nos largam vazios*", como diz Heidegger[3]. Entediado e anestesiado, o ser humano conecta-se e distrai-se em seu próprio celular, em uma vida *on-line* que, segundo Crary[4,5], gera demandas administráveis dentro de um isolamento, no qual é o mundo virtual que regula o que é admissível ou não sonhar. Com isso, a única atividade que parece importar e restar como possibilidade é a do consumo dos produtos que, violentamente, invadem as telas e apelam de maneira sedutora para serem adquiridos. Aliás, para o mesmo autor, foi por meio da propagação da internet que as grandes corporações remodelaram o trabalho e o consumo, transformando-os em uma ocupação 24 horas por dia, sete vezes por semana (24/7)[6], liberados, portanto, das restrições de tempo e lugar, como se fosse natural a ideia de trabalhar sem pausas e limites.

Consideramos que a correspondência irrefletida a essa lógica de produção massiva gerenciada por grandes

[3] Heidegger, M. (2003). *Os conceitos fundamentais da metafísica: mundo, finitude, solidão*. Rio de Janeiro: Forense Universitária, p. 105.

[4] Crary, J. (2014). *24/7: Capitalismo tardio e os fins do sono*. Ubu Editora.

[5] Crary, J. (2023). *Terra arrasada: além da era digital, rumo a um mundo pós-capitalista*. Ubu Editora.

[6] Crary (2023) denomina essa lógica de atividade ininterrupta de capitalismo 24/7, ou seja, um mundo que funciona 24 horas todos os sete dias da semana. Daqui por diante, ao utilizarmos a expressão 24/7 será no sentido considerado por esse autor.

corporações, aliada a uma invasão digital tóxica em nosso cotidiano, lança-nos em um mundo em que as atividades de trabalho e de consumo se tornam quase ininterruptas, de modo que se salta de uma coisa à outra em meio aos excessos de ofertas empacotadas de entretenimento, produtos, comida e distrações. Tal cenário não nos deixa ilesos em relação aos seus impactos sobre nossas vidas, uma vez que, imersos nesse horizonte que reduz tudo ao âmbito individual e veicula ideais narcísicos que preconizam que cada pessoa deveria se tornar administradora da própria vida, o que se observa é a corrosão da vida comunitária e partilhada em favor da competitividade e do individualismo, intensificando sentimentos de solidão e desalento. Como consequência, a existência cotidianamente se coloca à deriva, ao sabor dos ventos e mares, em uma espera pelo dia seguinte, sem saber se em algum momento será possível orientar seu leme.

Para realizar a discussão proposta, tomaremos como ponto de partida, especificamente, as discussões de Heidegger[7] sobre a técnica moderna e sobre a condição ontológica indeterminada e hermenêutica do existir humano. Além disso, avançaremos para as contribuições que Hannah Arendt pode acrescentar a essa discussão, na medida em que a autora na obra *A condição humana* apresenta vários níveis de atividades humanas e o quanto, com a época moderna, o que ela chama de atividade do animal *laborans* vai se sobrepondo às atividades da ação e do discurso, sem as quais não podemos ser considerados humanos. Por fim, serão trazidos à discussão autores atuais que abordam temas contemporâneos, como o mundo digital, e nos possibilitam pensar a radicalização das ideias de Heidegger e Arendt nos desdobramentos de nossa atual situação hermenêutica.

[7] Heidegger, M. (2007). A questão da técnica. *Scientiae Studia*, *5*(3), 375-398.

Distraídos e longe de casa

Para falar acerca do modo de ser do existente humano e de como é possível pensar o sofrimento a partir de uma perspectiva coerente com a visão fenomenológico-hermenêutica, é preciso compreender brevemente como Heidegger descreve ontologicamente o ente que nós mesmos somos, bem como apresentar a discussão do autor sobre a era da técnica, a qual pode trazer luz sobre o nosso horizonte histórico-epocal.

Para Heidegger[8], o ente humano é descrito como abertura radical a partir da qual a compreensão de ser se dá, fundado, portanto, em uma nadidade originária que faz com que existir seja sempre um já estar lançado no mundo, em meio a uma rede de sentidos que lhe está disponível a partir de sua situação hermenêutica. Daí a afirmação heideggeriana de que, enquanto existente, o ente humano é ser-no-mundo. Isso quer dizer que, ontologicamente indeterminado, ele existe a partir das orientações do seu mundo, de forma que as identidades que assume, quem ele é, como é, aquilo que julga bom ou ruim, não são simples construções pessoais ou algo derivado de uma essência previamente dada, mas, antes, articulação de sentidos faticamente disponíveis. O mundo estrutura e organiza a existência, conferindo-lhe ritmo, dando-lhe orientações do que se deve ou não fazer, modulando, dessa forma, modos específicos de ser. Ademais, tal modulação é sempre delimitada pelo horizonte histórico que a fundamenta, uma vez que cada época traz um horizonte de possibilidades no interior do qual os sentidos são compreendidos. Assim, é preciso trazer à discussão as

[8] Heidegger, M. (2012). *Ser e Tempo*. Petrópolis: Vozes / Campinas: Unicamp.

configurações características da época em que habitamos, questionando que modos de ser são viabilizados por nosso mundo atual e o que eles dizem sobre como devemos lidar com a existência.

A esse respeito, Heidegger[9] diz que nossa época atual aparece sob a abertura histórica da técnica moderna. Para ele, a essência da técnica moderna se caracteriza pela aparição de tudo a partir do horizonte da produtividade compulsiva, no qual tudo aparece como produto ou recurso a ser utilizado, explorado, atualizado e disponível para a manipulação. Ou seja, para a técnica moderna não há a espera pelo aparecimento de algo em seu próprio tempo, mas sim, uma espécie de violência que força a emergência de algo, orientada pela lógica de que tudo pode ser controlado, mensurado e aprimorado de maneira cada vez mais rápida e de modo mais eficiente. Esse raciocínio, todavia, não opera apenas nas ciências, mas orienta também o modo como o próprio ser humano é compreendido e o modo como interpreta a si mesmo, as suas relações e mesmo a sua existência[10]. Como consequência, o horizonte aberto pela técnica leva a uma experiência de desenraizamento, isto é, a uma perda da capacidade meditativa que mantém aberta a relação com o enigma que a existência é para cada ser humano, como se os cálculos e a razão instrumental pudessem oferecer resposta a toda e qualquer ordem de questão.

Assim, as características específicas do horizonte técnico intensificam ainda mais o afastamento do ser humano de sua condição mais originária de abertura, de modo que tudo e, inclusive, o próprio existir, é tomado apenas como uma peça dessa engrenagem, sujeito às mudanças

9 Heidegger, *op. cit.*

10 *Ibid.*

de conjunturas e sem nenhuma relação com a dinâmica de temporalização da existência[11,12].

Além disso, no mundo contemporâneo, a técnica é marcada também pela lógica "da funcionalidade, do gigantismo, da velocidade, da aceleração, da cibernética e da lida logística com todas as conjunturas propriamente ditas do existir"[13]. Tudo vem a ser em um devir infinito e vertiginoso, no qual nada se retém, nada dura, nada deixa se determinar e se enraizar. Essa temporalidade acaba por fragmentar a realidade em momentos que não encontram conexão entre si, o que leva a uma sensação de falta de sentido na medida em que as inúmeras atividades de um dia, com seus horários estabelecidos com antecedência e um excesso de solicitações, modelam os projetos de vida de acordo com as necessidades do mundo do trabalho, da produtividade, do consumo, da sociedade tecnológica e das exigências de um mundo que cobra e impõe o que cada um deve fazer com sua vida. Com isso, tudo se reduz a um caráter obsolescente e descartável, o que, por sua vez, leva ao surgimento de espaços que não se constituem como lugares, nos quais não se pode habitar e construir morada, uma vez que a experiência do tempo se configura de modo fragmentado e, portanto, desarticulado da historicidade.

Esse horizonte hermenêutico, que é o nosso, aponta para a ausência de sentido, pois, se apenas há *agoras*, sem a expectativa de que algo permaneça, o passado e o futuro desaparecem quase que instantaneamente, de modo que

[11] Casanova, M. A. (2006). *Nada a caminho: impessoalidade, niilismo e técnica na obra de Martin Heidegger.* Rio de Janeiro: Forense Universitária.

[12] Heidegger, *op. cit.*

[13] Casanova, M. A. (2021). *Existência e transitoriedade.* Rio de Janeiro: Via Verita, p. 104.

se torna difícil tecer histórias, relações e sonhos futuros. O porvir avança de modo opressor sobre o presente e rapidamente lança tudo para o campo do já sido, daquilo que foi, mas que por ter sido tão fugaz, não deixou nenhuma marca e, assim, deixou a existência esvaziada[14].

Dessa forma, talvez não seja por acaso o grande número de relatos que chegam à clínica psicológica, especialmente da população mais jovem, de desalento, desesperança, como se, em muitos casos, já tivessem desistido de viver. Desistência, não necessariamente no sentido de morte ou suicídio (também bastante presente), mas como um abandono de si, ficando à deriva, em uma espécie de apatia impotente, esvaziada e entorpecida por não poder encontrar qualquer orientação que aponte para as possibilidades de devir. Ao que parece, a lógica técnica vai tornando o mundo inóspito, sem abrigos, com poucas chances de experiências de enraizamento e pertencimento, de modo que a existência se encontra feito um barco à deriva, que foi lançado em alto mar e, no meio do caminho, passou a navegar sem ter destino traçado, como se as águas em que se encontra não apontassem para qualquer direção. Não há qualquer rastro que permita retornar à casa e nem sinal de que algum pedaço de terra firme possa aparecer no horizonte ou que algum porto será alcançado. O que parece haver é apenas o tédio da tripulação que, para não ver o barco parado, distrai-se cada vez mais com os inúmeros passatempos que ele disponibiliza.

Para Heidegger[15], o tédio é a tonalidade afetiva fundamental de nosso horizonte histórico atual. É uma tonalidade afetiva que já sempre está aí, afinando todos os nossos modos

[14] *Ibid.*

[15] Heidegger, 2003.

de ser, de modo que o mergulho irrefletido nos infindáveis passatempos que temos disponíveis é uma forma de não permitir que o tédio desperte. Por tédio ele entende a experiência de um tempo longo, quando já ficou tempo demais longe de casa. Tédio é saudade da pátria, da terra natal. É aquilo que, ao mesmo tempo, nos detêm ali, ocupando-nos com qualquer coisa, porém que nos abandona e larga vazios, sem que nada aconteça e nos tome verdadeiramente. Como diz Boss[16], nesse vazio entediante e apassivado, a saudade de casa e das próprias raízes fica escondida debaixo de uma fachada lisa, gélida e distraída com inúmeros passatempos tranquilizantes a fim de impedir ser tomado pelo desespero de perceber que se está à deriva e distante de qualquer enraizamento. Na técnica, o ser humano "torna-se um ser que responde sempre ao acaso e que jamais encontra ou pode encontrar em nenhuma de suas ações a necessidade propriamente dita que caracteriza as possibilidades extremas de seu ser"[17]. Nada parece importar ou ser provido de algum propósito, de modo que o existente é apenas mais um elemento relacional como tantos outros, sujeito às contingências conjunturais de cada situação. É como estar entregue às intempéries que atingem o barco à deriva, contudo, sem qualquer tentativa de navegar por outros trajetos. À deriva e ao sabor dos ventos e das águas, o barco está ali, sem que deixe qualquer marca ou rastro em seu caminho. Resta a desorientação, de sorte que, sem direção e em meio a um mar aberto, permanece um mal-estar, sem que se perceba que ele diz de uma saudade de casa, lugar para onde não se pode sonhar em voltar.

[16] Boss, M. (1977). *Angústia, culpa e libertação*. São Paulo: Duas Cidades.

[17] Casanova, 2006, p. 136.

Trabalhando, consumindo e... sozinhos

Em uma constante aproximação, tensão e diferenciação em relação às reflexões heideggerianas sobre a época moderna, Hannah Arendt pode oferecer aspectos muito iluminadores para a nossa discussão a respeito da condição existencial de estar à deriva na atualidade. Isso porque, para a autora, a modernidade se caracteriza por ser uma época marcada pela alienação do ser humano em relação ao mundo e pelo predomínio do pensamento tecnocientífico, características que levaram à emergência de uma sociedade automatizada, marcada pela produtividade desenfreada, em que as pessoas são reduzidas a trabalhadores e consumidores que não mais estabelecem uma relação de cuidado com o mundo, mas sim, promovem a destruição de tudo o que é comum, partilhado e, no limite, do habitar humano sobre a Terra[18].

Partindo da diferença entre dois modos de vida distintos, a saber, a *vita contemplativa* (pensamento meditativo e filosófico) e a *vita activa,* a autora investiga a relação da condição humana com os três níveis de atividades fundamentais, que constituem a *vita activa*, quais sejam, o trabalho, a obra e a ação.

O trabalho (*labor*) é descrito como estando em estreita conexão com o processo biológico corpóreo, bem como com a manutenção da vida, ou seja, pode ser compreendido como uma resposta do ser humano ao simples fato de estar vivo, tendo que dar conta de suas necessidades vitais básicas de sobrevivência. Justamente por esse motivo, o trabalho se configura como uma repetição incessante, exaustiva, geralmente demandando esforço físico, a fim de produzir bens de

[18] Arendt, H. (2018). *A condição humana*. Rio de Janeiro: Forense Universitária.

consumo. Isso quer dizer que o produto do trabalho visa ser rapidamente consumido e, portanto, não adentra o mundo humano partilhado e não deixa marcas, pois sua finalidade não é permanecer ou durar, mas, tão somente, satisfazer as necessidades de subsistência de cada indivíduo[19,20].

Assim, o trabalho se dá sempre em um ciclo constante de esforço, consumo e satisfação fugaz e imediata, tanto com aquilo que ele produz, como com o descanso que regenera do desgaste demandado. Fechado esse ciclo, há sempre o recomeço do mesmo processo, de modo que o trabalho apenas finda com o fim da própria vida, sem que produza algo durável e, também, sem que sobrecarregue o ser humano com uma preocupação acerca de seu futuro para além daquele da imediaticidade de suas necessidades mais básicas. Nas palavras da autora:

> A única atividade que corresponde estritamente à experiência da não mundanidade, ou, antes, à perda do mundo que ocorre na dor, é a do trabalho, na qual o corpo humano, embora em atividade, também é lançado para dentro de si mesmo, concentra-se apenas em seu próprio estar vivo e permanece preso ao seu metabolismo com a natureza sem jamais transcender ou libertar-se do ciclo recorrente do seu funcionamento[21].

Desse modo, o trabalho se reduz à esfera privada e retira o indivíduo do mundo, uma vez que nada é tão privado e tão menos comunicável, como as experiências do

19 Arendt, H. (2005). Trabalho, obra, ação. *Cadernos de ética e filosofia política*, *7*(2), 175-201.

20 Arendt, *op. cit.*

21 Arendt, *op. cit.*, p. 141.

corpo, sua dor e seu prazer. Por essa razão, não se trata de uma atividade suficiente para distinguir o ser humano dos outros animais, pois, além de não construir objetos duráveis e nem tecer história, o trabalho também não é uma atividade livre, posto que aprisiona nesse ciclo repetitivo que apenas finda com a morte. Daí a autora denominar o trabalho como sendo desempenhado pelo *animal laborans,* isto é, pelo ser humano, enquanto um vivente feito outros.

O trabalho se diferencia da obra ou fabricação (*work*), outra atividade fundamental descrita por Arendt[22] e que se dá, não pela exaustão do corpo, mas sim, pela construção das próprias mãos humanas, tendo com fim produzir objetos de uso duráveis para estabilizarem a vida humana e conferirem a esta "uma temporalidade linear na qual se podem reconhecer vidas individuais, e não apenas a vida da espécie"[23]. Dessa forma, são os produtos da obra e não os do trabalho que garantem a permanência e durabilidade que possibilitam a construção e emergência de algo tal como o mundo e, por sua vez, a habitação humana sobre a Terra. Isso porque as obras, quando não apropriadas pela visão utilitarista e da mera funcionalidade, "dão ao mundo a estabilidade e a solidez sem as quais não se poderia contar com ele para abrigar a criatura mortal e instável que é o homem"[24]. Além disso, em alguma medida ainda limitada, as obras viabilizam uma vida compartilhada na medida em que os objetos de uso podem ser trocados e comercializados. Nesse sentido, a atividade de fabricação é realizada pelo *homo faber,* ou seja,

22 Arendt, *op. cit.*

23 Correia, A. (2018). Pensar o que estamos fazendo. *In* H. Arendt. *A condição humana.* (pp. 13-49). Rio de Janeiro: Forense Universitária, p. 29.

24 Arendt, *op. cit.*, p. 183.

pelo ser humano para além da sua animalidade, posto que capaz de edificar um mundo durável e, portanto, habitável.

Por fim, Arendt[25,26] aborda a atividade da ação, a única que corresponde à condição humana da pluralidade e que, por acontecer na vida pública, é política por excelência. Agir, para a autora, encontra seu sentido em "tomar uma iniciativa, começar [...] ou colocar algo em movimento"[27], de modo que a ação introduz a possibilidade de algo inesperado ou improvável acontecer[28]. Por outro lado, esse ato iniciador só ganha existência e inserção no mundo pelas palavras e em meio aos outros, de modo que "uma vida sem discurso e sem ação [...] é literalmente morta para o mundo; deixa de ser uma vida humana, uma vez que já não é vivida entre os homens"[29]. Agir, portanto, nunca é um ato isolado ou solitário. É, antes, um segundo nascimento, a emergência de alguém único no mundo, que deixa sua marca singular na humanidade. Assim, é pelo ato e pela palavra que cada ser humano dará resposta à questão "*quem és?*" e pode dizer ao mundo sobre seu lugar na teia das relações humanas, de modo que é pela ação e pelo discurso que cada um pode descobrir seu lugar em meio aos outros.

Na medida em que agir sempre se dá na esfera pública entre humanos, o resultado de uma ação sempre será imprevisível e irreversível, pois os outros é que dão significado à nossa ação, podendo desencadear efeitos nunca imaginados. Ainda que agir seja expressão de liberdade e traga

25 Arendt, 2005.

26 Arendt, 2018.

27 Arendt, *op. cit.*, p. 190.

28 Arendt, *op. cit.*

29 Arendt, *op. cit.*, p. 219.

a marca da singularidade, uma ação sempre encontra seus desdobramentos em meio às relações humanas e, por isso, está além do controle de quem quer que seja. "Cada feito e cada novo começo cai em uma teia já existente onde, no entanto, deflagram de algum modo um novo processo que afetará muitos outros, além inclusive daqueles com quem o agente mantém contato direto"[30]. Assim, uma teia de estórias vai sendo conjuntamente tecida, de sorte que, "embora a ação seja a própria tradução da liberdade, da capacidade humana de instaurar novidade no mundo, aparentemente em nenhuma outra parte as pessoas são menos livres que nessa teia de relações"[31].

A implicação dessa afirmação é que, na política, não há alguém que seja soberano, pois a razão de ser da política é possibilitar as articulações de propósitos comuns, bem como a construção de um espaço durável e seguro onde os seres humanos possam habitar e pertencer. Por outro lado, se a potência da ação apenas se dá em meio a um espaço compartilhado, o isolamento leva à impotência e inviabiliza o agir. Como diz Correia, "a existência só é livrada de sua fragilidade mediante à redenção da futilidade do mero estar vivo promovida pela ação política, cujo impulso brota do desejo de estar na companhia dos outros, do amor ao mundo e da paixão pela liberdade"[32].

Ocorre que, embora trabalho, fabricação e ação sejam as três atividades fundamentais que constituem a *vita activa,* Arendt[33] descreve como, na modernidade, com a emergência

[30] Arendt, 2005, p. 192.

[31] Correia, 2018, p. 37.

[32] *Ibid.* p. 34.

[33] Arendt, 2018.

das sociedades industriais, com a glorificação das atividades de trabalho, com a transformação dos objetos de uso em bens de consumo, bem como com a consequente indistinção que passou a existir entre os domínios público e privado, o ser humano foi sendo reduzido ao *animal laborans,* a um animal que trabalha e consome, que não mais constrói obras e, tampouco, age no mundo. Muito dessa transformação esteve aliada à emergência da ciência como único saber válido que, ao impor a lógica do cálculo e do controle como fundamento seguro para todo conhecimento, promoveu uma invasão do pensamento técnico e instrumental em todas as esferas da vida humana. No interior desse horizonte, o processo de fabricação deixa de ser obra cujo fim é construir um mundo durável para a habitação humana. Em vez disso, torna-se uma produção em massa e automática de objetos descartáveis, a qual é mais importante do que o próprio produto. Essa lógica desencadeou "processos incontroláveis, produzindo efeitos artificiais que jamais se manifestariam por si sós na natureza e que trazem consigo o risco iminente da própria destruição tecnocientífica da morada mundana dos humanos e da própria Terra"[34].

Como consequência, a obra, que antes era produzida com o fim de se tornar um objeto de uso durável, vai se transformando em bem de consumo fabricado, sem valor para a vida humana, pois tudo se tornou coisa descartável, que tão logo seja consumida, pode ser substituída. Nas palavras de Costa, "a conversão do *homo faber* em *animal laborans* foi a fórmula encontrada pelos agentes econômicos de acomodar o

[34] Duarte, A. (2010). Arendt e a modernidade: proximidade e distância em relação a Heidegger. *In* A. Duarte. *Vidas em risco: crítica do presente em Heidegger, Arendt e Foucault.* (pp. 43-67). Forense Universitária, p. 46.

poder de compra individual ao ritmo da produção"[35], uma vez que no cenário moderno "a conservação, e não a destruição, significa ruína, porque a própria durabilidade dos objetos conservados é o maior obstáculo ao processo de reposição, cujo crescimento constante da velocidade é a única constância restante onde esse processo se estabelece"[36].

Com a vida reduzida ao *labor*, a atividade principal do ser humano se mantém restrita aos processos de exaustão e regeneração, reduzindo-se aos processos ligados à sobrevivência biológica, em que busca apenas por uma felicidade fugaz que precisa ser constantemente reposta. O risco disso é os seres humanos perderem sua capacidade de refletir, pensar e julgar a própria realidade em que estão inseridos, pois, com a lógica-técnica e do consumo adentrando todos os âmbitos da vida, a capacidade humana de pensar acerca de seus próprios atos e da sua destinação coletiva se perde, de modo que, sem poder refletir sobre aquilo que está fazendo, a vida humana ficará simplesmente à mercê de qualquer aparato técnico e, cada vez mais, desenraizada[37].

Isso quer dizer que, com a emergência das sociedades industriais e de massa, a esfera política foi sendo sufocada por interesses privados e individuais, pois as relações não mais passaram a acontecer entre os seres humanos e com vistas a pensar a vida comum. Nesse cenário, as relações se tornaram intercâmbios econômicos, movidos pela necessidade do mercado financeiro, de modo que a ação livre e espontânea foi perdendo espaço, prevalecendo o comportamento repetitivo e previsível do trabalhador, que passa a

[35] Arendt, 2005, p. 133.

[36] Arendt, 2018, p. 313.

[37] Duarte, *op cit*.

ser visto não em sua pluralidade e singularidade, mas como uma coisa facilmente descartável[38].

Esse tipo de trabalho alienado de que fala Arendt[39] configura-se como uma atividade que se dá no isolamento e não edifica um mundo que sobreviva ao tempo, pois, presas quase que de modo estrito ao trabalho, as pessoas vão desenvolvendo um estilo de vida em que ficam enredadas e envolvidas com o consumo irrefletido, distantes da vida comum e, dessa forma, sem se perceberem como agentes de uma trama tecida coletivamente. No isolamento, isentam-se de qualquer tipo de responsabilidade com o mundo humano partilhado e vão se tornando incapazes de entenderem suas capacidades e compromissos políticos com aquilo que é de todos[40]. No interior dessa lógica, portanto, não há cuidado do mundo e nem preocupação em produzir algo que atenda às necessidades humanas. É útil apenas o que estimula a produtividade, alivie a dor e traga felicidade pela via imediata. Tudo, coisas, pessoas e relações, ou bem se torna algo útil, ou então é descartável, inclusive a vida humana, que passa a ser tratada como algo sem valor e supérfluo. O que prevalece, dessa forma, é a corrosão de tudo, levando a um desenraizamento da existência, uma vez que se torna quase impossível habitá-la e nela construir um mundo comum, cuja durabilidade favoreça ao ser humano poder se sentir em casa e ali tecer relações sólidas e duradouras em meio às quais possa coexistir. Sem poderem habitar as próprias experiências e sem o senso de pertencimento ao coletivo, é

[38] *Ibid.*

[39] Arendt, 2018.

[40] Canovan, M. (2018). Introdução. *In* H. Arendt. *A condição humana*. (pp. 51-67). Rio de Janeiro: Forense Universitária.

comum as pessoas ficarem à deriva e serem conduzidas a um sentimento de desalento na medida em que não se veem como agentes no mundo.

Na atualidade, o que se observa é uma intensificação desse processo antevisto pela autora, uma vez que, com a atividade de trabalho cada vez mais atravessada pela precariedade de direitos nos mais variados âmbitos e cada vez mais destituída de um sentido coletivo, a capacidade de sonhar qualquer outro mundo possível passou a ficar distante. Os seres humanos não se veem como iniciadores e como aqueles que estão no mundo para inaugurarem algo com sua singularidade. Esqueceram que, "embora tenham que morrer, não *nasceram* para morrer, mas para iniciar algo novo"[41]. Sem agir, resta, portanto, um estar à deriva no anonimato solitário, sem que se possa gritar e ser ouvido, sem que se possa dizer ao mundo sobre seu lugar na teia das relações humanas. Um barco à deriva há muito perdeu seu rumo e sua capacidade de iniciar novas rotas. Está ali, perdido e isolado no meio do oceano, sem sequer ser lembrado por aqueles que habitam as margens de onde ele partiu e saiu em viagem. E, se como diz a autora, é pelo ato e pela palavra que cada ser humano dará resposta à questão *"quem és?"*, então, não se deixa de agir sem que se pague o preço de também não existir.

Sonhar para quê? Desalento e retirada da teia do mundo

Tendo em vista nosso objetivo de discutir a condição existencial de *estar à deriva* na atualidade, nesta parte final

[41] Arendt, *op. cit.*, p. 194.

traremos para dialogar com Heidegger e Arendt alguns autores que discutem o papel da conexão digital via internet como intensificadores dos fenômenos de produtividade, consumo, tédio e isolamento que vínhamos discutindo a partir do olhar heideggeriano e arendtiano. Assim, se a técnica é a medida histórica e epocal a partir da qual tudo, inclusive a vida humana, mostra-se como passível de ser controlado e produzido e, se a era moderna, como apresenta Arendt, é marcada pela alienação do mundo e redução das produções humanas em algo a ser consumido, fato é que o advento da internet e da era digital potencializou a lógica da produtividade, da descartabilidade de tudo, bem como a situação de isolamento e de retirada do ser humano da esfera pública.

Isso porque o acesso em massa à internet permitiu às grandes corporações o remodelamento do trabalhado e do consumo, os quais se tornaram ocupações 24/7, liberadas das restrições de tempo e lugar[42]. Segundo Le Breton[43], o telefone celular e o computador portátil acabam sendo os instrumentos-chave para a essa situação, uma vez que permitem trabalhar no avião, no hotel ou na própria casa. Além disso, os empregadores costumam considerar de bom tom que ambos fiquem ligados, a fim de que os funcionários possam responder imediatamente a qualquer tipo de solicitação. Com isso, a ideia de trabalhar sem limites e estar disponível ao trabalho em tempo integral, em qualquer tempo ou lugar, fica normalizada, sem que se questione o custo humano exigido para tal tarefa e sem que se separe a vida pessoal do cotidiano de trabalho. Não por acaso,

[42] Crary, 2023.

[43] Le Breton, D. (2018). *Desaparecer de si: uma tentação contemporânea*. Petrópolis: Vozes.

Han[44] afirma que vivemos em uma sociedade do cansaço, marcada pela cobrança de desempenho e produção, na qual as pessoas, voluntariamente, cobram-se para fazerem mais, terem melhores performances, de modo a escravizarem a si mesmas.

Com isso, os corpos acabam por se adequar a esse ritmo, sendo considerados corpos mais ou menos aptos para funcionarem de acordo com a lógica técnica e do desempenho[45]. Há demanda por um corpo máquina, cobrado para que não falhe, não adoeça, não se canse. Um corpo que muitas vezes deve estar amortecido para que simplesmente corresponda às solicitações que chegam; um corpo que tem que aguentar mais e mais, e que se vê apropriado dos discursos acerca da qualidade de vida, um cuidado técnico que visa *produzir* saúde, beleza e bem-estar a qualquer custo. Por outro lado, quando não entra na lógica da produção e do consumo de saúde, o corpo muitas vezes é sentido como um peso, deixado esquecido e neutralizado por tantas horas diárias, alimentado para poder sobreviver, como se fosse um carro que precisa de abastecimento para seguir rodando. E na presença de um corpo exausto restam apenas as sensações imediatas de prazer, de como consumir. Ademais, a ideia de que o trabalho deve levar a um sucesso alcançado individualmente faz com que as relações humanas geralmente sejam vistas como *networking*, interações que, em algum momento, poderão trazer algum benefício profissional. O outro, assim, passa a ser visto como "objeto a ser usado em prol do engrandecimento e da exaltação da própria imagem e que, tão logo não seja mais útil nessa

[44] Han, B. C. (2015). *Sociedade do cansaço*. Petrópolis: Vozes.

[45] Casanova, 2021.

função, pode facilmente ser descartado e substituído"[46]. As relações se tornam produtos e não são vistas como oportunidades de troca de experiências e encontros com quem se possa contar e compartilhar. Não por acaso, muitas vezes o outro é visto como inimigo, competidor a ser vencido.

Conseguir que as pessoas sejam senhoras e escravas no próprio corpo e vejam o outro como alguém a ser superado é uma das principais conquistas da lógica neoliberal. Tal fórmula de dominação fez e continua a arrebanhar adeptos mediante propagação dos discursos de positividades que falam de motivação, autorrealização e bem-estar. Como diz Han,

> *Seja feliz* é a nova forma da dominação... Como capital positivo, a felicidade deve garantir uma capacidade para o desempenho ininterrupta. Automotivação e auto-otimização fazem o dispositivo de felicidade neoliberal muito eficiente, pois a dominação se exerce sem nenhum grande esforço. O submetido nem sequer tem consciência de sua submissão. Ele se supõe livre... Seja *livre* produz uma coação que é mais dominante do que *seja obediente*[47].

Exemplo disso são as inúmeras pessoas, principalmente, jovens, que sonham em se tornar *influencers* digitais, com o desejo de enriquecerem rapidamente e se aposentarem aos 30 anos de idade. O incentivo a tal modo de ser, segundo Crary[48], é uma maneira de desautorizar

[46] Barbosa, C. G., Campos, E. B. V., & Neme, C. M. B. N. (2021). Narcisismo e desamparo: algumas considerações sobre as relações interpessoais na atualidade. *Psicologia USP*, 32, 1-10, p. 2. https://doi.org/10.1590/0103-6564e190014

[47] Han, *op. cit.*, p. 26.

[48] Crary, 2023.

a juventude à rebeldia e à reivindicação de direitos que garantam o seu futuro, uma vez que, ao naturalizarem o discurso de que o que há de melhor é ser empreendedor e alcançar sucesso mediante o próprio esforço individual, deixam de ver que um futuro sem empregos e sem planeta pode ser real e estar próximo. Aliás, longe do *glamour* propagado pelos *influencers*, o que se observa no meio digital é o surgimento do que Crary[49] denominou de "economia dos bicos", trabalhos sem qualquer regulamentação ou provisão de direitos, que tornam as pessoas descartáveis e empobrecidas. Assim, olhando para a própria performance e tendo como meta de vida melhorar o próprio desempenho no trabalho, nas atividades físicas, no âmbito acadêmico, o que se tem é uma "autoexploração, autoagressão, autoaniquilação, autoescravidão"[50], ou seja, uma violência que se imprime sobre si mesmo voluntariamente.

O mesmo pode-se dizer em relação às atividades de consumo que passaram a ocupar quase que a totalidade da vida humana e vão produzindo cada vez mais situações de isolamento. Não há mais restrição ao consumo, uma vez que, se antes ele se dava em relação a coisas, hoje, pode-se consumir qualquer coisa: serviços, imagens, procedimentos, produtos, relações, saúde, entretenimento e, inclusive, pessoas e relações. Praticamente tudo se tornou passível de ser transformado em mercadoria ou investimento: a fome, o sexo, o sono, as relações humanas, o sofrimento. O mundo *on-line*, por sua vez, administra essas demandas e regula o

[49] *Ibid.*, p. 44.

[50] Cabral, A. M. (2021). *Compaixão e revolta: sobre sofrimentos e corpos vulneráveis no mundo da iniquidade*. Rio de Janeiro: Via Verita, p. 79.

que é ou não possível sonhar e desejar[51,52]. Como resultado desse processo, qualquer espaço de tempo em que não se está trabalhando é usado para o consumo, de sorte que, "quanto maior é o tempo que ele [*animal laborans*] dispõe, mais ávidos e ardentes são os seus apetites"[53]. Essa avidez por consumo, contudo, não se dá por necessidade de manutenção da vida, mas concentra-se no que é supérfluo, no que não altera a sociedade, comportando "o grave perigo de que afinal nenhum objeto do mundo esteja a salvo do consumo e da aniquilação por meio do consumo"[54].

Com a massificação dos *smartphones*, as distrações digitais são ilimitadas, bem como a invasão por produtos a serem vendidos. E mesmo as redes sociais, como *Orkut* e *Facebook*, que em seu início foram criadas com o intuito de estabelecer conexão entre pessoas, compartilhar ideias e fotos, hoje foram substituídas por redes que funcionam mediante à lógica da instantaneidade, como *Instagram* e *TikTok*, que têm uma proposta de oferta rápida de informações, geralmente pautadas em imagens e vídeos curtos e, por conseguinte, oferecem um prazer imediato sem que demandem qualquer esforço ou reflexão. Elas promovem um entorpecimento que desorienta e soterra o pensamento. Além disso, essas redes, à medida que são cotidianamente utilizadas visando a *likes*, vão também se tornando personalizadas pelos algoritmos que, ao mapearem os interesses e preferências dos usuários, disponibilizam, ininterruptamente, produtos, fotos e vídeos de acordo com o perfil de cada um. De comida a pacotes de

[51] Crary, 2014.

[52] Crary, 2023.

[53] Arendt, 2018, p. 165.

[54] *Idem, Ibidem*, p. 165.

viagens, passando por eletrodomésticos, bolsas e livros, e chegando a *memes* e jogos, o que há é uma invasão 24/7 de ofertas que saltam diante dos olhos. Além disso, não apenas as coisas são produtos a serem vendidos, mas também as pessoas, que hoje são monetizadas pelos *likes* que obtêm em suas publicações nessas redes, um modo de relação em que "a principal interação com o outro é uma menção, que logo será esquecida, a alguma partícula que flutua sobre o atoleiro online"[55].

Assim, não importa o que se fale ou o que se faça, tudo é permitido desde que aquilo arrebanhe seguidores e gere dinheiro. Aliás, o simples fato de alguém estar conectado e acessando os conteúdos ofertados produz lucro às grandes corporações que controlam as redes digitais, de modo que o fim último daquilo que é disponibilizado nas redes é segurar a pessoa na tela pelo máximo de tempo possível. São tantas demandas, imagens e informações, que a sensação diante desse excesso é de entorpecimento, desorientação e de um esvaziamento típico do tédio, como denominara Heidegger[56]. Tudo se passa como se a vida se tornasse um linha do tempo do *Instagram* ou *TikTok*, infinitamente rolável e atualizável na manutenção de passatempos sem a mínima importância diante dos olhos, de modo que se sairmos dessas redes sociais por um tempo e retornarmos, a sensação é a de que não se perdeu nada. Há apenas *agoras* sem conexão com o passado e o futuro, o que dificulta a tessitura de narrativas na medida em que habitar a própria existência vai se tornando inviável. Não se pode projetar ao futuro, que não seja uma eterna repetição do mesmo,

[55] Crary, *op. cit.*, p. 70.

[56] Heidegger, 2003.

restando, em muitos casos, o niilismo, a desesperança e um sentimento de que nada acontece.

Desse modo, escravo de si mesmo, preocupado com o próprio desempenho e imerso no trabalho e no consumo, cada vez mais o ser humano vai se retirando da esfera pública, entendendo público, aqui, em sentido arendtiano, que implica participação e interesse naquilo que é comum, e vivendo de modo cada vez mais isolado, seja no trabalho, no próprio celular e nos muros fechados da própria casa. Segundo Crary[57], "a internet produz, de forma esmagadora, subjetividades autocentradas incapazes de imaginar objetivos e resultados que não aqueles consagrados ao privado, ao individual". E o autor ainda acrescenta que, mesmo uma minoria comprometida com a transformação social é inócua nesse cenário, pois as mobilizações que se iniciam nas redes sociais são voláteis e se desmancham com a mesma rapidez que são iniciadas. Algo semelhante diz Han[58,59], ao afirmar que as mobilizações que ocorrem via internet são como um conglomerado de pessoas, um enxame digital que não forma um "nós", isto é, não cria uma "alma própria" que a unifique e lhe dê permanência, levando a uma despolitização e dessolidarização da sociedade. Com isso, não é exagero afirmar que a criação de distrações digitais são também uma forma de manutenção da docilidade política, pois o complexo internético se tornou rapidamente, como diz Crary:

> parte essencial da austeridade neoliberal ao promover a continuada erosão da sociedade civil e ao substitui-la por simulações *on-line* monetizadas de

[57] Crary, 2023, p. 31.

[58] Han, B. C. (2018). *No enxame: perspectivas do digital.* Petrópolis: Vozes.

[59] Han, B. C. (2021). *Sociedade paliativa: a dor hoje.* Petrópolis: Vozes.

> relações sociais. Esse complexo fomenta a crença de que já não dependemos uns dos outros, de que somos administradores autônomos de nossas próprias vidas, de que podemos gerir nossas amizades da mesma forma como gerimos nossas contas *on-line*[60].

Daí não serem raros os relatos de solidão e de dificuldade para o estabelecimento de relações afetivas que envolvam maior intimidade. Ademais, o modo isolado de viver e a naturalização de tal isolamento e da valorização de uma vida assentada em objetivos individuais, promove uma perda dos espaços de pertencimento e de enraizamento. No universo virtual há uma ilusão de proximidade e de intimidade que camuflam um desconhecimento e distância profundas que há entre as pessoas nesse meio. E ainda que muitas pessoas encontrem grupos de afinidade em redes sociais e se sintam acolhidas entre iguais, a vida nesse espaço abstrato pode promover uma alienação e um distanciamento da própria comunidade, das pessoas ao redor, da cidade, do país e, no limite, da própria Terra. Ou seja, pode levar a um desenraizamento da vida, de tal maneira que nada parece mais ter um solo comum. A vida no planeta pode ser desmantelada enquanto se mantém a ilusão de que estará sempre aí, como recurso infinito a ser consumido. Como consequência, o que resta é uma "Terra arrasada". Arrasada de relações, de sonhos futuros, de pensamento, de criatividade, de coletividade e de abertura à alteridade[61].

Assim, paradoxalmente, quanto mais as pessoas se mantêm conectadas no trabalho, nas distrações oferecidas pelo celular e nas redes sociais, maior parece a experiência

[60] Crary, *op. cit.*, p. 21.

[61] Crary, 2023.

de desconexão consigo, com os outros e com o planeta em que se habita, como se todo esse universo trouxesse uma ilusão de invulnerabilidade, de autossuficiência, indestrutibilidade, de imortalidade e de progresso sem fim. Há um esquecimento de que, como bem aponta Brum[62], os humanos precisam de raízes tanto quanto árvores. Sem a criação e o cuidado com o que é comum, as pessoas são relegadas a trabalhadores e viventes que apenas têm atividades aprisionadas ao imediato: satisfação momentânea de prazeres, descanso e labuta. Deixam-se levar pelos ventos, feito uma embarcação à deriva que já há tempos não encontra direção e parece navegar sem qualquer sentido e sem perspectiva de orientar seu leme.

O excesso de solicitações diárias das mais variadas ordens modelam os projetos de vida não de acordo com o horizonte existencial de alguém ou com projetos comuns, mas, sim, em relação às necessidades do mundo do trabalho, da sociedade tecnológica e das exigências de um mundo que cobra e impõe o que cada um deve fazer com sua vida, deixando cada vez mais a sensação de estar à deriva na própria existência. Com uma atividade de trabalho isolada e cada vez mais atravessada pela precariedade de direitos, parece quase impossível sonhar outros futuros. "A mudança é impensável somente na medida em que nossos desejos e nossos laços com outras pessoas e espécies permaneçam feridos e incapacitados"[63]. Por conseguinte, a existência parece caminhar em desalento, sem esperar nada e estando quase que impossibilitada de agir em sentido arendtiano. E quando a

[62] Brum, E. (2021). *Banzeiro Òkòtó: uma viagem à Amazônia centro do mundo*. São Paulo: Companhia das Letras.

[63] Crary, 2023, p. 16.

capacidade de agir é perdida, isso não se dá sem a perda da própria humanidade.

Navegar, aportar ou vagar sem rumo?

Tendo em vista o caminho navegado até aqui, uma psicologia não pode se furtar ao fato de que precisa compreender o sofrimento para além de uma perspectiva individualizante e subjetivista. É preciso, como já anteviu Heidegger[64], que esteja atenta à sua época. Assim, o alto índice de quadros como depressão, *burnout,* bem como o aumento do índice de suicídios entre adolescentes e jovens no Brasil, não tem como ser pensado fora desse horizonte niilista de mundo, em que as pessoas são reduzidas a trabalhadores que consomem e passam seu tempo isoladas em redes virtuais, seja para trabalharem, comprarem ou se distraírem de si mesmas, e com poucos espaços para experiências de rupturas, de trocas, de estranhamentos e de encontros.

À parte do alcance limitado de nosso texto, não se pode desconsiderar a condição de desamparo social e político, a que nosso país esteve submetido nos últimos anos, precarizando o campo da saúde, educação e reduzindo ainda mais os direitos dos trabalhadores. Nesse sentido, estar à deriva implica estar sem rumo e sem perspectiva em vários âmbitos da existência, de modo que não podemos generalizar nossa discussão sem nos atentarmos à realidade de que alguns estão à deriva por razões outras que aqui não tivemos como debater, como é o caso da situação dos indígenas, da população preta e LGBTQIA+.

Em todo caso, quando olhamos para as perspectivas heideggeriana, arendtiana e as dos autores atuais aqui citados,

[64] Heidegger, 2001.

todos trazem, em alguma medida, a redução do ser humano a uma coisa entre coisas na engrenagem técnica e neoliberal: um produto, um *animal laborans*, um ser isolado fadado ao consumo e que perdeu seu enraizamento, direção e se encontra incapaz de pensar sobre sua própria condição de existente. Existir, para grande parte da população, é ter sido jogado ao mar e, ali, agarrar-se em um pedaço de madeira que apenas flutua, mas não leva a lugar algum. No horizonte não se vê mais nada. Sequer há farol que ofereça alguma direção. Sozinho, em mar aberto, resta a solidão e o desespero de quem teme naufragar. Exausto e à deriva, uma música toca ao longe e resta uma lembrança vaga de casa. Um porto? O solo a ser alcançado. Quando venta mais forte, a madeira se move. Em outros dias, ele apenas balança ao ritmo das ondas sem sair do lugar. Há sol e chuva. Tempestades e arco-íris. No entanto, a música segue tocando. A espera continua. Pelo quê? Não se sabe. Lembrou-se de quando se lançou para atravessar o rio a nado. Era bom mergulhar e retornar. Mas tão logo vem esse pensamento, a música fica ainda mais alta. Distração. Não há nada o que desejar.

Essa forma de sofrimento é um dos grandes desafios da clínica contemporânea. E, nesse sentido, para concluir, cabe apontar uma direção possível para onde, talvez, a psicologia possa se voltar para poder cuidar da experiência existencial de estar à deriva. Consideramos que, enquanto não pudermos trabalhar no sentido de resgate da experiência de coletividade, da solidariedade social, do cuidado do mundo, do pertencimento à teia da vida, a solidão do desamparo nos acompanhará e nos deixará cada vez mais em desalento ante a exaustão solitária de quem sente que está a nadar naufragando em meio a um mar aberto que parece não mais apontar para porto seguro algum. Nesse sentido, a atuação da Psicologia precisa ir além das práticas tradicionais de cuidado individuais, não para negá-las, mas para poder criar ações que fortaleçam o sentido do "nós" e favoreçam o enraizamento e o pertencimento à vida compartilhada. A existência requer laços, pois ainda que ontologicamente ela seja indeterminada como diz Heidegger, "a indeterminação radical é deserta; é mar aberto; é estar entregue sozinho a si mesmo, como quem segue apenas à deriva"[65].

Fios isolados não formam uma teia. São frágeis se não tiverem sido cuidadosamente tramados e tecidos. Da mesma forma, uma existência solitária e desarticulada do todo, desenraizada, não tem como ser testemunhada e legitimada. Ela não adentra o mundo, não deixa marcas, não constrói histórias. Por isso, uma das possibilidades para a psicologia desenvolver ações de cuidado que façam sentido para as necessidades do mundo atual talvez seja pensar a partir da perspectiva de uma ética do cuidado, isto é, uma ética que olha para as singularidades das condutas, pensando a singularidade do outro enquanto alteridade, para além de visões generalizantes e fora de situações específicas[66]. Além disso, encontrar outros fundamentos teóricos pode lançar luz ao campo de conhecimento psicológico. A psicologia tradicionalmente se assentou em saberes de fundamento eurocêntrico, responsável em larga medida por construir a visão de mundo pautada na razão, no antropocentrismo e na crença de que é possível consumir, ilimitadamente e sem consequências, todos os recursos da Terra. As produções decoloniais, o conhecimento produzido por outras cosmovisões, inclusive, as dos povos originários nacionais, trazem

[65] Barbosa, C. G. (2020). *Habitar o inóspito: a condição humana de desabrigo a partir de Martin Heidegger e Sigmund Freud.* [Tese de Doutorado]. Universidade Estadual Paulista, Bauru-SP, p. 255.

[66] Brugère, F. (2023). *A ética do cuidado.* São Paulo: Editora Contracorrente.

concepções que retiram o ser humano do centro do mundo e procuram pensar o "nós" em sentido mais amplo, capaz de abarcar a natureza e outros seres. Trata-se de visões com responsabilidade ética, política e ecológica, que convocam à abertura às diferenças, à singularidade e, ao mesmo tempo, ao pertencimento ao tecido coletivo da vida. Como diz Raul Seixas na música *Prelúdio* "sonho que se sonha só, é um só um sonho que se sonha só. Mas sonho que se sonha junto é realidade". Cabe à Psicologia trabalhar no sentido de construir outros mundos possíveis.

Referências

Arendt, H. (2005). Trabalho, obra, ação. *Cadernos de ética e filosofia política*, *7*(2), 175-201.

Arendt, H. (2018). *A condição humana.* Forense Universitária.

Barbosa, C. G. (2020). *Habitar o inóspito: a condição humana de desabrigo a partir de Martin Heidegger e Sigmund Freud.* [Tese de Doutorado]. Universidade Estadual Paulista, Bauru-SP.

Barbosa, C. G., Campos, E. B. V., & Neme, C. M. B. N. (2021). Narcisismo e desamparo: algumas considerações sobre as relações interpessoais na atualidade. *Psicologia USP, 32*, 1-10. https://doi.org/10.1590/0103-6564e190014

Boss, M. (1977). *Angústia, culpa e libertação.* Duas Cidades.

Brugère, F. (2023). *A ética do cuidado.* Editora Contracorrente.

Brum, E. (2021). *Banzeiro Òkòtó: uma viagem à Amazônia centro do mundo.* Companhia das Letras.

Cabral, A. M. (2021). *Compaixão e revolta: sobre sofrimentos e corpos vulneráveis no mundo da iniquidade.* Via Verita.

Canovan, M. (2018). Introdução. *In* H. Arendt. *A condição humana* (pp. 51-67). Forense Universitária.

Casanova, M. A. (2006). *Nada a caminho: impessoalidade, niilismo e técnica na obra de Martin Heidegger.* Forense Universitária.

Casanova, M. A. (2020). Prefácio: depressão, tédio e técnica em Cristine Mattar. *In* C. M. Mattar. *Depressão: doença ou fenômeno epocal.* (pp. 9-17). Via Verita.

Casanova, M. A. (2021). *Existência e transitoriedade.* Via Verita.

Correia, A. (2018). Pensar o que estamos fazendo. *In* H. Arendt. *A condição humana.* (pp. 13-49). Forense Universitária.

Costa, J. F. (2005). Declínio do comprador, ascensão do consumidor. *In* J. F. Costa. *O vestígio e a aura: corpo e consumismo na moral do espetáculo.* (pp. 131-184). Garamond.

Crary, J. (2014). *24/7: Capitalismo tardio e os fins do sono.* Ubu Editora.

Crary, J. (2023). *Terra arrasada: além da era digital, rumo a um mundo pós-capitalista.* Ubu Editora.

Duarte, A. (2010). Arendt e a modernidade: proximidade e distância em relação a Heidegger. *In* A. Duarte. *Vidas em risco: crítica do presente em Heidegger, Arendt e Foucault.* (pp. 43-67). Forense Universitária.

Han, B. C. (2015). *Sociedade do cansaço.* Vozes.

Han, B. C. (2018). *No enxame: perspectivas do digital.* Vozes.

Han, B. C. (2021). *Sociedade paliativa: a dor hoje.* Vozes.

Heidegger, M. (2001). *Seminários de Zollikon.* Educ: Vozes, p. 129.

Heidegger, M. (2003). *Os conceitos fundamentais da metafísica: mundo, finitude, solidão.* Forense Universitária.

Heidegger, M. (2007). A questão da técnica. *Scientiae Studia, 5*(3), 375-398.

Heidegger, M. (2012). *Ser e Tempo.* Editora Unicamp; Editora Vozes.

Le Breton, D. (2018). *Desaparecer de si: uma tentação contemporânea.* Vozes.

5

Ser em situação: contribuições de Beauvoir para uma perspectiva crítica em fenomenologia hermenêutica

Cristine Monteiro Mattar
Luana de Matos Guimarães

Introdução

A obra *Ser e Tempo*, de Heidegger, teve grande influência na Psicologia ao abordar questões existenciais e psicológicas, afastando-se da abordagem tradicional da Psicologia objetivante. Na analítica do *Dasein*, o interesse dirige-se para a estrutura do ser do ente que somos na dimensão ontológica, destacando a importância de o próprio existir para o esclarecimento da questão da existência, o que é fundamental para a Psicologia clínica. O cuidado na clínica em atmosfera filosófica compreende que a existência, de início e na maioria das vezes, é absorvida e substituída pelas determinações do impessoal. Determinações estas não tematizadas em Ser e tempo, mas que podemos investigar e compreender através de outras contribuições filosóficas[1].

O método heideggeriano de interrogar, destruir a tradição e esboçar amplia nossa compreensão das sedimentações

[1] Mattar, C. M. (2022a). Psicologia e *Daseinsanálise*: o cuidado em atmosfera filosófica. *Ekstasis: Revista de Hermenêutica e Fenomenologia, 11*(1).

de mundo como algo naturalizado, permitindo uma interpretação diferente com base na análise existencial. Nessa análise, o Dasein, como ser-no-mundo, pode ser guiado pelo mundo ou apropriar-se de si mesmo como indeterminação, sendo sempre sua própria possibilidade, seja pela propriedade ou pela impropriedade[2].

Na dicotomia do existir, na tese heideggeriana, o ente desprovido de natureza percebe-se sempre desamparado ontologicamente, pois desamparo, conforme Mattar[3], é a raiz da constituição do ser-aí como existir, logo, vivenciado pelo ente humano no geral, independentemente do círculo hermenêutico ou das referências com as quais se identifica. Mas, a depender do círculo hermenêutico e das identificações, há modos históricos de existir pautados em estruturas de poder e relações de força que sustentam e referenciam as experiências, produzindo, por um lado, privilégios e, por outro, desumanidades e desamparo ético-político[4,5,6].

Ao introduzir a noção de ser-no-mundo na fenomenologia, Heidegger[7] radicalizou a compreensão da consciência

2 *Ibid.*

3 Mattar, C. M. (2022b). Desamparo ontológico e desamparo ético-político: interpelações à psicologia contemporânea. *In* Elza Dutra. (Org.). *Sofrimento e historicidade: o desamparo ético-político na contemporaneidade* (v. 1, pp. 65-87). Rio de Janeiro: Via Verita.

4 *Ibid.*

5 Trzan, A. (2022). Pele colonial, máscaras fenomenológicas: quando a colonialidade nos impede de ver os fenômenos. *In* C. Mattar, & A. Trzan (Orgs.). *Psicologia, fenomenologia e questões decoloniais.* Rio de Janeiro, RJ: Via Verita.

6 Mattar & A. Trzan (Orgs.) (2022). *Psicologia, fenomenologia e questões decoloniais.* Rio de Janeiro, RJ: Via Verita.

7 Heidegger, M. (2002). *Ser e tempo,* Partes I e II (M. S. C. Schuback, Trad.). Petrópolis, RJ: Vozes. (Texto original publicado em 1927).

de Husserl, permitindo uma abordagem mais ampla dos fenômenos e da experiência humana. A indeterminação inerente ao ser-no-mundo não desaparece na impessoalidade do mundo, pelo contrário, é essa indeterminação que permite ao mundo e suas sedimentações orientarem nossos modos de ser. Quando o projeto impessoal do Dasein é confrontado por crises, como a angústia ou o tédio profundo, tonalidades afetivas fundamentais, as orientações do mundo são suspensas, possibilitando a voz da negatividade e a emergência da singularização.

Na Analítica do Dasein, não se aborda a materialidade do mundo devido à ênfase na espacialidade, na retomada pela pergunta do ser e na temporalidade como essência da existência. A corporeidade também é pouco explorada em *Ser e Tempo*, pois Heidegger considerava o tema complexo e não tinha contribuições a oferecer na época, conforme pontuou a Boss em correspondências durante os Seminários de Zollikon[8]. A fenomenologia, como método, permite uma abordagem da experiência, mas é necessário cuidado para não se perder em reflexões abstratas que se distanciam da materialidade do mundo. Da mesma forma, é importante não se afastar excessivamente do aspecto político-existencial que estabiliza as relações humanas e com o mundo[9,10].

8 Zahavi, D. (2019). *Fenomenologia para iniciantes*. Rio de Janeiro, RJ: Via Verita.

9 Cabral, A. (2022a, 27 de agosto). *Mundo e Liberdade: as fenomenologias políticas de Simone de Beauvoir e Hannah Arendt* [Evento online]. Instituto Dasein. Retirado em 24 jun. 2024, de https://www.youtube.com/watch?v=v5iYrolHsgY.

10 Cabral, A. (2022b). *Ecofenomenologia decolonial: variações fenomenológicas sobre a alteridade*. Nau Editora.

Cabral[11] aprofunda a noção fenomenológica de mundo, afirmando que este é um espaço político de mobilização existencial da condição humana. Destaca que historicamente o mundo condiciona a existência humana, sendo seu solo "humano", o que revela a marcante mundanidade da existência e a essencial humanidade do mundo. Inspirado por Arendt, o autor ressalta que mundo é o espaço do "entre", com um mútuo condicionamento entre mundo e existência humana, mas sem fundamentação metafísica ou estabilidade absoluta, sendo notadamente histórico. Portanto, o mundo é substantivo do verbo *mundanizar*, por isso se *mundaniza*, conforme o pensamento heideggeriano, pelo seu caráter histórico.

Conforme Cabral[12], a condição humana é caracterizada pela sua indeterminação e poder-ser, o que a torna indefinível ontologicamente e inconclusiva em sua relação com o mundo. Essa relação é performática e relacional, pois os modos de ser são exercícios relacionais com o mundo, tanto absorvendo suas orientações quanto transgredindo suas limitações históricas. Os diferentes sentidos que atravessam a existência são considerados poderes, que estruturam o mundo historicamente e condicionam a existência humana. Esses poderes não são necessariamente opressivos, pois inicialmente produzem e criam desejos, saberes e afetos antes de limitar e negar.

Cabral[13] ressalta que a política, a partir da perspectiva arendtiana, é a esfera onde ocorre a inter-relação entre seres humanos, mas essa experiência política só é possível em

11 *Ibid.*

12 Cabral, 2022b.

13 *Ibid.*

condições de liberdade. A estabilidade histórica do mundo, mantida pelos poderes-sentidos, garante a coexistência humana, mas também pode limitar a ação política transformadora. Em resumo, destaca, o mundo é o espaço político de mobilização existencial da condição humana, onde os poderes-sentidos determinam os modos de ser das existências. Para o autor, essa relação entre mundo, poderes-sentidos e existência humana é crucial para entender o sentido político-existencial do mundo, que pode ser transformado através da ação política-existencial das reexistências.

Para Cabral[14], a noção histórica de mundo refere-se ao seu devir e *vir-a-ser* que não se dissolve, pois o mundo torna-se um certo mundo e por isso ganha estabilidade. Não é uma fixidez metafísica, mas sim um espaço histórico estável mantido por uma dinâmica política articuladora que mobiliza a condição humana e vice-versa. Embora a existência humana seja absorvida inicialmente por esse espaço histórico, não é determinada ou concluída por ele. À luz de Paulo Freire, o autor ressalta que o "ser-com-o-mundo" possibilita romper com modos de ser estabelecidos, produzindo novos sentidos e modos de existência, sem necessariamente conformar-se com a manutenção de um dado mundo histórico.

Olhando para a dimensão política, compreendemos a facticidade da existência e a mundanidade do mundo, que influenciam a pluralidade de existências e modos de vida. Nesse sentido, Simone de Beauvoir emerge como uma figura fundamental no campo da fenomenologia, conferindo-nos vocabulário para pensar uma série de entrecruzamentos na experiência vivida. Apesar de ser pouco reconhecida no Brasil como filósofa da existência, Beauvoir explorou a

[14] *Ibid.*

experiência vivida no corpo-situação, conforme Freitas[15], considerando aspectos políticos da condição humana. Sua abordagem permitiu uma ampliação crítica na fenomenologia sem sacrificar o rigor metodológico.

A filosofia da existência de Simone de Beauvoir

Considerar o mundo como espaço político de mobilização existencial da condição humana nos ajuda a nos aproximarmos do interesse de Beauvoir de pensar a experiência vivida no corpo, considerando os aspectos políticos que incidem sobre a situação. Conforme Norberto[16], Beauvoir se posicionou diante de seu tempo, questionando o já estabelecido e compreendido, conforme Rodrigues[17], como verdade universal, seja em relação à constituição do século XX, ao conceito universal de humano e em relação à situação da mulher. Em *O segundo sexo* Beauvoir[18,19] fenomenologizou as

15 Freitas, J. L. (2022). Contribuições do pensamento de Simone de Beauvoir para a Psicologia. *In* F. F. S. de Melo & G. A. O. Santos (Orgs.). *Psicologia fenomenológica e existencial: fundamentos filosóficos e campos de atuação.* São Paulo, SP: Manole.

16 Norberto, M. (2023). *Aula sobre "Por uma moral da ambiguidade", de Simone de Beauvoir.* Recuperado em: 10 nov. 2023, de https://www.youtube.com/watch?v=TwSdKztmj5Y&t=1s.

17 Rodrigues, C. (2022, 10 de novembro). Existe um conceito universal de mulher? Debate a partir de Simone de Beauvoir [Vídeo]. *Café filosófico CPFL.* Recuperado em 6 jun. 2024, de https://www.youtube.com/watch?v=trtzmUDmbBU&t=3494s.

18 Beauvoir, S. de. (2019a). *O Segundo Sexo: Fatos e Mitos* (Sérgio Milliet, Trad.) (5a ed.). Rio de Janeiro: Nova Fronteira. (Texto original publicado em 1949).

19 Beauvoir, S. de. (2019b). *O Segundo Sexo: A Experiência Vivida* (Trad. de Sérgio Milliet) (5a ed.). Rio de Janeiro: Nova Fronteira. (Texto original publicado em 1949).

condições político-existenciais que incidiam sobre a condição e situação da mulher, destacando a importância de situar a condição humana dentro de seu contexto histórico. Conforme Rodrigues[20], seu trabalho foi uma resposta à convocação para repensar a humanidade, feita não só por ela, mas também por contemporâneos como Fanon (1925-1961) e Lévinas (1906-1995). Ambos pensaram sobre a experiência vivida de humanidades excluídas do conceito hegemônico de humano, marcando um período histórico, conforme Rodrigues[21], em que a *situação* se tornou um grande paradigma para repensar a humanidade.

A filosofia da existência de Simone de Beauvoir destaca o caráter político-existencial do mundo, evidenciando que historicamente a situação da mulher foi constituída negando seu caráter de sujeito, sendo o homem o sujeito primordial[22]. Desde o início de sua carreira filosófica e literária, como apontado por Souza[23], Beauvoir explorou a relação entre experiência individual e realidade universal, considerando esta última, destacamos, como mundo em seu aspecto político-existencial. Sua obra *O Segundo Sexo* foi um marco no movimento feminista, abalando o projeto de estabilidade histórica ao questionar situações forçadamente tomadas como naturais que mantinham a subordinação feminina, tornando-se uma importante voz na dialética histórica[24].

[20] Rodrigues, *op. cit.*

[21] *Ibid.*

[22] Rodrigues, *op. cit.*

[23] Souza, R. R. (2023). Memórias, amores e fantasias: Simone de Beauvoir à contrapelo. *In* M. B. Nader (Org.). *História e Gênero: amores, emoções e fantasias* (Vol. 3, pp. 1-24). Vitória, ES: Milfontes.

[24] Cyfer, I. (2015). Afinal, o que é uma mulher? Simone de Beauvoir e "a questão do sujeito" na teoria crítica feminista. Lua Nova: *Revista de Cul-*

Beauvoir, ao explorar a existência como liberdade corporificada em sua situação concreta e os limites dessa liberdade diante do mundo histórico, questionou a ideia de passividade diante do fluxo da história. Destacou o condicionamento mútuo entre a existência humana e o mundo histórico, colocando em xeque a estabilidade histórica do mundo e seu tempo. Inferimos, à luz de Cabral, que Beauvoir demonstrou, tanto em sua vida quanto em sua obra, o caráter de ser-com-o-mundo, que possibilita o rompimento com modos de ser estabelecidos, mobilizando e transgredindo o mundo histórico, em contraste com o ser-no-mundo, que se deixa absorver pelas orientações e estabilidades históricas, ignorando os sentidos político-existenciais que atravessam a existência humana.

Segundo Freitas[25], Beauvoir enfatiza que a reflexão sempre ocorre a partir de uma perspectiva situada.

> Beauvoir nos mostra que pensamos o que pensamos por sermos quem somos. Ao longo da história da filosofia ocidental, é justamente a situação social, existencial e de gênero que operou de modo que homens entendessem a si mesmos como a referência do universal, do neutro, do essencial, colocando não só a mulher no lugar do Outro mas também os negros e negras, os velhos e velhas e toda sorte de pessoas e povos que se constituíram para o Ocidente como marginalizados[26].

Em seus estudos, Freitas[27] ressalta que "muitas comentadoras já reconheceram que a compreensão de corpo

tura e Política, *94*, 41–77.

[25] Freitas, 2022.

[26] *Idem, Ibidem*, p. 66.

[27] *Ibidem*, p. 67.

em Beauvoir é herdeira especialmente de Merleau-Ponty e Husserl", distanciando-se de Sartre. A autora, à luz de Merleau-Ponty, ressalta que "corpo é, portanto, fundamento do ser, abertura que nos permite nos encontrarmos a nós mesmos no mundo, aos outros e ao próprio mundo, é situação[28]. No entanto,

> Uma vez que ela assume a ambiguidade da existência corporificada tal como Merleau-Ponty e a insere na situação concreta, em sua facticidade, tal como em Sartre, de certa forma se mantém entre um e outro autor. Mas não só isso: Beauvoir analisa o modo como essas relações com a alteridade se institucionalizaram e se tornam opressões sociais ancoradas essencialmente nas características e nas especificidades corporais dos sujeitos, seja no sexo, na cor da pele, na idade, avançando de forma decisiva o pensamento de ambos os autores ao incluir a existência nas dimensões ética e política[29].

Conforme Missagia[30], a via de diálogo entre fenomenologia e feminismo permite a sustentação da tensão "entre" a dimensão ontológica da liberdade e a dimensão político-histórico-social da situação da mulher, sem recair num essencialismo. À luz de Missagia, algumas noções da tradição fenomenológica nos ajudam a compreender a fenomenologia de Simone de Beauvoir, e são elas: mundo da vida, facticidade e corpo vivo, permitindo uma retomada não ingênua da materialidade da experiência vivida, sem recair

[28] *Idem, Ibidem*, p. 69.

[29] *Ibidem*, p. 73.

[30] Missagia, J. (2015). Fenomenologia e feminismo: introdução e defesa de um diálogo fecundo. *In* J. Pacheco (Org.). *Mulher e filosofia: as relações de gênero no pensamento filosófico* (pp. 157-179). Porto Alegre, RS: FI.

em ideias essencialistas de natureza feminina ou masculina. Para a autora, considerar a existência e materialmente o corpo, estando inseridos no campo histórico de significados, demonstra-se a importância dos aspectos plurais e comuns, mesmo ao considerar a singularidade da existência.

O rigor da fenomenologia de Beauvoir e o compromisso inegociável com o seu tempo[31] foi o pano de fundo para a originalidade de sua noção de situação, permitindo-nos pensar a história e como ela incide sobre a existência, contribuindo, conforme Trzan[32], para uma escuta clínica mais afinada com a experiência vivida na pele marcada por atravessamentos sócio-políticos-culturais, sem desconsiderar e nem se reduzir à noção metodológica de suspensão fenomenológica, que possibilita o aparecer do fenômeno, mas não dá conta das desfenomenologizações históricas. No entanto, levando em consideração a importância de refletir sobre a dimensão político-existencial, essa atitude do método é importante para compreender a situação existencial, possibilitando que o modo de lida singular com a situação demarcada no corpo apareça e que a situação se coloque como questão, a fim de que seja possível se dar conta das possibilidades que jamais foram consideradas como possibilidades, devido à dimensão, conforme Freitas[33] à luz de Beauvoir, do *não posso* de sua situação, que a autora distingue do "modo que Husserl e Merleau-Ponty descrevem como a corporeidade é um eu posso"[34].

O interesse em compreender a experiência vivida em sua dimensão ético-política parte da perspectiva beauvoiriana de

31 Norberto, 2023.

32 Trzan, 2022.

33 Freitas, 2022.

34 *Ibid.*, p. 72.

que ser no mundo implica a inseparabilidade entre liberdade e situação. No entanto, pensar na liberdade situada envolve sustentar a tensão entre liberdade e situação, sem ignorar a assimetria das possibilidades concretas que se apresentam em diferentes situações:

> Quaisquer que sejam as circunstâncias, possuímos uma liberdade que nos permite ultrapassá-las; se essa liberdade nos é dada, como considerá-la um fim? Distingui dois aspectos da liberdade: ela é a própria modalidade da existência que, por bem ou por mal, de uma maneira ou de outra, retoma por sua conta tudo o que lhe vem de fora; esse movimento interior é indizível, logo total em cada um. Em compensação, as possibilidades concretas que se abrem para as pessoas são desiguais; algumas têm acesso a uma pequena parte das de que dispõe o conjunto da humanidade; seus esforços não fazem senão aproximá-las da plataforma de onde se lançam as mais favorecidas; sua transcendência perde-se na coletividade na forma de imanência. Nas situações mais favoráveis, o projeto é, ao contrário, uma verdadeira superação, constrói um futuro novo[35].

Beauvoir ressaltou que, em seus ensaios filosóficos, restabeleceu criticamente às ideias de Sartre, uma *hierarquia* entre as situações, pois sua compreensão da existência considerava que há situações em que as ações e as realizações de todo um projeto existencial se pautam em superar o fato dado de sua existência reduzida à imanência para, só então, assumir o caráter de transcendência da liberdade como possível. No entanto, mesmo nesta conquista de si enquanto

[35] Beauvoir, S. de. (2018). *A força da idade*. Rio de Janeiro, RJ: Nova Fronteira, p. 520.

liberdade, há existências que apenas se aproximam desse ponto de partida de onde partem as privilegiadas, onde não só as possibilidades concretas são mais vastas como a própria liberdade desde o nascimento é liberada, ou seja, parte-se de uma situação em que a transcendência, no início e na maior parte das vezes, já é possibilidade, não precisando ser conquistada.

Freitas destaca que Beauvoir, em obras como *O Segundo Sexo* e *A Velhice*, examina as concepções histórico-sociais sobre mulheres e idosos para posteriormente explorar suas experiências vividas. Ela demonstra como os discursos sobre os corpos se institucionalizaram, historicizando uma subjetividade corporificada. Segundo a autora, as relações intersubjetivas não apenas nos influenciam, mas também restringem nossas escolhas, confinando certos grupos à não escolha como destino "e não de fato vivido como possibilidade ontológica"[36].

A filosofia de Simone de Beauvoir oferece uma abordagem complexa da experiência humana, destacando os entrecruzamentos entre diferentes aspectos da existência. Sua perspectiva sobre a experiência vivida de ser situação nos convoca à atitude de suportar o *entre* os polos desses entrecruzamentos. O que desejamos destacar é que o filosofar de Beauvoir, tal como o de Kierkegaard, em *O Desespero humano*[37], ao estabelecer que a existência acontece na *tensão* entre paradoxos, permite sustentar o entre no entrelaçamento ôntico-ontológico, liberdade-facticidade, corpo vivo-mundo vivido, liberdade-opressão, indeterminação-determinação.

[36] Freitas, 2022, p. 26.

[37] Kierkegaard, S. (1961). *O desespero humano*. Porto: Livraria Tavares Martins. (Texto original publicado em 1849).

Essa abordagem original permite um diálogo frutífero entre a fenomenologia e o feminismo, conforme apontado por Missagia[38], oferecendo vocabulário filosófico para abordar questões de gênero e outras situações na clínica. Conforme Cyfer[39], se por um lado, apressadamente Beauvoir pode ser interpretada pela teoria crítica feminista como ratificadora do voluntarismo sartriano, por outro, apressadamente pode ser interpretada como determinista pela fenomenologia, no entanto, ao sustentar a tensão na situação, o *entre*, ela apresenta uma perspectiva situada e crítica para pensar e fazer fenomenologia.

Nesse ponto do texto, é essencial recapitular algumas das temáticas abordadas para estabelecer o diálogo proposto. Primeiramente, destacamos a influência significativa da obra *Ser e Tempo* na Psicologia ao explorar questões existenciais e psicológicas, enfatizando a importância de o próprio existir para o esclarecimento da existência. Também discutimos como o cuidado clínico em uma atmosfera filosófica envolve a compreensão da existência como absorvida e substituída pelas determinações do impessoal. Além disso, consideramos a necessidade de compreender a dimensão pouco explorada em *Ser e Tempo* sobre a materialidade do mundo ou seu caráter político-existencial estabilizador, assim como a corporeidade da existência. Para este propósito, destacamos a contribuição de Beauvoir com a noção radicalizada de situação, fornecendo vocabulário e rigor filosófico. Diante disso, é fundamental examinar como a perspectiva de Beauvoir dialoga com a perspectiva heideggeriana, sem excluir ou hierarquizar nenhuma delas.

[38] Missagia, 2015.

[39] Cyfer, 2015.

Beauvoir e Heidegger em diálogo

Beauvoir[40,41] destaca que a condição humana se realiza através da ação, e não agir seria negar a própria existência. Ela explora o paradoxo de que para superar um fim, é preciso que ele tenha sido projetado como tal. O diálogo entre Pirro e Cinéias exemplifica como o fim é desejado e situado como um limite dentro do projeto humano. Segundo a autora, a finitude, enquanto fim, aparece como almejada, não passivamente sofrida, retirando o caráter primordial da morte enquanto pano de fundo da angústia mobilizadora. Assim, a morte não define a finitude da condição humana, mas sim o limite de seu projeto, que está sempre situado. Concretamente, nossa transcendência se define além e aquém da morte, pois a morte só interrompe nossa vida quando estamos mortos e sob o olhar do outro. Ressalta que para nós, enquanto vivos, nossa morte não é, e nosso projeto não encontra nela obstáculos, podendo atravessá-la. Destaca que em pleno impulso e enquanto se dá não há barreira para a transcendência, até que, como um mar ao encontrar uma praia, seu impulso para e não segue mais adiante.

Deste modo, Beauvoir critica a noção de ser-para-morte de Heidegger, argumentando que a morte não é o fim essencial da existência humana, e sim uma contingência. Logo, a escolha primordial não seria entre a fuga ou a aceitação dessa possibilidade última. Beauvoir ressalta que a condição humana é mortal, não sendo a morte algo a ser fundado,

[40] Beauvoir, 1944.

[41] Beauvoir, Simone de. (2005). *Por uma moral da ambiguidade. Seguido por Pirro e Cinéias*. Rio de Janeiro: Nova Fronteira. (Textos originais, respectivamente, publicados em 1947 [Por uma moral da ambiguidade] e 1944 [Pirro e Cinéias]).

logo, ela discorda que o ser seja *para* morrer. Para ela, ser é uma gratuidade e a palavra *para* se esvazia de sentido, logo, somos *para* nada. O ponto de convergência entre as duas perspectivas se dá por pensarem a condição humana como abertura e o ser que se revela através dos atos que transbordam para as coisas. Para Beauvoir, o que o ser humano faz é o que e como escolhe agir e o que projeta como fim é o que funda, assim, a singularidade se revela no engajamento com o mundo.

> O ser é projeto uma vez que põe um fim, diz Heidegger; mas enquanto ser, o ser não põe nenhum fim: ele é; é unicamente o projeto que define seu ser como ser *para*. Heidegger convém que, à diferença dos outros fins, esse fim supremo não é definido como fim por nenhum ato; a decisão resoluta que lança o homem rumo à sua própria morte não o leva a matar-se, mas apenas a viver *em presença* da morte: mas o que é a presença? Ela não está em outro lugar que não no ato que presentifica, ela só se realiza na criação de laços concretos[42].

Beauvoir conclui que não somos *para* morrer, somos sem razão, somos sem fim. Ela menciona Sartre e concorda com ele que o ser da realidade humana não é cristalizado como as coisas, mas é projeto, ou seja, tem que ser seu ser e busca se fazer ser. Os projetos humanos não são rumo à morte, mas rumo a fins singulares, não se tratando de fuga de si, mas de movimentos rumo ao ser, de um fazer para ser.

> É preciso que se transcenda, uma vez que ele não é, mas é preciso também que sua transcendência se recupere como uma plenitude, uma vez que ele quer

[42] Beauvoir, 1944, p. 167.

> ser: é no objeto finito que funda que o homem encontrará o reflexo cristalizado de sua transcendência. Por que ele fundará este objeto e não aquele? É uma questão a que não se pode responder, precisamente porque o projeto é livre. Uma análise existencial permitiria extrair o sentido global das diferentes escolhas de um homem, de compreender seu desenvolvimento e sua unidade; mas ela deveria se retrair diante do fato irredutível desta opinião singular por meio da qual cada homem *se* lança livremente no mundo. Não é o conteúdo do projeto que queremos examinar aqui; mas uma vez posto seu caráter original, livre, tentamos apenas definir as condições gerais e formais de existência[43].

Em conclusão, Beauvoir destaca a singularidade e a finitude dos projetos humanos. Para a filósofa, a temporalidade da transcendência está intrinsecamente ligada à natureza específica do objeto que buscamos realizar, embora o tempo em si não seja o alvo desse processo. Ressalta que seja em conquistas instantâneas, como um salto perigoso bem-sucedido, ou em empreendimentos de longo prazo, como uma contribuição científica ou a construção de um edifício, todo objetivo tem sua própria duração, mas não é verdadeiramente eterno, pois apenas a eternidade representa a plenitude do ser. Defende que o ser humano é projeto e busca recuperar seu ser, mesmo ao transcender um objeto anteriormente alcançado ou durante o engajamento em novos empreendimentos. Para ela, embora o objeto se torne satisfatório na medida em que nos satisfaz, é através da reflexão que assumimos espontaneamente a transcendência. No entanto, mesmo na reflexão, o objeto pode parecer destituído

[43] *Ibid.*, p. 168.

de razão, apesar do significado que tem na situação vivida de quem o projeta. Conclui que é a condição humana intrinsecamente ligada à coexistência com os outros no mundo que permite ao ser humano significar a tarefa de existir.

Apesar das diferentes compreensões de Beauvoir e Heidegger sobre o caráter de finitude da condição humana, é importante destacar a possibilidade de diálogo entre ambos, ressaltando especialmente o que permeia a crítica de Beauvoir e Sartre à ontologia fundamental heideggeriana. Heidegger se concentra em pensar o ser do ente, o Dasein ou Ser-aí, enquanto Beauvoir e Sartre se preocupam em examinar a realidade humana na concretude da existência. Do ponto de vista heideggeriano, a compreensão ontológica é considerada mais originária, enquanto a concretude da existência é vista como uma realidade ôntica e secundária. No entanto, do ponto de vista de Beauvoir, pensar a realidade humana afastando-se do mundo concreto, mesmo ontologicamente, é se afastar da própria existência, que é a experiência vivida do mundo. Diante disso, é possível observar suas perspectivas distintas, os distanciamentos, mas também as possibilidades de articulação se considerarmos suas premissas.

Ainda acerca do tema do ser-para-a-morte, podemos identificar que as existências que experienciam desde sempre desfiliação e preconceito habitando contextos de *inexistir*, os quais são continuamente produzidos e sustentados por aqueles grupos que deles se beneficiam, são muitas vezes já não vidas ou são situações tão precarizadas e/ou violentas que constituem a própria expressão da morte. O que seria um projetar-se definidor do presente, a morte como possibilidade mais própria que permite alcançar a singularização, já vivida nesses contextos como sendo o agora, o imediato risco de extermínio, o preconceito, as violações. Não seriam todas essas mortes ético-políticas?

Beauvoir faz referência às ideias de Heidegger sobre a "fuga de si" e o "ser-para-morte", as quais são mais detalhadamente abordadas pelo próprio Heidegger em suas análises sobre a angústia e a morte em *Ser e Tempo*[44], no §40 que trata da angústia e no §50 ao §53 sobre a morte. A "fuga de si" representa o caráter de fechamento da abertura que é o ser-aí que, na decadência, deixa-se submergir nas prescrições do impessoal tomando-se como ente entre entes, fugindo de confrontar-se com sua condição humana anunciada pela tonalidade afetiva fundamental da angústia. Não fugir de si mesmo é apropriar-se de si enquanto abertura e ser-para-morte. A confrontação com a própria finitude não significa a morte concreta, mas apropriar-se de si como existência finita e da morte como possibilidade sempre presente, o que devolveria a responsabilidade pela própria existência e a urgência de viver uma vida apropriada, das escolhas, dos valores, dos significados e de um sentido mais próprio para seu existir.

Embora Beauvoir dê um passo atrás em relação à Analítica do Dasein, principalmente pela centralidade do ser-para-morte, há nas noções *impróprio, impessoalidade* e *decadência* contribuição importante ao esforço de Beauvoir de sustentar o *entre*, pois para Heidegger, ser-no-mundo também se trata da sua indissociabilidade e da sustentação do ôntico/ontológico. Além disso, a impropriedade não representa algo a ser superado, mas um caráter da condição humana tal como a propriedade. Na articulação de ambos, poderíamos pensar que o tornar-se mulher, em *O segundo Sexo*, refere-se a existir em um mundo que nomeia como

[44] Heidegger, M. (2002). *Ser e tempo*, Partes I e II (M. S. C. Schuback, Trad.). Petrópolis, RJ: Vozes. (Texto original publicado em 1927).

mulher um corpo sexuado marcado como feminino, isto é, o mundo concreto oferece para a mulher uma situação hermenêutica que determina o ser mulher como naturalmente dado sem que seja posto em questão seu destino e o feminino. Essa condição feminina é subjugada por este mundo histórico e no cotidiano impessoal seu caráter de liberdade é reiteradamente negado, interditando a transcendência e reforçando a imanência. Nessa situação hermenêutica, suas escolhas comumente reforçam os imperativos do cotidiano impessoal, que afirma uma humanidade e valores absolutos. No entanto, a conversão heideggeriana não dá conta de compreender o corpo-situação da mulher, pois, como Zahavi[45] explicitou, o próprio Heidegger afirmou que a corporeidade era demasiada complexa para abordar em *Ser e Tempo* (embora o fala nos Seminários de Zollikon).

Apesar das críticas de Beauvoir a Heidegger em *Pirro e Cinéias*[46], em *Por uma moral da ambiguidade*[47] ela revisita a questão da finitude, especialmente em relação à reflexão sobre a morte. Em seu ensaio sobre a moral, Beauvoir destaca que todos os movimentos na vida, inevitavelmente, encaminham-se em direção à morte e, ao confrontarmos essa realidade, percebemos que cada passo em direção a ela é também uma afirmação da vida.

Em suma, Beauvoir ressalta o afastamento de Heidegger em relação à compreensão da angústia mobilizadora, a qual para a filósofa se refere à realidade humana ser sem razão, ser sem fim, ser para *nada*. Por ser projeto, ou seja, por ter que ser seu ser e buscar se fazer ser (ou tornar-se), projeta-se rumo a

[45] Zahavi, 2019.

[46] Beauvoir, 1944/2005.

[47] Beauvoir, 2005.

fins singulares, movimenta-se rumo ao ser. Somente ao reconhecer-se como um projeto de ser é que há o engajamento em um objeto que baste, e é na realização desse objeto que se encontra o sossego por fundamentar sua própria existência.

Após essa possibilidade de articulação, passemos a pensar, a partir das contribuições de Simone de Beauvoir sobre o corpo-situação, a experiência vivida na situação da mulher, considerando, à luz de Souza[48],marcadores interseccionais como raça e classe social.

Relato clínico sobre uma experiência vivida na situação da mulher

Ao pensar a situação da mulher, Beauvoir[49] destaca que há na dinâmica da coexistência o projeto de dedicação, que é desde sempre fracassado, pois dedicar-se ao outro é um projeto que sempre encontra a ingratidão, já que na dedicação, quem se dedica pressupõe o que o outro espera que se realize, esperando receber reconhecimento de sua dedicação, na medida posta por si, e com ela a plenitude de ser. No entanto, a filósofa ressalta, para que uma dedicação não seja tirânica é necessário sustentar a constante tensão entre as liberdades. Para ela, isso implica em reconhecer o outro como uma liberdade situada, na qual ambos participam e influenciam suas respectivas situações. Beauvoir observa que essa dinâmica de dedicação está presente em variadas dinâmicas e relações e é especialmente evidente na estrutura

[48] Souza, T. M. (2018). Beauvoir e a situação das mulheres: entre a subjetividade e a facticidade. *Ethic@: An international Journal for Moral Philosophy:* v. 17, n. 2.

[49] Beauvoir, 1944/2005.

patriarcal heteronormativa, conforme Souza[50], na qual as mulheres muitas vezes se dedicam aos homens e buscam neles e nos papéis tradicionais de gênero a validação e justificação de sua existência[51]. Dar-se conta desse modo de se relacionar, seja na situação da mulher heterossexual, seja em outras situações, é condição de possibilidade para a abertura de possibilidades além do projeto de dedicação imposto pelo mundo à sua situação. Importa notar que essa dedicação sedimentada como se fosse uma natureza inata aos entes definidos como mulheres será dedicação ao outro, nunca a si mesma. Dedicar-se ao outro produz aceitação e aprovação para mulheres, dedicar-se a si própria acarreta críticas, censuras, culpa e correções.

Para pensar essas articulações e contribuições críticas para a clínica, compartilhamos um breve fragmento clínico para exemplificar como a filosofia da existência de Simone de Beauvoir pode inspirar a clínica fenomenológico-hermenêutica ou existencial, em um modo de lida atento aos sentidos político-existenciais do sofrimento na experiência vivida de uma mulher[52] de 44 anos, negra cisheterossexual, carioca periférica, mãe de duas filhas, tomada pelo mundo dado que orienta seu casamento heterossexual e sua maternidade e a necropolítica presente em seu território.

[50] Souza, R. R. (2023). Memórias, amores e fantasias: Simone de Beauvoir à contrapelo. *In* M. B. Nader (Org.). *História e Gênero: amores, emoções e fantasias* (Vol. 3, pp. 1-24). Vitória, ES: Milfontes.

[51] *Ibid.*

[52] Reiteramos que a paciente se inscreveu para participar da Pesquisa do Programa de Extensão Fenomenologia e Clínica da Depressão, no ano de 2021, tendo iniciado o atendimento no mesmo ano. Ela preencheu e assinou a Ficha do SPA/UFF, estando ciente sobre as discussões em supervisão com os alunos e autorizando a menção do seu caso neste capítulo. Ao finalizar o projeto, ela demonstrou interesse em prosseguir no processo terapêutico e continua em atendimento.

Esse fragmento foi escrito a partir das anotações sobre o atendimento clínico e sobre as discussões em supervisão, possibilitado pelo Programa de Extensão Fenomenologia e Clínica da Depressão implantado no curso de Psicologia na Universidade Federal Fluminense (UFF), de modo remoto, iniciado em julho de 2021, durante a pandemia da Covid-19, voltado para os efeitos psicológicos sobre a população, cujo intuito foi oferecer assistência psicológica gratuita a pessoas da comunidade. O tempo de atendimento da paciente em questão foi de dois anos e sua participação se deu pela adequação aos critérios de demanda: a queixa e/ou diagnóstico de depressão e a renda familiar mensal. Em consonância com os objetivos do projeto, a escuta clínica permaneceu atenta ao sentido da depressão em seu discurso e a relação entre depressão e horizonte histórico, atravessado pelo período pandêmico da Covid-19. Nesse caso em questão, o sentido de depressão se fundamentava no tédio profundo[53], irrompido em meio à repetição de sua exaustiva dupla jornada como profissional da saúde em outra cidade e como dona de casa (esposa e mãe), por sua situação financeira agravada pela ausência de renda do marido e pela violência patrimonial que sofrera dele.

O caso em questão (bem como os resultados da pesquisa) evidenciou a compreensão não naturalizante da fenomenologia-hermenêutica sobre o fenômeno da depressão, cujo fundamento se encontra na própria dinâmica do existir. Ao longo do atendimento, a escuta clínica se atentou à dimensão política, sempre presente em toda e qualquer experiência vivida, cuja mundanidade, nesse caso, tratou-se

[53] Mattar, C. M. (2020). *Depressão: doença ou fenômeno epocal?* Rio de Janeiro, RJ: Via Verita.

do mundo vivido pelo corpo-vivo de uma mulher negra, cis heterossexual, carioca periférica e mãe de duas filhas.

Sua experiência vivida refere-se a um modo de lida restrito ao ideal de casamento, que ela acreditava que, por ser mulher, devia manter a qualquer custo, evidenciando que o não posso de sua situação, conforme tematizado por Freitas[54], era vivenciado, condicionando e restringindo suas possibilidades ao projeto de dedicação[55] ao marido, às filhas e à casa. Ser mulher, negra e com 44 anos são certezas, então, colocadas como questão. Depois de um tempo, ao tematizar sua idealização a priori de casamento feliz, percebe que seu projeto falhara, pois vivia infeliz e a decisão do divórcio aparece como possibilidade. No entanto, seu mundo vivido como mulher continua sendo a mesma referência de mundo, possibilitando movimentos restritos em sua condição de mulher e mãe. Por ser profissional da saúde e ter renda própria, ela tematizou que financeiramente seria possível se divorciar, no entanto, sustentar essa decisão diante de sua rede e comunidade era demasiadamente pesado para enfrentar.

Movimento e restrição seguiram em jogo a todo momento em sua fala, e também, somatizado em seu corpo, aparecendo no instante em que a decisão de se divorciar acontece: ao inserir a chave na maçaneta de sua casa para entrar e a chave cair, ao tentar pegá-la escorrega, cai e perde os movimentos de seu braço direito. Ao tentar entrar em sua casa e perder o movimento do braço, ela decide sair de casa com as filhas e se divorciar definitivamente. Movimentar-se para além do que era esperado para si como mulher tornou-se urgente.

[54] Freitas, 2022.

[55] Beauvoir, 1944/2005.

Considerações finais

Esse breve relato demonstra que o cuidado em atmosfera filosófica, conforme Mattar[56], acontece para além da causalidade e do explicável logicamente. Houve um *sensível* na clínica que foi preciso sustentar, para que fosse possível o acontecimento em que a paciente se deu conta de sua condição originária de liberdade, escolhendo realizar o divórcio, ou seja, superando o estado de não movimento existencial em que se encontrara. Isso evidencia que há na clínica de inspiração fenomenológico-hermenêutica ou fenomenológico-existencial um rigor às atitudes do método fenomenológico, dentre elas a suspensão fenomenológica que possibilita o aparecer do fenômeno, para que seja tematizado e refletido, sem ingenuamente considerá-la como suficiente para esse mostrar-se. Este caso demonstrou que o movimento existencial só foi possível porque a situação de ser mulher negra, o casamento e a maternidade como destinos foram colocados em questão, sendo tematizados ao longo das sessões. Foi somente após se dar conta do não posso atrelado à sua situação que outras possibilidades foram consideradas como possíveis. Atualmente, dois anos após a separação e com a homologação do divórcio, o movimento do seu braço voltou.

À guisa de conclusão, ao fazermos Psicologia clínica de inspiração fenomenológica hermenêutica e existencial, nosso interesse na prática clínica não pode perder de vista o modo como se habita o contemporâneo, ou seja, a concretude da experiência vivida que está o tempo todo acenando para a dimensão histórico-político-social e para o modo como a existência se relaciona com os outros e

[56] Mattar, 2022a.

com seu mundo vivido. O habitar na contemporaneidade nos convoca, tal como demonstrado por Beauvoir como sendo importante não perder de vista e seu legado filosófico nos confere vocabulário para pensar as questões contemporâneas na fenomenologia e contribui para uma escuta clínica atenta aos sentidos político-existenciais do sofrimento[57] que perpassam a experiência vivida na pele do corpo-vivo.

Referências

Beauvoir, S. de. (1944). *Por uma moral da ambiguidade. Seguido por Pirro e Cinéias.* Rio de Janeiro, RJ: Nova Fronteira.

Beauvoir, S. de. (1949). *O segundo sexo* (S. Milliet, Trad.). São Paulo, SP: Difusão Européia do Livro.

Beauvoir, S. de. (2005). *Por uma moral da ambiguidade. Seguido por Pirro e Cinéias.* Rio de Janeiro: Nova Fronteira. (Textos originais, respectivamente, publicados em 1947 [Por uma moral da ambiguidade] e 1944 [Pirro e Cinéias].

Beauvoir, S. de. (2018). *A força da idade.* Rio de Janeiro, RJ: Nova Fronteira.

Beauvoir, S. de. (2019a). *O Segundo Sexo: Fatos e Mitos* (Sérgio Milliet, Trad.) (5a ed.). Rio de Janeiro: Nova Fronteira. (Texto original publicado em 1949).

Beauvoir, S. de. (2019b). *O Segundo Sexo: A Experiência Vivida* (Trad. de Sérgio Milliet) (5a ed.). Rio de Janeiro: Nova Fronteira. (Texto original publicado em 1949).

[57] Mattar, C. M. (2022b). Desamparo ontológico e desamparo ético-político: interpelações à psicologia contemporânea. *In* Elza Dutra. (Org.). *Sofrimento e historicidade: o desamparo ético-político na contemporaneidade* (v. 1, pp. 65-87). Rio de Janeiro: Via Verita.

Cabral, A. (2022a, 27 de agosto). *Mundo e Liberdade: as fenomenologias políticas de Simone de Beauvoir e Hannah Arendt* [Evento online]. Instituto Dasein. Disponível em: https://www.youtube.com/watch?v=v5iYrolHsgY.

Cabral, A. (2022b). *Ecofenomenologia decolonial: variações fenomenológicas sobre a alteridade.* Nau Editora.

Cyfer, I. (2015). Afinal, o que é uma mulher? Simone de Beauvoir e "a questão do sujeito" na teoria crítica feminista. Lua Nova: *Revista de Cultura e Política*, (94), 41–77.

Freitas, J. L. (2022). Contribuições do pensamento de Simone de Beauvoir para a Psicologia. *In* F. F. S. de Melo & G. A. O. Santos (Orgs.). *Psicologia fenomenológica e existencial: fundamentos filosóficos e campos de atuação.* São Paulo, SP: Manole.

Heidegger, M. (2001). *Seminários de Zollikon.* Petrópolis, RJ: Vozes.

Heidegger, M. (2002). *Ser e tempo, Partes I e II* (M. S. C. Schuback, Trad.). Petrópolis, RJ: Vozes. (Texto original publicado em 1927).

Kierkegaard, S. (1961). *O desespero humano.* Porto: Livraria Tavares Martins. (Texto original publicado em 1849).

Kirkpatrick, K. (2020). *Simone de Beauvoir: uma vida.* São Paulo, SP: Planeta do Brasil.

Mattar, C. M. (2020). *Depressão: doença ou fenômeno epocal?* Rio de Janeiro, RJ: Via Verita.

Mattar, C. M. (2022a). Psicologia e Daseinsanálise: o cuidado em atmosfera filosófica. *Ekstasis: Revista de Hermenêutica e Fenomenologia, 11*(1). DOI: https://doi.org/10.12957/ek.2022.62926

Mattar, C. M. (2022b). Desamparo ontológico e desamparo ético-político: interpelações à psicologia contemporânea. *In* E. Dutra. (Org.). *Sofrimento e historicidade: o desamparo ético-político na contemporaneidade* (v. 1, pp. 65-87). Rio de Janeiro: Via Verita.

Mattar, C. M. & Trzan, A. (Orgs.) (2022). *Psicologia, fenomenologia e questões decoloniais.* Rio de Janeiro, RJ: Via Verita.

Mbembe, A. (2018). *Necropolítica: biopoder, soberania, estado de exceção, política da morte* (R. Santini, Trad.). São Paulo, SP: N-1 edições.

Missagia, J. (2015). Fenomenologia e feminismo: introdução e defesa de um diálogo fecundo. *In* J. Pacheco (Org.). *Mulher e filosofia: as relações de gênero no pensamento filosófico* (pp. 157-179). Porto Alegre, RS: FI.

Norberto, M. (2023). *Aula sobre "Por uma moral da ambiguidade", de Simone de Beauvoir.* Recuperado em 10 nov. 2023, de https://www.youtube.com/watch?v=TwSdKztmj5Y&t=1s.

Rodrigues, C. (2022, 10 de novembro). Existe um conceito universal de mulher? Debate a partir de Simone de Beauvoir [Vídeo]. *Café filosófico CPFL.* Disponível em: https://www.youtube.com/watch?v=trtzmUDmbBU&t=3494s.

Souza, T. M. (2018). Beauvoir e a situação das mulheres: entre a subjetividade e a facticidade. *Ethic@: An international Journal for Moral Philosophy:* v. 17, n. 2.

Souza, R. R. (2023). *Memórias, amores e fantasias: Simone de Beauvoir à contrapelo. In* M. B. Nader (Org.). *História e Gênero: amores, emoções e fantasias* (Vol. 3, pp. 1-24). Vitória, ES: Milfontes.

Trzan, A. (2022). Pele colonial, máscaras fenomenológicas: quando a colonialidade nos impede de ver os fenômenos. *In* C. Mattar, & A. Trzan (Orgs.). *Psicologia, fenomenologia e questões decoloniais.* Rio de Janeiro, RJ: Via Verita.

Zahavi, D. (2019). *Fenomenologia para iniciantes.* Rio de Janeiro, RJ: Via Verita.

6

Contribuições fenomenológico-hermenêuticas para a compreensão do chamado sofrimento psíquico

Lívia Grijó Halfeld

Em 2013, quando ocorreu o lançamento pela Associação Americana de Psiquiatria (APA) da 5ª edição do Manual Diagnóstico e Estatístico de Transtornos Mentais (DSM-5), a jornalista brasileira Eliane Brum escreveu uma reportagem intitulada *Acordei doente mental*[1]. Na reportagem, a jornalista destaca como parece cada vez mais difícil não nos encaixarmos em um dos diversos transtornos catalogados no manual que, em sua quinta versão, contava com cerca de trezentos transtornos registrados em suas quase mil páginas. Cerca de nove anos depois, em 2022, foi lançada uma versão revisada do DSM-5, o DSM-5-TR, que tem mais de mil páginas e um novo diagnóstico: o Transtorno de Luto Prolongado. Com isso, o DSM-5-TR segue o padrão das versões anteriores do manual, adicionando mais um transtorno a já longa lista de transtornos catalogados no manual que, em sua primeira versão, o DSM-I, lançada em 1952, tem cerca de

[1] Recuperado em 10 mar. 2024, em https://epoca.oglobo.globo.com/colunas-e-blogs/eliane-brum/noticia/2013/07/acordei-doente-mental.html.

cento e trinta páginas e aproximadamente cem transtornos catalogados.

Junto a esse significativo aumento no número de transtornos mentais catalogados a cada nova versão do manual, temos observado uma crescente psicopatologização e medicalização da vida. Com frequência, atendemos pacientes que, ainda que não tenham sido diagnosticados formalmente, nomeiam o que sentem como "ansiedade", "depressão", "TDAH", entre outros. Diagnósticos que foram, em certa medida, popularizados e passaram a nomear a experiência particular de um existente em sofrimento, dificultando por vezes uma aproximação deste de sua experiência.

Como afirma Eliane Brum, parece que "a vida se tornou uma patologia, e tudo o que é da vida parece ter virado sintoma de uma doença mental". Por vezes, ao citarem uma dessas categorias diagnósticas, alguns pacientes parecem assumir que disseram tudo sobre si mesmos. Tornou-se mesmo comum ouvirmos as pessoas falarem, por exemplo, "eu sou ansioso", em vez de "eu estou ansioso", parecendo atribuir, a partir disso, não apenas uma determinação ou uma identidade fixa para si mesmas, mas também a causa de tudo o que sentem. Em algumas situações, o diagnóstico formal chega a parecer ter um poder tranquilizador, à medida que a partir dele assume-se que finalmente sabe o porquê se é como se é, afinal de contas, tem-se um determinado diagnóstico. O culpado? O diagnóstico. O solucionador? A medicação psiquiátrica.

Diante deste cenário, com ou sem o diagnóstico ou o uso de medicação, os pacientes parecem buscar o mesmo em muitas situações que nós, como especialistas psi, os conduzamos a uma suposta normalidade e que eliminemos toda forma de mal-estar e sofrimento. Em meio a diversos imperativos sociais, como os de desempenho, produtividade, felicidade e a positividade tóxica, que dão tom à nossa relação com o mundo e com os outros, as experiências de mal-estar e de sofrimento parecem não encontrar espaço e têm sido reduzidas, por vezes, a transtornos psiquiátricos.

"Treine enquanto eles dormem, estude enquanto eles se divertem, persista enquanto eles descansam, e então, viva o que eles sonham", diz uma frase supostamente motivacional que circula pelas redes sociais e que, junto a muitas outras, expressa o modo como temos vivido e o que tem sido esperado de nós em nosso tempo. A análise crítica do mundo moderno empreendido pelo filósofo alemão Martin Heidegger (1889-1976) em sua obra se mostra fundamental para que compreendamos a maneira como o fenômeno do sofrimento tem se mostrado em nosso tempo. Um fenômeno, como nos aponta Casanova[2], não vem à tona por meio de uma "subjetividade capaz de posicioná-lo a partir de suas próprias categorias, conceitos ou representações em seu ser", mas sim a partir de "um campo historicamente constituído, no qual constelações relacionais sedimentadas fazem com que o fenômeno emerja tal como ele é".

Em nosso horizonte histórico, nomeado por Heidegger como Era da técnica, não há espaço para experiências como a do sofrimento, que possam interromper a azáfama cotidiana. Mesmo no cenário pandêmico pelo qual passamos recentemente, não havia lugar para falta de produtividade. Portanto, não é de se estranhar que o fenômeno do sofrimento esteja sendo desvelado nesse horizonte como um mal a ser eliminado, predominando um paradigma médico-psiquiátrico de compreensão deste, que contribui, por vezes,

[2] Casanova, M. A. (2019). Pontes sobre o nada: narrativas do sofrimento e transformação existencial. *Natureza Humana*, *21*(2), pp. 130-149, p. 132.

para o distanciamento do ente humano de seu sofrimento e de si mesmo.

É certo que não nos é possível simplesmente escapar dessa historicidade[3], mas a partir da fenomenologia-hermenêutica de Heidegger, de sua compreensão do ente humano como esse ente que tem como modo de ser ser-aí, bem como das contribuições da Daseinsanalista suíça Alice Holzhey-Kunz, abre-se para nós a possibilidade de buscarmos um outro modo de compreensão desse sofrimento comumente denominado como sofrimento psíquico em nossa sociedade, ao qual muitas vezes se atribui uma categoria diagnóstica. No presente texto, o que objetivamos é justamente isso: buscar um modo de compreensão fenomenológico-hermenêutica do chamado sofrimento psíquico, contribuindo, com isso, para uma visão não biologizante e patologizante dos modos de ser ditos como transtornados em nossa sociedade. Para tal, buscaremos, antes de tudo, o fundamento ontológico das experiências de sofrimento psíquico, que serão aqui compreendidas como experiências de sofrimento existencial.

O ser do ente humano: da abertura ao ser a fuga de si

Em sua obra, Heidegger irá apresentar uma compreensão do ente humano diferente daquela presente na tradição metafísica. Para o filósofo, o ente humano tem como modo de ser, ser-aí (*Dasein*), sendo essa a constituição fundamental do existir humano. Na analítica existencial empreendida em *Ser e tempo*, ele irá apresentar algumas das estruturas ontológico-existenciais que constituem um

[3] *Ibid.*

ente dotado de tal modo de ser. Segundo Heidegger[4], o que distingue o ser-aí, a sua peculiaridade ôntica, é que o ser-aí é ontológico. Diferentemente dos demais entes, que apenas *são*, não sendo abertos ao ser, o ser-aí *existe*, ele está sempre colocado para fora de si mesmo, aberto e exposto ao ser, tendo de ser para ser.

Em sendo existência, ser-no-mundo, o ente humano é ontologicamente marcado por uma negatividade e por uma indeterminação originárias, uma vez que não há nada que o defina a priori. O ser-aí é o poder-ser das possibilidades que lhe vêm ao encontro em sua abertura. Possibilidades estas que são sempre historicamente constituídas, uma vez que elas vêm à luz em um determinado mundo.

Assim, ainda que o ente humano seja ontologicamente indeterminado, encontra-se historicamente determinado por esse horizonte fático, sedimentado, que é o nosso. Como o ser-aí não tem nenhuma determinação ou propriedade a priori, para que qualquer ação lhe seja possível, para que qualquer possibilidade se constitua enquanto uma possibilidade, faz-se necessário que o mundo se apresente como essa instância que o arranca de sua nadidade[5].

"Existir, com isto, significa antes de tudo se ver jogado em um campo existencial marcado por historicidade. Este campo, por sua vez, é o nome do truque que nos retira de saída de nossa indeterminação ontológica inicial", uma vez que nos fornece uma série de sentidos a priori, uma capa de preconceitos que nos desoneram "do peso

4 Heidegger, M. (1997). *Ser y tiempo* (J. E. Rivera, Trad.). Santiago: Editorial Universitária.

5 Casanova, M. A. (2021). *Existência e transitoriedade: gênese, compreensão e terapia dos transtornos existenciais*. Rio de Janeiro: Via Verita.

estrutural do existir, pela tranquilização, pela sedução, pela alienação etc."[6]. É no mundo, a partir de uma absorção inicial nesse horizonte compartilhado, que o ser-aí conquista a única familiaridade que ele, como o ente que essencialmente é, pode chegar a ter[7].

O ser-aí vive cotidianamente a sua indeterminação e nadidade originárias como ameaças, das quais ele busca incessantemente fugir, mergulhando, para tal, nessas determinações fornecidas pelo mundo. Ele as vivencia enquanto um peso do qual precisa se livrar. Assim, na impessoalidade (*das Man*) que caracteriza seu modo de ser cotidiano, o ser-aí se deixa determinar pelas orientações fornecidas pelo mundo, vivendo de modo impróprio, assumindo possibilidades previamente sedimentadas no mundo, que buscam suplantar essa nadidade e indeterminação constitutivas. "[...] sem a experiência do horizonte histórico de possibilidades que o mundo é, o ser-aí jamais teria como escapar do nada que é e se veria radicalmente condenado a si"[8].

Existir é, portanto, de início e na maior parte das vezes, se perder de si mesmo, "[...] fugir de si mesmo e se deixar absorver em um horizonte hermenêutico sedimentado"[9]. A fuga que caracteriza a impessoalidade cotidiana é uma fuga desse nosso caráter de indeterminação, de negatividade, que

[6] Casanova, M. A. (2017a). *A falta que Marx nos faz*. Rio de Janeiro: Via Verita, p. 39-40, grifo nosso; *ibid*., p. 133.

[7] Casanova, M. A. (2017b). *Mundo e historicidade: leitura fenomenológica de Ser e tempo: volume um: existência e mundaneidade*. Rio de Janeiro: Via Verita.

[8] Casanova, *op. cit*., p. 43.

[9] Casanova, 2017a, p. 241. Assim, impropriedade, impessoalidade e decadência não assumem um caráter valorativo na obra de Heidegger, pois são possibilidades para o modo de ser do ente humano, assim como o si-mesmo próprio.

faz do ser-aí um ente incompleto, inacabado, que tem de ser para ser. Uma fuga desse que é, para Heidegger[10], o fenômeno existencial e ontologicamente mais originário para o ser-aí: *o não estar em casa*, isto é, da estranheza inerente ao ser-aí "enquanto ser-no-mundo lançado e entregue a si mesmo em seu ser"[11].

Trata-se de uma fuga de si, uma fuga da condição humana, em direção à familiaridade fornecida pelo mundo. É em meio ao mundo que escapamos de nossa nadidade, pois o mundo tem um caráter prescritivo sobre nós. O mundo normatiza e normaliza nossos comportamentos, ele desonera o ser-aí "da necessidade de sempre ser por si mesmo a cada vez quem ele é"[12].

Assim, embora seja fundamentalmente abertura ao ser (inclusive ao ser que ele mesmo é), o ser-aí tende cotidianamente ao fechamento. Tender cotidianamente ao fechamento, porém, não quer dizer de modo algum que o ser-aí perca sua essência, mas que ele vive essa essência ao modo da esquiva, de um desviar-se dela. Heidegger[13] chega mesmo a afirmar que somente um ente que "[...] leva em seu ser mais próprio o caráter da abertura", pode tender cotidianamente ao fechamento[14].

Essa experiência de fechamento desse aberto que somos, é um modo possível de realização da abertura, para

[10] Heidegger, 1997.

[11] "La huida cadente *hacia* el estar-en-casa de la publicidad es una huida *ante* el no-estar-en-casa, es decir, ante la desazón que se encuentra en el Dasein en cuanto estar-en-el-mundo arrojado y entregado a sí mismo en su ser" (Heidegger, 1997, p. 211, grifo do autor).

[12] Casanova, 2017b, p. 228.

[13] Heidegger, 1997.

[14] Tradução nossa: "Este ente lleva en su ser más propio el carácter del no-estar-cerrado. La expresión "Ahí" mienta esta aperturidad esencial" (Heidegger, 1997, p. 157).

o qual o ser-aí tende em sua busca por se distanciar do seu fundamento, da nulidade que o constitui de modo fundamental. Somente um ente que se encontra ontologicamente aberto ao ser, aberto para si mesmo, pode também fugir de si, da estranheza que lhe constitui, vivendo sua abertura ao modo da privação.

No quinto capítulo de *Ser e Tempo*, Heidegger[15] busca se aproximar dos modos como o ser-aí, a cada vez, realiza a sua abertura. O filósofo nomeia como disposição afetiva (*Befindlichkeit*) uma das dimensões cooriginárias da abertura do ser-aí, do aí do ser-aí. A existencial disposição demarca a dimensão afetiva originária do ser-aí, desse ente que se encontra sempre aberto afetivamente ao mundo.

O modo *como* nos encontramos no mundo, as tonalidades afetivas (*Stimmungen*) que nos transpassam como essa abertura afetiva que somos, são determinantes para o que vem à luz ou não em nossa abertura[16]. As tonalidades afetivas são as concreções ônticas da nossa abertura e "[...] fazem com que nos voltemos para o todo ou que voltemos as costas para o todo"[17], determinando as possibilidades de realização do nosso ser.

As tonalidades afetivas fundamentais, como a angústia e o tédio, descerram o mundo enquanto mundo, como esse aberto, confrontando o ser-aí consigo mesmo, com sua estranheza originária. Já no caso das tonalidades afetivas superficiais, cotidianas, o descerrar do mundo é acompanhado por uma absorção determinada do ser-aí nesse mundo por elas aberto, nesse mundo cotidiano em que o ser-aí se deixa

[15] Heidegger, *op. cit.*

[16] Casanova, 2017b.

[17] *Ibid.*, p. 164.

absorver[18,19]. O ser-aí vive cotidianamente de forma a fugir de si mesmo e, consequentemente, daquelas tonalidades afetivas que o colocam de frente com o seu ser. Toda a dinâmica de nosso ser-no-mundo cotidiano busca impedir o despertar das tonalidades afetivas fundamentais.

Para Heidegger[20], o ser-aí vive cotidianamente no modo da decadência (*Verfallen*). A decadência é uma modalidade existencial da abertura do ser-no-mundo que demarca esse movimento de saída do ser-aí de si mesmo, para mergulhar em seu mundo fático, assumindo a cadência que esse mundo determina. Demarca, portanto, o "movimento do ser-aí da indeterminação para a determinação"[21]. Decaído no mundo, o ser-aí desvela tudo o que vem ao seu encontro a partir dos sentidos provenientes da tradição encurtada.

Para o filósofo, o não-ser-si-mesmo presente no modo de ser impróprio, impessoal, não representa apenas uma possibilidade do ser-aí, mas é o seu modo de ser imediato. Somos entes abertos ao ser, mas, como apontamos anteriormente, buscamos incessantemente fugir dessa nossa condição, "nós nos esforçamos por cerrar o descerramento"[22]. A absorção no mundo fático sedimentado se mostra "absolutamente imprescindível para que o existente humano alcance uma estabilidade e uma orientação que ele não possui em si mesmo"[23].

Nesse sentido, a decadência não representaria uma face obscura ou negativa da nossa existência; ela é uma

[18] Casanova, 2017b.

[19] Casanova, 2017a.

[20] Heidegger, 1997.

[21] Figal, G. (2016). *Introdução a Martin Heidegger* (Marco Casanova, Trad.). Rio de Janeiro: Via Verita, p. 70.

[22] *Ibid.*

[23] Casanova, 2021, p. 404-405.

tendência inercial da nossa existência, uma estrutura ontológico essencial do ser-aí que compõe, "em sua cotidianidade, a totalidade de seus dias", mostrando-se fundamental para a existência cotidiana[24,25,26]. A condição ontológica do ser-aí, no entanto, pode sempre se insinuar no cotidiano, uma vez que um lastro de nadidade se faz sempre presente no existir.

Mesmo naquele modo de ser impessoal e decadente, a compreensão de ser permanece como uma determinação do ser-aí. Por mais que o ser-aí fuja cotidianamente de sua condição ontológica, é fundamental demarcar que ela está sempre inclusa[27], isto é, sempre presente em tudo o que o ser-aí realiza em sua existência, mesmo que de maneira não tematizada, ou seja, atenta. Assim, ainda que o ser-aí fuja do lastro de nadidade que o acompanha, que aponta justamente para sua constituição ontológica, a nadidade é uma marca indelével do ser do ser-aí, do qual ele nunca consegue, em última medida, se livrar.

Essa dinâmica de abertura do ser-aí ao ser, bem como de fechamento e fuga de si mesmo, como buscaremos explicitar a seguir, revelar-se-á fundamental para uma compreensão fenomenológico-hermenêutica do chamado sofrimento psíquico.

[24] Casanova, 2017b.

[25] Heidegger, 1997, p. 201.

[26] Tradução nossa: "La caída desvela una estructura ontológica *esencial* del Dasein mismo, estructura que, lejos de determinar su lado nocturno, conforma más bien, em su cotidianidad, la totalidade de sus días" (Heidegger, 1997, p. 201).

[27] Essa noção de inclusão pré-ontológica, brevemente apontada por Heidegger, será retomada pela Daseinsanalista Alice Holzhey-Kunz em sua obra. Retomaremos a essa noção no tópico desse capítulo que será dedicado a tematização das contribuições Holzhey-Kunz para uma compreensão fenomenológico-hermenêutica do sofrimento.

A escuta aguçada e o sofrer pelo ser

No caminho da compreensão, apresentado por Heidegger e Holzhey-Kunz[28], irá afirmar que o ente humano busca cotidianamente banir "a verdade dificilmente suportável da *conditio humana*", isto é, de sua constituição ontológica[29]. Ele busca viver iludido, a fim de se desonerar do peso de ser um ente cujo modo de ser é ser-aí. O ente humano, como vimos, precisa se desviar dessa "carga ontológica" para que o cotidiano seja possível, a fim de que não seja sobrecarregado diariamente por questões ontológicas.

Segundo Holzhey-Kunz[30], essa fuga do ser-aí de si mesmo ocorre a partir de um esquecimento de si, de um esquecimento da *conditio humana*. Tal esquecimento é fundamental para que um cotidiano dito "normal", sem o peso ontológico, possa acontecer. "[...] o esquecimento não protege o cotidiano das questões existenciais que concernem ao sentido do próprio ser-humano, mas de uma experiência emocional, que não é apreensível, dizível, narrável enquanto tal"[31].

Assim, segundo Holzhey-Kunz[32], "[...] a fuga da verdade ontológica tem a importante função de possibilitar uma normalidade cotidiana mediana e, com isso, também uma

[28] Holzhey-Kunz, A. (2018). *Daseinsanálise: O olhar filosófico-existencial sobre o sofrimento psíquico e sua terapia* (Marco Casanova, Trad.). Rio de Janeiro: Via Verita.

[29] *Ibid.*, p. 61.

[30] Holzhey-Kunz, A. (2023). *Ensaios sobre o sofrimento humano: a existência entre esquecimento de si e lembrança emocional* (D. M. Guimarães, M. A. Casanova, & P. G. Ferreira, Trad.). Rio de Janeiro: Via Verita.

[31] *Ibid.*, p. 56.

[32] *Ibid.*, p. 109-110.

saúde psíquica normal mediana". Segundo Casanova[33], isso que "chamamos cotidianamente de normalidade não é senão expressão da estabilidade do campo mesmo de realização dos fenômenos, da retenção das orientações normativas e normalizantes que provêm do mundo fático sedimentado". Esse cotidiano dito "normal" depende de uma autoilusão ontológica, que está presente em todo esquecimento (ontológico) de si, que é fundamental para que algo como uma relação de familiaridade com o mundo possa se dar[34].

Porém, como falamos no tópico anterior, por mais que busquemos esquecer de nossa condição ontológica, nunca conseguimos em absoluto. "[...] tudo no cotidiano nos apresenta sempre também uma inclusão ontológica, que poderia a qualquer momento atrair para si a nossa atenção", ameaçando, com isso, romper com essa autoilusão que sustenta a cotidianidade mediana[35]. A fuga de si mesmo "não tem jamais como obter êxito, porque o perigo se assenta, sim, em nós mesmos"[36]. O lastro de nadidade, de negatividade que subsiste em meio a lida ôntica, ameaça constantemente o projeto cotidiano de obscurecimento de nosso modo de ser, colocando em risco nossa relação de familiaridade com o mundo.

Esse saber pré-ontológico incluído em nossas vivências ônticas, isto é, concretas, "permanece normalmente despercebido (inconsciente), representa um mero saber de pano de fundo", uma vez que o cotidiano nos fornece uma proteção contra as experiências ontológicas[37]. Mas essa proteção,

33 Casanova, 2021, p. 336.

34 Holzhey-Kunz, 2023.

35 *Ibid.*, p. 50.

36 *Ibid.*, p. 75.

37 Holzhey-Kunz, 2018, p. 60.

segundo a daseinsanalista, é de um tipo frágil. Esse saber de pano de fundo, apenas incluído, encoberto no cotidiano, pode se desvelar diante das mais diversas experiências e a qualquer momento. Quando isso ocorre, "essa ameaça na maioria das vezes apenas latente se torna, então, aguda" e "o saber do pano de fundo pré-ontológico ganha primeiro plano e se impõe imediatamente"[38].

Para Holzhey-Kunz, o "psiquicamente sofredor" é justamente aquele que tem uma escuta particularmente aguçada para "as verdades ontológicas normalmente obnubiladas", isto é, obscurecidas[39]. É aquele que escuta "no cotidiano a inclusão ontológica no ôntico", que se vê confrontado com uma experiência de cunho emocional[40]. Ele sofre, com isso, por "ouvir mais (e ver mais) que a média, e, em verdade, também nas coisas concretas do cotidiano"[41].

O "psiquicamente sofredor" sofre diante daquilo que se revela em sua abertura. Em meio a uma escuta aguçada, ele fica à mercê do que a partir dessa escuta, dessa experiência emocional, se revela. Ele se vê confrontado, sem escolhas com a própria essência, com a *conditio humana*, e sofre por conta disso.

Tal experiência resultaria da "exclusão daquela repressão (normal) de verdades ontológicas e, com isto, em um excesso de experiências (ontológicas)"[42]. Quem no cotidiano "se abre para a inclusão ontológica experimenta 'angústia'. A fuga em direção ao esquecimento sempre é, por isso, fuga

[38] *Ibid.*, p. 60.

[39] Holzhey-Kunz, *op. cit.*, p. 173.

[40] *Ibid.*, p. 58.

[41] Holzhey-Kunz, 2018, p. 167.

[42] *Ibid.*, p. 304.

ante a angústia"[43]. A angústia, enquanto uma tonalidade afetiva fundamental, rompe com a familiaridade cotidiana, com a absorção decadente do ente humano no mundo, deixando-o assim desterrado. Ela nos confronta, assim, com a nossa estrangeiridade originária, com a negatividade estrutural que nos constitui.

Para Holzhey-Kunz[44,45], a escuta aguçada é um fenômeno que se encontra *no entre*: entre o conseguir fugir da angústia, encontrando no mundo uma proteção contra ela, e o conseguir suportá-la. Entre, portanto, a impropriedade e a propriedade apresentadas por Heidegger em *Ser e tempo*. Ela seria uma terceira via não apontada pelo filósofo em sua analítica existencial, e envolveria um "se ver confrontado de maneira completamente despreparada e involuntária com a verdade ontológica e ser sobrecarregado com ela"[46].

Nesse fenômeno está em jogo, portanto, o despertar de tonalidades afetivas fundamentais, como a angústia. Em meio a uma escuta aguçada, o existente se vê confrontado consigo mesmo, com o próprio ser, sem conseguir lidar com essa experiência e, com isso, apropriar-se de si mesmo. Ele tampouco consegue retornar à antiga absorção no cotidiano. Aquele que sofre diante de uma escuta aguçada, se vê confrontado, sem escolhas, com fatos ontológicos, e padece diante dessa escuta, sofre com isso que se desvelou. Ele se torna, com isso,

[43] Holzhey-Kunz, 2023, p. 56.

[44] Holzhey-Kunz, *op. cit.*

[45] Holzhey-Kunz, A. (2021). *Verdade Emocional: o conteúdo filosófico das experiências emocionais* (M. A., Casanova, Trad). Rio de Janeiro: Via Verita.

[46] Holzhey-Kunz, 2018, p. 65.

> [...] um *filósofo contra a sua vontade*. Ele existe filosoficamente, porque está ocupado por meio do sofrimento com temas ontológicos fundamentais do ser humano; ele faz isso, porém, contra a sua vontade, não impelido por uma curiosidade ou mesmo por um espanto em relação àquilo que se esconde por detrás dos interesses cotidianos concretos, mas porque se lhe impõe um saber filosófico, pelo qual ele é sobrecarregado[47].

Essa escuta aguçada, essa sensibilidade para a verdade, não é vivida, então, como um dom, mas como um fardo, dos mais difíceis de carregar, do qual a maioria de nós buscará se livrar[48]. Assim,

> [...] a escuta à nadidade não permanece apenas em seu caráter esclarecedor, mas traga concomitantemente para uma região, na qual nenhum conforto mais é possível. O ser humano se vê aqui nu em um deserto que o imola vivo durante o dia e o congela à noite, sem jamais conseguir escapar de uma situação ou de outra[49].
>
> Quando quer que a inclusão ontológica de uma vivência ou de um comportamento concretos se imponha e ganhe primeiro plano, nós nos vemos – ao menos por esse momento – expulsos do mundo dotado de sentido e confrontados com a pura facticidade do "que eu sou e tenho de ser". Este ser deslocado é algo que o homem só pode vivenciar como "aversivo"[50].

[47] Holzhey-Kunz, 2018, p. 167, grifo da autora.

[48] Holzhey-Kunz, 2023.

[49] Casanova, 2021, p. 348-349.

[50] Holzhey-Kunz, 2018, p. 65.

"Sofrer com o próprio ser encerra, portanto, o desejo de afastar o fundamento desse sofrimento", mas quem sofre com uma escuta aguçada não consegue "escapar da verdade ontológica em direção ao senso comum, que funciona como um tranquilizante contra angústia ontológica"[51]. O existente com uma escuta aguçada "sabe demais, para poder se assentar sobre a autoilusão 'normal'"[52]. Com isso, termina por buscar outro tipo de "salvação", algo que Freud nomeou como "técnica derradeira da vida", a fim de conseguir velar o que se desvelou, de mais uma vez fugir de si mesmo e da verdade ontológica[53].

Daí surgiriam aqueles comportamentos que em nosso mundo são nomeados como sintomas de um transtorno mental. Segundo Holzhey-Kunz[54], aqueles que sofrem com o próprio ser se encontram diante de uma "[...] luta desesperada disfarçada em sintomas inaparentes que servem ao objetivo impossível de superar as condições humanas finitas que eles não conseguem esquecer ou reprimir" como as pessoas mergulhadas em uma autoilusão "normal" conseguem.

Deste modo, segundo Holzhey-Kunz[55], estaria presente no sofrimento psíquico um certo paradoxo, pois ao mesmo tempo que aquele que sofre se sente restrito diante dos chamados sintomas, sofrendo por conta deles, ele também "é resgatado em meio aos sintomas de uma experiência ontológica, que para ele é tão intangível quanto insuportável

[51] Holzhey-Kunz, 2023, p. 154.

[52] Holzhey-Kunz, 2023, p. 61.

[53] Holzhey-Kunz, 2018, p. 167.

[54] Holzhey-Kunz, 2023, p. 155.

[55] Holzhey-Kunz, 2018, p. 173.

e contra a qual ele se revolta justamente com esses sintomas". O existente vive preso, portanto, em um enigmático conflito, uma vez que "sofre com seus sintomas, e, no entanto, apega-se a eles"[56].

Nesse sentido, segundo Holzhey-Kunz, a

> [...] "escuta aguçada" não pode ser considerada nela mesma nem como uma falta nem enquanto tal como um sintoma do sofrimento psíquico. **A escuta aguçada antecede ao sofrimento psíquico, encontrando-se à sua base.** Não é, portanto, o "adoecimento" psíquico que torna a escuta aguçada, mas, ao contrário, a escuta aguçada que na maioria das vezes leva a uma luta inglória contra a angústia ou contra aquilo que é experimentado nela. Essa luta manifesta-se como "perturbação" patológica do cotidiano normal, porque ela é combatida no cotidiano com meios cotidianos junto a todos os estados de coisa cotidianos[57].

No sofrimento psíquico estaria em jogo, portanto, uma revolta, um rebelar-se contra a situação humana fundamental, contra a *conditio humana*. Como vimos anteriormente, "[...] a existência desenvolve inercialmente uma postura fóbica em relação ao caráter originário do existir"[58]. Segundo Borges-Duarte[59], "[...] tanto o refúgio na doença (enquanto privação de liberdade), como o refúgio na normalidade do quotidiano", na familiaridade impessoal,

[56] Holzhey-Kunz, 2023, p. 170.

[57] *Ibid.*, p. 60, grifo nosso.

[58] Casanova, 2021, p. 232.

[59] Borges-Duarte, I. (2016). O afecto na análise existencial heideggeriana. *Cultura [Online], 35.*

são "formas operatórias" do ente humano de esquecer de si mesmo, de viver na ilusão. No entanto, no caso do sofrimento diante de uma escuta aguçada, essa revolta envolve ainda uma sobrecarga do existente humano.

Para Heidegger[60], a doença, o ser-doente é um fenômeno de privação. Holzhey-Kunz[61] tece uma importante crítica a Heidegger por ainda utilizar a noção de doença em sua obra. Heidegger busca refletir sobre a experiência de adoecimento na obra *Seminários de Zollikon*, texto que reúne o registro dos seminários realizados por Heidegger entre 1959 e 1969, para psiquiatras e psicoterapeutas, a convite do psiquiatra Medard Boss. Não nos parece estranho que em um seminário realizado em 21 de janeiro de 1965, quinze anos antes da publicação da terceira edição do Manual Diagnóstico e Estatístico de Transtornos Mentais (DSM-III) que viria a substituir a noção de "doença mental" pela de "transtorno mental", Heidegger[62] tenha utilizado o termo doença. Diferentemente da daseinsanalista, não pretendemos desconsiderar as reflexões apresentadas por Heidegger sobre o que ele nomeia de ser-doente. Pretendemos, por outro lado, a partir de uma leitura crítica, aproximar as contribuições de Heidegger daquelas apresentadas por Holzhey-Kunz, a fim de compreender a lida aversiva daquele que sofre com o próprio ser.

Em *Conceitos fundamentais da metafísica: mundo, finitude e solidão*, Heidegger[63] afirma que a privação é o não-ter no poder-ter. A privação é um "fenômeno ontológico,

60 Heidegger, 2021.

61 Holzhey-Kunz, 2018.

62 Heidegger, 2021.

63 *Ibid.*

isto é, que diz respeito a uma possibilidade do ser"[64]. Nela não está em jogo a negação absoluta de algo, mas a falta de algo que constitui ontologicamente um ente.

"Em toda privação reside o pertencimento essencial a algo tal, ao qual algo lhe falta, do qual algo lhe é retirado"[65]. Essa noção de privação aparece também em *Ser e Tempo*, quando o filósofo busca falar, por exemplo, sobre o medo. Para Heidegger[66], a tonalidade afetiva cotidiana do medo "abre o ser-aí de um modo predominantemente privado"[67]. No cotidiano, em meio a tonalidade afetivas superficiais, o ente humano vive sua abertura ao modo da privação, de um fechamento desse aberto que somos. Mas esse fechamento, tal como apontamos anteriormente, "só há como privação, lá onde vigora o encontrar-se-aberto"[68].

Assim, nos fenômenos privativos, o mundo é aberto ao modo da privação, trazendo consigo a privação, a falta de algo que constitui essencialmente o ente em questão, mas que não é por ele perdido. No caso do ser-doente, falta ao ente humano a saúde[69]. "O ser saudável, o bem-estar, o estar disposto não

[64] *Ibid.*, p. 713.

[65] *Ibid.*, p. 712.

[66] Heidegger, M, 1997.

[67] *Ibid.*, p. 65, Tradução nossa: "El miedo abre al Dasein de un modo predominantemente privativo" (Heidegger, 1997, p. 165).

[68] Heidegger, 2021, p. 744.

[69] Não encontramos na obra de Heidegger uma explicitação do que viria a ser a saúde, pensada em termos existenciais. Casanova (2021), em um diálogo com Heidegger e Nietzsche, irá compreender que a saúde, pensada existencialmente, está relacionada a uma abertura do ente humano para o seu ser em transição. Com isso, a saúde se caracterizaria "[...] não por algo assim como a retenção de um estado saudável uma vez alcançado nem tampouco por uma espécie de homeostase inicial em nome da qual o corpo constantemente

desapareceu simplesmente, ele está perturbado"[70]. Saúde e doença aparecem, deste modo, como fenômenos copertinentes, uma vez que no ser-doente o modo de ser saudável não está apenas ausente, mas perturbado.

No ser-doente, nessa experiência nomeada atualmente de sofrimento psíquico, falta ao ente humano aquilo que Holzhey-Kunz nomeia de o saudável entendimento humano, que "[...] não protege e possibilita apenas a realização cotidiana da vida", mas também algo como o que nomeamos como "saúde psíquica", uma vez que a absorção no mundo é fundamental para a existência humana. Isso ocorre pois o saudável entendimento humano, ou o impessoal, tal como pensado por Heidegger, nos apresenta "regras de uma lida inteligente em termos vitais com experiências ontológicas que venham a irromper"[71]. Quando há uma perturbação da nossa absorção no cotidiano impessoal, quando a estabilidade dessa rede de significâncias que é o mundo é afetada, nos vemos desprotegidos contra as verdades ontológicas.

Diante da insuportabilidade dessa experiência, de um ver-se existencialmente sobrecarregado em meio a fatos ontológicos, o ente humano pode mais uma vez buscar modos de fugir de si mesmo, a partir do que Holzhey-Kunz[72] denomina de agir ilusório, assumindo modos privativos de ser que buscam lidar com o se ver exposto à própria essência. Essa é, sem dúvida, uma possibilidade

trabalharia. Ao contrário, a saúde vem à tona no presente contexto como a capacidade sempre renovada de colocar ininterruptamente a saúde em jogo" (p. 177).

70 Heidegger, 2021, p. 712.

71 Holzhey-Kunz, 2018, p. 68.

72 *Idem, Ibidem.*

para a nossa existência. A questão que se apresenta diante disso, é que tais modos de ser são acompanhados, por vezes, de sofrimento, à medida que a verdade ontológica continua se insinuando no cotidiano, em meio a uma lembrança emocional da qual o existente não consegue se libertar.

Toda revolta contra a *conditio humana* é acompanhada, necessariamente, de um agir ilusório[73]. No entanto, diferente daquela revolta presente no cotidiano impessoal, que é acompanhada também de uma experiência de privação desse aberto que somos, no caso daquele que sofre em meio a uma escuta aguçada, esse agir ilusório não consegue manter oculto, ao menos não do mesmo modo, a verdade emocional.

Na contramão do nosso mundo, a partir das contribuições de Rodrigues[74], compreendemos os ditos sintomas como "manifestações ônticas" das "nossas tentativas, por vezes desesperadas, de nos mantermos no encobrimento, de não ouvirmos" o que nos clama em meio as tonalidades afetivas, "de não nos assumirmos em nossa condição própria". São expressão, portanto, desse agir ilusório, dessa lida aversiva com o que se desvelou em meio a uma escuta aguçada. É certo que todo agir ilusório está inevitavelmente fadado ao fracasso. No entanto, isso não impede que aquele que sofre com o próprio ser busque incessantemente, de diversas maneiras, permanecer na ilusão, a fim de levar uma livre do peso de ser esse ente que somos.

[73] *Ibid.*

[74] Rodrigues, J. T. (2020). *Angústia e serenidade: A psicopatologia contemporânea em diálogo com Heidegger.* 1(1). Rio de Janeiro: Via Verita, p. 66.

Considerações finais

Segundo Casanova[75], "se perguntarmos o que leva o existente humano a sofrer, a resposta não poderá ser outra senão: tudo e qualquer coisa". Podemos sofrer por conta de um amor não correspondido, de um sonho não realizado ou do falecimento de um amigo. Podemos sofrer também diante das mais diversas situações de discriminação e violência, produzidas em uma sociedade racista, machista, capacitista, etarista, LGBTQIA+fóbica e gordofófica.

Nas experiências de sofrimento decorrentes de situações de opressão, compreendemos, assim como Casanova[76], que a violência atua como "fator de instabilização radical dos campos fenomênicos em geral", "de desestabilização da absorção no mundo"[77]. Diante dessas situações de desamparo ético-político, o ente humano se vê exposto à possibilidade do sofrimento. Esse sofrimento, em toda sua magnitude, pode se revelar nesse momento *somente* em sua dimensão ôntica, concreta, mas também em sua dimensão existencial, já que

> Quando o mundo deixa de se mostrar como instância estrutural de cuidado e passa a se revelar como fator determinante de ameaça e opressão, a própria dinâmica de absorção tende a experimentar uma perturbação e a viabilizar o surgimento de comportamentos atravessados precisamente pela estranheza[78].

[75] Casanova, 2019, p. 141.

[76] Casanova, 2021, p. 276.

[77] *Ibid.*, p. 278.

[78] Casanova, *op. cit.*, p. 276-277.

Em sua obra, Holzhey-Kunz busca diferenciar as experiências de sofrimento que surgem a partir de sentimentos ônticos, que dizem respeito *apenas* à vida concreta, ao mundo concreto, e àquelas experiências de sofrimento que ocorrem a partir do despertar de sentimentos ontológicos, que nos confrontam com o peso ontológico que todos nós, enquanto entes humanos, temos que carregar[79]. Holzhey-Kunz[80] apresenta um exemplo, que traremos a seguir, que busca explicitar essa diferenciação. Ao recebermos a notícia de que um amigo morreu de maneira inesperada, dirá a daseinsanalista, podemos ficar tristes com seu falecimento. Diante, então, de um acontecimento da vida concreta, nos entristecemos. Esse sofrimento, no entanto, que é sem dúvida possibilitado por nossa constituição ontológica, não nos confronta com nosso ser. Sofremos *apenas* pela perda desse amigo.

Diante dessa mesma perda, no entanto, podemos também ficar tristes

> com o fato de que a morte, em última instância, era inexorável e de que nenhum indivíduo pode escapar desse destino, então a tristeza se transforma em tristeza com a perecibilidade como um traço imanente de todo vivente, e, portanto, transforma-se em uma experiência filosófica, que também reconhece, entristecendo-se, a própria perecibilidade[81].

Nessa situação, sofremos não *apenas* diante de um acontecimento da vida concreta, mas em última medida diante de um desamparo ontológico, diante da *contidio humana*.

[79] Holzhey-Kunz, 2023.

[80] Holzhey-Kunz, 2021.

[81] *Ibid.*, p. 18-19.

Quando o esquecimento (ontológico) falha e a verdade ontológica se descortina para nós, vemo-nos confrontados, sem escolhas, com o peso ontológico do qual buscamos incessantemente nos livrar. Por vezes, não conseguimos suportar essa experiência, e padecemos.

Como vimos, a partir das contribuições de Holzhey-Kunz, compreendemos que o chamado sofrimento psíquico aponta justamente para essa experiência de padecimento diante de uma escuta particularmente aguçada. Ele envolve uma dificuldade do ente humano em manter-se alienado de si mesmo, pela presença marcante, não mais apenas como um pano de fundo, dos fatos ontológicos dos quais fugimos no cotidiano, e dos quais o existente em sofrimento não consegue se desviar. Por vezes, para lidar com essa experiência, o existente assume modos privativos de ser que buscam lidar com o se ver exposto à própria essência, que podem vir acompanhados de determinados comportamentos, comumente nomeados de sintomas em nosso mundo, que expressam a dificuldade do existente de lidar com a própria essência.

Assim, não compreendemos o chamado sofrimento psíquico como uma alteração do funcionamento "intrapsíquico" do ser humano, mas sim como um fenômeno de base existencial. Trata-se, portanto, de um sofrimento existencial, pois nele o existente se vê confrontado com o próprio ser e sofre com ele.

Tal sofrimento aponta, também, para a tarefa do ente humano de lidar com a própria existência. Segundo Casanova[82], "[...] todos os modos de existir em geral se caracterizam precisamente pelo fato de se constituírem como respostas ao problema que a existência" em si mesma é, e "que não

[82] Casanova, 2021, p. 217.

apresenta por si nenhuma possibilidade de solução"[83]. Cada um de nós encontra, então, a cada momento da existência, um modo de lidar com essa tarefa que nos é incontornável.

Boa parte da economia do nosso existir se faz a partir "de uma negação, de um inconformismo, de uma tergiversação e mesmo de uma revolta, de uma rebeldia, de uma insurreição" contra a nossa constituição ontológica, contra nossa nadidade originária "e o sofrimento incontornável que sempre vem à tona com ela"[84]. Cabe a nós na clínica ouvirmos e acolhermos as experiências de sofrimento psíquico, buscando compreender o sentido articulador dessas experiências, mesmo o sentido velado, ontológico. No diálogo clínico, podem ser desveladas outras maneiras de lida com essa verdade ontológica que, de início, mostrou-se como insuportável. Assim, em uma clínica fenomenológico-hermenêutica, podemos buscar viabilizar, como nos aponta Casanova[85], "uma experiência do existir para além de uma postura fóbica ante a sua instabilidade originária, a sua estrangeiridade constitutiva".

Referências

Borges-Duarte, I. (2016). *O afecto na análise existencial heideggeriana.* Cultura [Onlinc], vol. 35.

Casanova, M. A. (2017a). *A falta que Marx nos faz.* Rio de Janeiro: Via Verita.

Casanova, M. A. (2017b). *Mundo e historicidade: leitura fenomenológica de Ser e tempo: volume um: existência e mundaneidade.* Rio de Janeiro: Via Verita.

[83] *Ibid.*, p. 207.

[84] *Ibid.*, p. 142.

[85] Casanova, 2021, p. 393.

Casanova, M. A. (2019). *Pontes sobre o nada: narrativas do sofrimento e transformação existencial. Natureza Humana, 21*(2), pp. 130-149. Recuperado em 18 jun. 2024, de http://pepsic.bvsalud.org/scielo.php?script=sci_arttext&pid=S1517-24302019000200010&lng=pt&tlng=pt.

Casanova, M. A. (2021). *Existência e transitoriedade: gênese, compreensão e terapia dos transtornos existenciais*. Ed. Rio de Janeiro: Via Verita.

Figal, G. (2016). *Introdução a Martin Heidegger* (M. Casanova, Trad.). Rio de Janeiro: Via Verita.

Heidegger, M. (1997). *Ser y tiempo* (J. E. Rivera, Trad.). Santiago: Editorial Universitária.

Heidegger, M. (2011). *Os conceitos fundamentais da metafísica: mundo, finitude e solidão* (M. Casanova, Trad.). Rio de Janeiro: Forense Universitária.

Heidegger M. (2021). *Seminários de Zollikon* (M. Casanova, Trad.). Rio de Janeiro: Via Verita.

Holzhey-Kunz, A. (2018). *Daseinsanálise: O olhar filosófico-existencial sobre o sofrimento psíquico e sua terapia* (M. Casanova, Trad.). Rio de Janeiro: Via Verita.

Holzhey-Kunz, A. (2021). *Verdade Emocional: o conteúdo filosófico das experiências emocionais* (M. Casanova, Trad.). Rio de Janeiro: Via Verita.

Holzhey-Kunz, A. (2023). *Ensaios sobre o sofrimento humano: a existência entre esquecimento de si e lembrança emocional* (Guimarães, D. N., Casanova, M., Ferreira, P. G., Trads.). Rio de Janeiro: Via Verita.

Rodrigues, J. T. (2020). *Angústia e serenidade: A psicopatologia contemporânea em diálogo com Heidegger.* 1(1). Rio de Janeiro: Via Verita.

CASOS E SITUAÇÕES

O pôr fim à vida entre os docentes universitários: ideações e tentativas

Andréa Carla Ferreira de Oliveira
Carmem Lúcia Brito Tavares Barreto

Vivemos tempos sombrios no ensino superior. Não podemos negar o caos que tomou conta do cenário político e econômico na educação brasileira. A ideologia neoliberal, com a sua capacidade instrumental, utiliza-se da educação como aparelho reprodutor de seu projeto[1].

O projeto neoliberal vinha sendo implantado na sociedade e adentrou nas universidades públicas com força devastadora, regendo o modo de pensar os projetos pedagógicos de ensino, orientado por um modelo de gestão baseado em competências e habilidades, com foco na produtividade acadêmica. Além disso, os crescentes cortes dos recursos destinados à pesquisa nos últimos anos sufocaram a produção científica no Brasil, fruto de uma política negacionista do ex-presidente da República Jair Bolsonaro, como se pode observar em relação ao manejo da pandemia – negou a ciência e retardou o início da vacinação no país.

[1] Maia, H. (2022). *Neoliberalismo e sofrimento psíquico: o mal-estar nas universidades.* Recife: Editora Ruptura.

Este capítulo é um recorte da tese de doutorado da primeira autora, intitulada *A experiência de professores(as) universitários(as) com ideações e/ou tentativas de pôr fim à vida*, desenvolvida sob a orientação da segunda autora, no Programa de Pesquisa e Pós-Graduação em Psicologia Clínica da Universidade Católica de Pernambuco (Unicap).

A pesquisa caracterizou-se como Fenomenológica Hermenêutica, com inspiração nos pressupostos dos pensamentos dos filósofos Martin Heidegger e Hans-Georg Gadamer. Na Fenomenologia, a mostração do fenômeno ocorre mediante o acesso à experiência, que é singular e particular a cada *Dasein*, ou seja, o foco da pesquisa foi a experiência de cada docente, que é singular, e sobre a qual não cabe fazer generalizações.

Este trabalho tem por finalidade tematizar a situação das universidades públicas brasileiras nas duas últimas décadas e apresentar narrativas de dois professores(as) de uma universidade federal, entrevistados(as) sobre as suas experiências com ideações e/ou tentativas de pôr fim à vida.

As universidades públicas nas últimas décadas

O ensino superior no país nas duas últimas décadas cresceu de maneira significativa, com destaque para as universidades públicas no âmbito federal, com a construção de campus nos municípios do interior do país, principalmente nas regiões Nordeste e Norte, as mais carentes de educação superior.

Por outro lado, infelizmente, a contratação de professores(as) e técnicos(as) administrativos(as) para atender ao crescimento exponencial das Instituições de Ensino Superior

(IES) não ocorreu como esperado. Segundo Maia[2], enquanto no período 1995-2005 o número de matrículas cresceu 136,6% e o de cursos de graduação 182%, o número de técnicos(as) administrativos(as) contratados(as) foi de apenas 14,1% e o de professores(as) de 10%, no mesmo período. Para o autor, nesse contexto ocorreu uma intensificação do trabalho docente e técnico.

O produtivismo acadêmico é uma realidade instaurada nas universidades públicas desde o governo Fernando Henrique Cardoso, na década de 1990. O sujeito do desempenho habita os espaços das universidades, respaldado pela lógica neoliberal. "Criou-se [*sic*] as condições de um ambiente sufocante em termos de pressão física e mental... um ambiente capaz de formar indivíduos gestores de seus desempenhos e responsáveis únicos por suas trajetórias"[3].

A situação das IES continua crítica no cenário econômico e político do Brasil. Em 22 de dezembro de 2023, a diretoria da Associação Nacional dos Dirigentes das Instituições Federais de Ensino Superior (Andifes) reuniu as 69 universidades federais e os dois centros federais de educação tecnológica associados para expressar publicamente a situação do orçamento das universidades federais para 2024, aprovado pelo Congresso Nacional, que torna ainda mais difícil a manutenção do trabalho desenvolvido por essas IES na sociedade, sobretudo tendo em vista que "O Projeto de Lei Orçamentária (PLOA) 2024 para as universidades federais já continha um orçamento menor, em valores nominais, do que o montante conquistado em 2023 com a chamada

2 *Ibid.*

3 *Ibid.*, pp. 121-123.

PEC da transição, que foi de R$ 6.268.186.880,00"[4]. Para os(as) reitores(as), faz-se necessário, em caráter de urgência, a recomposição do orçamento para 2024, de modo que seja possível custear as despesas das universidades, inclusive com água, luz, limpeza e vigilância, além de garantir bolsas e auxílios aos(às) estudantes.

As universidades públicas no Brasil têm sido alvo do descaso do poder público, principalmente em relação aos investimentos governamentais recebidos. O cenário político é de desamparo e desgoverno; é possível perceber uma perda de autonomia dessas instituições.

A falta de compromisso do governo com o ensino superior tem causado danos em várias dimensões. Alunos(as) dos programas de mestrado e doutorado perderam suas bolsas de estudo, e recém-doutores(as) deixaram o Brasil em busca de melhores oportunidades de trabalho, distanciando-se dos ataques às universidades, incentivados pelos governantes e por parte da sociedade que aceita as imposições do mercado neoliberal.

> O Brasil pode ter perdido 6,7 mil cientistas nos últimos anos, que foram continuar suas pesquisas no exterior, segundo estimativas do Centro de Gestão e Estudos Estratégicos, veiculado ao Ministério de Ciência, Tecnologia e Inovação. Falta de investimentos, bolsas de pesquisa congeladas por nove anos, corte de verba para manutenção de equipamentos. Os motivos são vários

[4] Associação Nacional dos Dirigentes das Instituições Federais de Ensino Superior. (2024). *Nota da Andifes sobre o orçamento das universidades federais.* Retirado em 22 jun. 2024, de https://www.ufms.br/ nota-da-andifes-sobre-o-orcamento-das-universidades-federais-de-2024/

> e complexos, mas tem [*sic*] causado a diáspora acadêmica[5].

Em meio ao caos político e econômico no ensino superior no Brasil e o advento da pandemia da covid-19, instalada em março de 2020, o ensino *on-line* adentrou com força descomunal e virou realidade em milhares de lares no mundo inteiro, impactando fortemente o contexto acadêmico, com consequências para as atividades laborais dos(as) professores(as).

A pandemia da covid-19 e o ensino *on-line*

O vírus não modificou apenas o distanciamento social e físico entre as pessoas, mas também provocou mudanças na relação com nosso mundo privado. Quantas casas viraram gabinetes de trabalho? Salas de aula para alunos(as) e professores(as) em plataformas digitais?

O Brasil já vivia uma crise sanitária, política e social intensa antes mesmo da pandemia, a qual foi agravada no início de 2020 com o coronavírus. Como compreender o comportamento do então presidente do Brasil de negar a gravidade da doença no país e agir com descaso em relação às recomendações da Organização Mundial da Saúde (OMS)?

O vírus nos desvelou o que nossos olhos não queriam enxergar. Desigualdades sociais, interesses do capital predador, a consolidação do neoliberalismo e as diferentes catástrofes que ocorrem na natureza como as queimadas na

[5] Mais de 6 mil cientistas brasileiros deixaram o país nos últimos anos. (2023, 30 de abril). *In Estado de Minas: Ciência e Saúde*. Recuperado em 24 jun. 2024, de https://www.em.com.br/app/noticia/ciencia/2023/ 04/30/interna_ciencia,1488029/mais-de-6-mil-cientistas-brasileiros-deixaram-o-pais-nos-ultimos-anos.shtml

Amazônia, o aquecimento global e a extinção da flora e da fauna, antes mesmo da pandemia da covid-19 já clamavam por nossa atenção para os cuidados com o planeta.

O ano de 2020 imprimiu à realidade um tom de presente excessivo, de muitas perdas e futuro incerto.

A situação pandêmica da covid-19 tornou a morte possibilidade radical da condição humana, e apresentou-se como realidade escancarada no mundo inteiro. Estamos de luto pela perda do mundo que nos era familiar. O medo tomou conta de todos nós com as notícias de mortes rápidas de familiares e amigos(as), sem direito aos rituais de despedidas. O isolamento por muitos meses foi a forma de cuidado recomendada pelos órgãos de saúde diante da grave crise sanitária.

Para Duarte[6], "o neoliberalismo contribui para a produção de efeitos 'des-democráticos', que escancaram as portas para o fortalecimento de movimentos neoconservadores, os quais não apenas desprezam os valores democráticos, como defendem ideias e práticas antidemocráticas".

Diante do contexto das universidades federais atravessado pela ideologia neoliberal e pelo ensino remoto, a seguir abordaremos a experiência de docentes universitários(as) que apresentaram ideações e/ou tentativas de pôr fim à vida em algum momento da existência.

A experiência de docentes com ideações e/ou tentativas de pôr fim à vida

Para subsidiar a tese, foram entrevistados(as) quatro professores(as) da Universidade Federal do Rio Grande do

[6] Duarte, A. (2020). *A pandemia e o pandemônio: ensaio sobre a crise da democracia brasileira*. Rio de Janeiro: Via Verita.

Norte (UFRN). Neste trabalho, apresentaremos as narrativas de dois deles, com nomes fictícios: Lucas e Júlia.

Lucas é nordestino, tem 42 anos, é solteiro e não tem filhos(as). Tem sete irmãos(ãs), todos casados(as). Reside com a mãe e diz que se sente muito bem com o aconchego do lar. Considera-se uma pessoa alegre, gosta de fazer amizades, sair e conversar, mas contou que no período das ideações seu mundo ficou restrito ao trabalho e ao ambiente da casa. Ele é professor universitário há sete anos. Como docente, atua com ensino, pesquisa e extensão. Trabalhou em uma universidade federal pública no sul do Brasil, e contou sua experiência ao deixar sua terra natal para assumir seu ofício, distante dos(as) familiares e amigos(as).

A temática do pôr fim à vida ainda é alvo de muito preconceito e tabu entre os(as) professores(as). Lucas resistiu por muito tempo a procurar ajuda profissional e/ou rede de apoio para lidar com as ideações. Para ele, buscar ajuda profissional era um grande tabu e sinônimo de fraqueza. Ele contou:

> *Eu me sentia fraco porque não conseguia contar para os meus amigos. Não conseguia contar para todo mundo o que tava passando e eu precisava de ajuda? Eu me senti fraco nisso porque sempre gostei de ficar rodeado com meus amigos e nesse momento eu não posso. Não sentia confiança de falar. Sentir fraco é eu não conseguir ver nenhuma solução no futuro que eu não pudesse resolver.*

A fraqueza sentida por Lucas parece apontar para um estranhamento diante das adversidades e da imprevisibilidade da existência. Ele era professor, pesquisador produtivo e proativo, mas ao se ver tomado pelas adversidades, pelas cobranças por produtividade, máximo desempenho, as ideações emergiam e não cessavam, e isso deixava Lucas apavorado. Para Han, o sujeito do desempenho está esgotado e luta consigo mesmo, entrega-se livremente à coação para maximizar seu desempenho, se autoexplora. "Ele é o explorador e ao mesmo tempo o explorado, o algoz e a vítima, o senhor e o escravo. O sistema capitalista mudou o registro da exploração estranha para a exploração própria, a fim de acelerar o processo"[7].

Lucas contou sobre as cobranças contínuas dos seus pares para produzir conteúdo acadêmico, sinalizando o tom da docência para alta produtividade, alta performance como condição de sobrevivência no mundo acadêmico.

> *Meus colegas me chamavam para almoçar no shopping e chegava lá e diziam fulano pediu para eu conversar com você* ***porque você tem que produzir artigo e você não tá fazendo nada*** [grifo nosso]. *Eu dizia gente estou no segundo ano de atividade. Acabei de ingressar aqui e estamos tentando reestruturar o curso, fazer plano pedagógico. A gente tá tentando buscar vaga de estágio, fazer parcerias com empresas, buscar material para dentro da universidade. Aí batia pesado em mim. Tudo gente do campus central, que tinha acesso a todos os laboratórios. Eu tinha chegado de Natal, não tinha acesso a nada.*

Convocado ao mundo da técnica, do pensamento calculante, Lucas era visto como uma peça na engrenagem maquinal neoliberal e precisava produzir. Pareciam não levar em conta as demais atividades realizadas por ele como

[7] Han, B.-C. (2017). *Sociedade do cansaço* (E. P. Paulo Giachini, Trad.). Rio de Janeiro, RJ: Editora Vozes, p. 105.

docente. A pressão para cumprir a lógica da produtividade da qual as universidades são alvo, têm causado sofrimento e dor para muitos(as) docentes.

Lucas narrou, em sua experiência com a docência, questões relacionadas à xenofobia, atribuída ao fato de ser nordestino e ter sido aprovado em concurso público em uma universidade pública federal na região sul do Brasil. Ele nos contou parte do diálogo com a chefia imediata.

> *Estou mostrando para o senhor, já é a segunda ou terceira vez que estou vindo aqui e estou dizendo que estou sendo perseguido. Não sei se é pela questão da xenofobia. Não querem nordestino aqui dentro da região mais alemã. Eles diziam que era região mais alemã do Brasil. Então eu senti isso muito forte, a xenofobia, lá mesmo.*

Para o professor, a vida na academia era difícil, ele percebia claramente a discriminação por ser nordestino em uma região do sul, até mesmo o acesso ao laboratório e às bolsas de pesquisas eram restritos a um grupo de professores(as).

Lucas contou que um dia encontrou a assistente social da universidade e ela teria pedido para conversar a sós com ele. Para sua surpresa, ela fez a seguinte indagação: "*Professor, o que tá acontecendo? O senhor não é assim. Você era uma pessoa alegre*". Ele se sentiu acolhido, finalmente encontrara alguém da instituição disposto a ouvir sobre seu sofrimento. A assistente social lhe disse:

> *Busque uma ajuda profissional, professor. Vou pesquisar aqui, já tem alguns professores que fazem terapia. Eu disse: — Como assim? Tem professores que já fazem terapia? Tem onze professores aqui com problemas.* ***Eu não queria falar isso não, mas é normal o professor sentir isso*** [grifo nosso]. *Ela*

> *mostrou esses números para me encorajar. É normal o professor sentir isso.*

Como compreender a orientação de procurar terapia? Havia uma naturalização do sofrimento dos(as) docentes naquele espaço acadêmico? Lucas seria apenas mais um professor a necessitar de ajuda profissional? O sofrimento parece ser compreendido como algo que diz apenas da experiência singular do humano, como se a dimensão institucional também não tivesse qualquer influência no sofrimento dos(as) professores(as). A terapia serviria como modo de tamponar o assédio e a xenofobia? Mas o que havia naquele ambiente de trabalho que estaria levando onze professores(as) a necessitar de terapia? O clima organizacional não era saudável. Lucas ficou afastado do trabalho por mais de um ano para tratamento da própria saúde e, nesse período, apresentou ideações e planejamento sobre findar a existência – vista naquele momento como sobrepeso. Em diálogo com o psicólogo assistente, Lucas disse:

> *Rapaz eu **tô me sentindo em uma estrada carregando uma caixa muito pesada e não consigo ver o final dessa estrada.*** [grifo nosso]. *Ele* [o psicólogo] *falou: — Vamos abrir essa caixa? Eu falei: — Abro não, tô com medo de entrar mais peso, deixe ela como está aqui, no meio do caminho eu resolvo o que faço com ela.*

Como seria sua vida se continuasse ali sem apoio e reconhecimento dos pares? O peso da caixa na estrada seria o peso da sua existência diante daquela experiência? Para Lucas seria uma temeridade abrir a caixa, preferia continuar caminhando sem refletir sobre o peso que carregava – enfrentar os desafios que se apresentavam na universidade. Resolver o que fazer "*no meio do caminho*" pode se mostrar como um se "*desfazer da caixa*", no caso de Lucas, um dar fim à própria vida?

O peso da caixa na estrada parecia insuportável diante da rejeição sofrida no trabalho. Lucas continuou a sua narrativa com o psicólogo:

> *Não tem saída para mim, eu não aguento, eu sei que tudo isso aí foi coisa minha, eu consegui chegar aqui, mas se não der para recomeçar, paciência. Ele olhou para mim e disse: — Como assim, se não der? Eu vou desistir, paciência, não consigo ficar aqui, se não consigo voltar para a universidade, não vou ficar sujeito a uma situação dessa. Eu não vou.*

Ele havia expressado seu desejo de antecipar a morte, caso não conseguisse sair dali. Estava exausto e parecia não ter mais forças para continuar. A ideação estava presente e forte naquele momento, embora não fosse o que queria, mas o peso de lidar com tudo aquilo parecia intolerável.

Permanecer no lugar que trazia sofrimento e ainda lutar contra os preconceitos ou decidir investir em outro modo de ser, qual caminho seguir? Angustiado, planejava dar cabo à vida por não decidir investir em outros modos de superar as adversidades que se impunham. A antecipação da morte seria uma decisão para não ter que decidir como viver diante de um mundo hostil?

Após a sessão com o psicólogo, Lucas foi para o apart-hotel. "*Comi uma torrada, e aí olhei para a cama toda desarrumada, bagunçada, e eu não gosto, eu tenho TOC, minha cama tem que estar toda arrumada, os travesseiros arrumadinho.*" Ele contou que pegou uma cartela de medicamentos de seu uso, com oito a nove comprimidos, colocou-os em um copo americano com água e ficou olhando.

> *Eu morava no 6º andar e ficava olhando da janela. Se eu pular daqui eu não quero cair em cima dos carros, porque não quero prejudicar ninguém que não tem*

nada a ver com a minha história. Acho realmente melhor tomar o coquetel e deitar. Vou deixar a porta entreaberta. Ninguém entra em hotel.

Lucas fez um planejamento, mas ao mesmo tempo mostrava uma preocupação em controlar o seu corpo mesmo depois de morto. Será que ele queria mesmo dar cabo à sua vida? Parecia existir uma dúvida entre decidir viver ou morrer.

Diante daquele copo, ele refletia sobre como lidar com a situação. Foi naquele dia que percebeu forte ideação de pôr fim à vida, principalmente quando estava na cidade para ministrar aulas.

> *Quando eu voltava para a cidade onde trabalhava eu ficava olhando, me debruçava na janela da varanda, só olhando para baixo. Meu Deus, se eu pular? Mas eu tenho que pular com algum tipo de documento, não posso pular assim... até me acharem, me identificarem, tenho que ter documento comigo. Como será meu transporte para Natal? Eu me preocupava em fazer plano funerário. O plano funerário busca e eu não vou dar trabalho para ninguém.*

Lucas tinha um modo de viver com ênfase no controle, sua preocupação abrangia até mesmo como deveria se apresentar pós-morte, caso decidisse dar cabo à sua vida. Ele gostaria de deixar tudo planejado. Quando o inesperado emerge, a transitoriedade torna-se possibilidade, decide-se não decidir. Para Lucas era difícil deparar com situação em que não pode prever e definir saídas já conhecidas.

Encontrar saídas criativas requer a decisão de mudar o movimento da vida, sentido no qual o esforço parece ser bem maior quando se é orientado por um modo de ser com ênfase no controle. Em que medida isso diz do seu modo de ser? Ele continuava querendo obter êxito em seus projetos, mesmo que fosse sua última produção?

Han[8], no livro *Sociedade do Cansaço*, convoca-nos a pensar até onde a busca incessante pela lógica do desempenho pode levar cada um de nós. Segundo o autor, "O sujeito do desempenho explora a si mesmo, até consumir-se completamente (Burnout). Ele desenvolve nesse processo uma autoagressividade que não raro se agudiza e desemboca num suicídio"[9].

No dia seguinte ao do copo americano cheio de comprimidos na janela, ele voltou ao psicólogo, que o encaminhou de imediato ao psiquiatra, e este o afastou do trabalho. Precisou passar por uma perícia médica e ficou surpreso ao ouvir:

> *— Rapaz, o que fizeram com você, cara? — Não sei. Eu só vim trabalhar e acho que eles não gostaram do meu trabalho. Eu não queria desistir disso que eu conquistei até agora. Ele falou: — Não desista não.* [nome da cidade] *que vai perder. Vá para casa! O perito da universidade dizendo isso para mim. — Vá embora, deixe eles aqui com essa palhaçada deles. Eles tão querendo ferrar você. Vá embora.*

As licenças concedidas para tratamento de saúde a Lucas possibilitaram-lhe momentos de reflexão e a colocação de seu modo de ser em jogo. Aos poucos, ele iniciou uma mudança de perspectiva diante dos acontecimentos que lhe causavam sofrimento, acionou a justiça com pleito de remoção por motivo de saúde. Compreendeu que seria um outro modo de lidar com a situação de assédio e humilhação no

[8] Han, 2017.

[9] *Ibid.*, p. 101.

ofício da docência. E, na data da entrevista, já estava trabalhando na UFRN, seu novo ambiente de trabalho – um outro horizonte – lá ele consegue desenvolver suas atividades com prazer e se sente valorizado pelos(as) pares e gestores(as).

Quando perguntei: — Lucas, como você se sente hoje? Ele respondeu: — "*Hoje eu tô melhor, mas tem aquela apreensão que fica no final do coração, batendo. Existe a possibilidade de voltar? Existe. Não é bom pensar? Não sei. Não quero pensar.*"

Lucas parece ainda ter medo, angústia de que possa surgir algum acontecimento que lhe tire do novo caminho que se espelhou em sua existência. Ele contou que se sente bem em Natal, em casa junto aos familiares e na UFRN, onde se formou e fez o mestrado e o doutorado, e agora é docente: "*Hoje o sentido da vida é outro. Eu vejo que eu consigo planejar, traçar metas, planejar o meu futuro.*"

Cessaram as ideações do pôr fim à vida e ele encontrou na instituição atual o acolhimento que não teve na universidade do Sul. Ele encontrou em Natal, na UFRN, a paz do abrigo e o sentido de pertencimento.

Júlia, outra professora entrevistada, tem 32 anos, é nordestina, casada, não tem filhos(as), e tem um irmão. Autodeclarou-se de cor branca, mulher cisgênero. Reside com o seu companheiro. Deixou a casa dos seus pais em outro estado do Nordeste para assumir o cargo de professora. Ela é lotada em uma das unidades da UFRN no interior do estado há mais de quatro anos, e atua com ensino, pesquisa e extensão, totalizando dez anos de experiência como professora em instituições de ensino superior.

Júlia apresentou ideações de pôr fim à vida no período da pandemia da covid-19 (2020). Naquele momento, questionava se o projeto da docência teria sido um erro na sua vida, e aquilo passou a ser perturbador, havia um esvaziamento de sentido relacionado ao trabalho, fazendo-a se sentir estranha e culpada pelo modo de lidar com a docência. Vale ressaltar que não há nenhuma intenção nossa de estabelecer nexo causal entre o findar a existência e o trabalho.

> *Ao não ver sentido nas coisas* [grifo nosso], *ao perceber que eu tinha feito escolhas erradas, que institucionalmente não era uma pessoa respeitada, que a minha expertise não era valorizada e aí no meio de tudo isso eu pensei em pôr fim à minha vida.*
>
> *Muito nos meus devaneios, nunca coloquei em prática nem nunca projetei isso. Mas acho que teria fácil acesso, por exemplo, cloreto de potássio, seringa, agulha e teria a expertise de posicionar uma veia e me matar.*

Júlia, ao perceber que não era respeitada e valorizada na escolha profissional, pensou em findar sua existência. Para onde aponta o horizonte de Júlia? Em que medida as IES não abrem espaço para acolher o sofrimento decorrente de solicitações excessivas em prol de uma produtividade tida como parâmetro pelos órgãos avaliadores e financiadores? O pôr fim à própria vida poderia ser uma resposta pessoal e uma denúncia política diante de pressões do sistema sobre Júlia?

> *Além de pôr fim ao meu sofrimento, na minha cabeça eu estaria dando um aviso institucional... em um dado momento, eu achei que cairia bem um aviso. Olha a gente não tá bem e a gente não tá conseguindo mostrar que não tá bem...olha eu não gostaria de ser a primeira porque eu já ouvi outros relatos de docentes que ocuparam os mesmos lugares que eu que não ficaram bem e colegas que saíram, foram exonerados, inclusive tinham mesmos projetos de*

carreiras como eu e pediram exoneração, mesmo que fossem ficar desempregados, cheios de dívidas, mas que não aguentavam mais ficar aqui! Então foi isso!

Como compreender o papel das instituições de ensino superior no contexto do sofrimento psíquico dos(as) professores(as)? Embora não seja nossa proposta neste trabalho tecer considerações sobre a clínica do trabalho, julgamos necessário compreender que o sofrimento psíquico não é apenas intrapsíquico, ou seja, não é exclusivo da esfera privada. Existe uma dimensão política e social do trabalho que pode acentuar o sofrimento. Vivemos uma época de extremo desamparo das organizações de trabalho, que se encontram orientadas pela lógica perversa do neoliberalismo, aliado ao capitalismo universitário. Nesse contexto, as universidades acolhem, duplicam e repetem os paradigmas da sociedade do desempenho, entre os quais prevalecem a alta performance, a positividade e a busca da saúde a qualquer preço.

Quando perguntei a Júlia como estavam as ideações, ela disse que em relação às questões do trabalho estavam "sob controle", mas ainda pensava em findar a existência diante de outras adversidades, em suas palavras:

> *Olha, eu vou ser muito sincera,* ***depende do dia. Depende das minhas outras relações porque essa minha relação com o trabalho tá meio estática, eu me sinto meio dona dela. Onde eu vou me esforçar mais, onde eu não vou... Ela não me faz tanta raiva mais. Parece que eu estou no controle disso. Já outras coisas não, como demandas familiares e pessoais*** [grifo nosso]. *Então eu fiz uma escolha de sair de casa para ter um contato mais distante da minha família, e ao mesmo tempo próxima, sem abandonar o berço. Mas eu tenho que mediar esse lugar de filha, de profissional, de esposa. Tenho questões*

com a maternidade. Será que vou conseguir ser mãe um dia? Não vou? Ai meu Deus, esse conflito todo. Então essas coisas, às vezes é bom a pessoa não tá nem aqui, se matar. Às vezes eu choro, leio, respiro, procuro fazer uma atividade, me obrigo a fazer isso porque não é uma prática que eu goste, sinta prazer. Procuro me alimentar melhor, eu vou começando a ver que outros fatores podem influenciar na melhoria do meu bem-estar e aí eu recorro a eles quando estou me sentindo com a cabeça muito fervilhada. Mas assim, às vezes acontece, na semana passada eu pensei sim, voltei a pensar no cloreto de potássio, mas logo passa, não é uma coisa que levo a sério. Não fico moendo, nem incentivando essas coisas.

Júlia contou que as ideações não são mais recorrentes, mas ocasionalmente aparecem, dependendo de como se sente. Ela diz ainda que já não sente mais tanta raiva do trabalho, como inicialmente. Acredita ter controle sobre a raiva, diferentemente da esfera familiar e pessoal. Júlia tem a ilusão de ser possível controlar os acontecimentos, as demandas das pessoas e da vida.

Além de mediar o lugar de filha, profissional e esposa, a maternidade é um questionamento de Júlia, um dilema que a leva a pensar no pôr fim à vida. Talvez por estar na faixa etária dos trinta aos trinta e cinco anos, com vida profissional estável e com qualificação acadêmica, esteja se cobrando ser mãe. Na cultura machista, a mulher está predestinada a ter filhos. Será que ela estava se sentindo pressionada a corresponder ao estereótipo do feminino ligado à maternidade?

Para Manus, a sociedade circunscreve a mulher dentro de determinadas regras que a sufocam. Alerta a autora:

NEM TODA MULHER É DELICADA. Sonhadora. Ama flores. Chocolates. Batons. Sonha com um

> príncipe encantado. Ou com a maternidade... Colocar todas as mulheres dentro de um molde tão restritivo é algo verdadeiramente sufocante. É um estereótipo reforçado por bonecas estilo Barbie, estipulando qual é o ideal e, consequentemente, nos dizendo que tudo o que foge a essas regras é uma espécie de falha[10].

Júlia tem dificuldades de lidar com os seus conflitos na esfera familiar e pessoal. Procura evitar as adversidades afastando-se, como quando decidiu sair de casa para se distanciar dos familiares.

Assumir o sofrimento, para Júlia, ainda parece ser difícil, e o seu modo de lidar com os conflitos encontra nas ideações do pôr fim à vida uma possibilidade de poder-ser? Para Barreto[11], a angústia é companheira constante, e "pode agir como parteira no movimento a caminho do seu ser mais próprio como poder-ser"[12].

No intuito de aplacar o sofrimento, Júlia busca por práticas de bem-estar, a exemplo de exercícios físicos e boa alimentação. Essa busca seria um modo de tamponar o sofrimento? Suspender a terapia pode indicar um modo de evitar entrar em contato com seus dramas existenciais?

A busca de Júlia em relação às práticas de bem-estar parece não dar conta do sofrimento, uma vez que as ideações continuavam e ela as ignorava – "*não é uma coisa que levo*

[10] Manus, R. (2022). *Guia Pratico antimachismo: para pessoas de todos os generos*. Rio de Janeiro: Editora Sextante, p. 87.

[11] Barreto, C. L. B. T. (2019). O tempo da existência humana e a esperança: Ressonâncias sobre a clínica contemporânea. *In* A. Feijoo, & M. B. Lessa (Orgs.). *Daseinsanálise hoje* (pp. 113-130). Rio de Janeiro, RJ: Edições Ifen.

[12] *Ibid.*, p. 117.

a sério". Assumir o sofrimento é uma tarefa adiada a cada momento quando se sente ameaçada?

Júlia, apesar de ter iniciado um movimento para cuidar da saúde, ainda parece presa à lógica do mundo da técnica, dos manuais de prevenção sobre os cuidados para o bem-estar. Seria esse o seu modo de controlar o sofrimento pelo viés da técnica? A dor de Júlia tem sido inibida pela sociedade paliativa – precisa ser evitada a todo custo ou até mesmo excluída, uma vez que não cabe na sociedade do desempenho.

> Perguntei: — Como você se sente quando tem as ideações? Júlia respondeu: — ***Eu sinto com bastante dificuldade de pensar no futuro*** [grifo nosso]. Ela continuou:
>
> — *Em um futuro legal, em um futuro onde eu estivesse feliz. E aí eu acho que o que eu vou viver pela frente não é muito diferente do que estou vivendo agora. E aí* ***eu fico sem esperança, é assim que me sinto durante o momento que isso passa na minha cabeça*** [grifo nosso]. *Fico sem esperança, desesperança de que essas escolhas que eu fiz até hoje que elas mudassem, porque eu vou conviver com as mesmas pessoas. Ai a mudança depende de mim. E a mudança é muito difícil, não consigo. Nem que eu mude, não vou fazer com que as pessoas mudem. Então eu me sinto sem esperança.*

Júlia se encontra sem perspectiva de futuro. A dificuldade de enxergar o futuro e a desesperança apontam para a dificuldade de fazer mudanças no modo de lidar com as suas escolhas e as dificuldades que encontra para lidar com elas. Como compreender o seu receio de mudança frente a si mesma e às suas escolhas?

Ao pensar na dimensão do tempo (passado, presente e futuro), ela se vê sem esperança e sem saber para onde se encaminhar. Ao compreender que o tempo não é cronológico, mas da existência, Heidegger[13] pontua: "O ser-aí não é no tempo, ele é mesmo o tempo. O ser-porvir... sendo o 'como' próprio do ser-temporal, é a maneira de ser do ser-aí, na qual e a partir da qual ele se dá o seu tempo" (p. 51). Nesse sentido, como Júlia conseguiria ampliar seu horizonte, acolhendo suas escolhas para que aconteçam em um tempo que não seja cronológico?

Barreto nos alerta que:

> Pensar a existência humana é deparar-se com a inexorabilidade do destino – condição de destinar-se –, que se encontra presente desde o momento em que chegamos ao mundo e iniciamos a grande travessia. Como viajante do tempo, o homem está sempre passando, atravessando estradas e escolhendo caminhos que possam levar a algum lugar. Nesse caminhar, importa estar atento ao que está fazendo com a própria vida, as perdas e os sonhos não sonhados, bem como aos suicídios perpetrados de modo lento[14].

Como Júlia tem realizado sua travessia no mundo? Por onde andou e quais caminhos decidiu seguir diante da sua finitude e da transitoriedade da existência? Para onde aponta a desesperança de Júlia? As ideações de pôr fim à vida são um modo de não assumir o sofrimento?

Rocha[15], ao falar sobre a esperança como um caminhar, inspira-se no filósofo Heráclito, para quem "A esperança é

[13] Heidegger, M. (2008). *O conceito de tempo: edição bilingue* (Irene Borges-Duarte, Trad., 2a ed.). Lisboa: Fim de Século Edições.

[14] Barreto, 2019, p. 116.

[15] Rocha, Z. (2007). Esperança não é esperar, é caminhar. Reflexões filosóficas sobre a esperança e suas ressonâncias na teoria e clínica

uma ‘disposição interior’, ou de uma ‘força psíquica’, que sustenta o desejo de caminhar”. E continua afirmando que a esperança só se encaminha à medida que “sustenta o desejo de ir na direção de um objeto que não se tem e que se o tivéssemos, extinguiria o próprio élan da esperança”[16].

Júlia encontra-se sem esperança com o seu futuro. A desesperança sentida parece indicar dificuldade de não se apropriar das suas decisões e escolhas?

Considerações possíveis

As ideações e/ou tentativas de pôr fim à vida nos(as) docentes podem indicar um modo de lidar com os infortúnios da vida, diante de uma crise, por se sentirem frustrados em suas tentativas de controlar a existência e os acontecimentos que não podem ser controlados. Existir parece que se tornou pesado demais em algumas situações do cotidiano. O modo de ser dos(as) docentes, tradicionalmente marcado pelo pensamento cartesiano e pelo paradigma da produtividade, aponta para uma dificuldade de assumir o sofrimento como dimensão da condição humana.

Nas narrativas, os(as) professores(as) apresentaram como ponto de partida a busca por explicações que justificassem o sofrimento e, de certa maneira, apontassem para um possível controle dos acontecimentos. Diante da impossibilidade de controle da situação e do sofrimento que

psicanalíticas. *Rev. Latinoam. Psicopat. Fund.*, *10*(2), 255-273. https://doi.org/ 10.1590/1415-4714200 7002005

[16] Rocha, Z. (2007). Esperança não é esperar, é caminhar. Reflexões filosóficas sobre a esperança e suas ressonâncias na teoria e clínica psicanalíticas. *Rev. Latinoam. Psicopat. Fund., 10(2)*, 255-273. https://doi.org/10.1590/1415-4714200 7002005 . p. 259.

atravessavam os(as) professores(as), as ideações e tentativas de findar a existência podem ser compreendidas como uma fuga, como um não enfrentamento do sofrimento e até mesmo como um negar-se a decidir enfrentar as dificuldades que se apresentavam em suas vidas.

O paradigma da produtividade, as imposições institucionais, as condições precarizadas de trabalho e a falta de controle sobre a existência e os acontecimentos se apresentaram para os(as) participantes da pesquisa como fontes de adoecimento e perda de sentido do projeto da docência.

Em suas narrativas, os(as) professores(as) assumem o trabalho como uma dimensão central em suas vidas, no entanto, questões pessoais, como a maternidade, também foram apontadas como uma possibilidade diante da decisão de antecipar a morte.

O peso do trabalho e o modo como os(as) docentes lidam com a pressão e o estresse pode contribuir para a dificuldade de pôr em xeque o destinamento técnico e, ao depararem com a dificuldade de se preparar existencialmente para outros horizontes, decidem pela negação de sua própria vida.

Na crise do pôr fim à vida, os(as) professores(as) lidaram com a dificuldade de decidir assumir sua vida do modo como ela se apresentava. Decidir não decidir pode ser vivido como uma experiência de falta de controle sobre os acontecimentos da vida, sejam os da dimensão singular, como a maternidade, sejam os da dimensão social do trabalho, como a xenofobia. Em tal situação, o pôr fim a vida pode se apresentar como possibilidade de não assumir o modo como a vida está sendo vivida, o que implicaria ter que escolher saídas diante dos acontecimentos inevitáveis da existência. Não controlamos os acontecimentos, mas podemos escolher como lidar com os acontecimentos que vêm ao nosso encontro.

Referências

Associação Nacional dos Dirigentes das Instituições Federais de Ensino Superior. (2024). *Nota da Andifes sobre o orçamento das universidades federais*. Retirado em 22 jun. 2024, de https://www.ufms.br/ nota-da-andifes-sobre-o-orcamento-das-universidades-federais-de-2024/

Barreto, C. L. B. T. (2019). O tempo da existência humana e a esperança: Ressonâncias sobre a clínica contemporânea. *In* Ana Feijoo, & Maria Bernadete Lessa (Orgs.). *Daseinsanálise hoje* (pp. 113-130). Rio de Janeiro, RJ: Edições Ifen.

Duarte, A. (2020). *A pandemia e o pandemônio: ensaio sobre a crise da democracia brasileira*. Rio de Janeiro: Via Verita.

Han, B.-C. (2017). *Sociedade do cansaço* (Enio Paulo Giachini, Trad.). Rio de Janeiro, RJ: Editora Vozes.

Heidegger, M. (2008). *O conceito de tempo: edição bilingue* (Irene Borges-Duarte, Trad., 2a ed.). Lisboa: Fim de Século Edições.

Maia, H. (2022). *Neoliberalismo e sofrimento psíquico: o mal-estar nas universidades*. Recife: Editora Ruptura.

Mais de 6 mil cientistas brasileiros deixaram o país nos últimos anos. (2023, 30 de abril). *In Estado de Minas: Ciência e Saúde*. Recuperado em 24 jun. 2024, de https://www.em.com.br/app/noticia/ciencia/2023/ 04/30/interna_ciencia,1488029/mais-de-6-mil-cientistas-brasileiros-deixaram-o-pais-nos-ultimos-anos.shtml

Manus, R. (2022). *Guia Prático antimachismo: para pessoas de todos os gêneros*. Rio de Janeiro: Editora Sextante.

Rocha, Z. (2007). Esperança não é esperar, é caminhar. Reflexões filosóficas sobre a esperança e suas ressonâncias na teoria e clínica psicanalíticas. *Rev. Latinoam. Psicopat. Fund., 10*(2), 255-273. https://doi.org/ 10.1590/1415-4714200 7002005

8

Clínica psicológica de orientação fenomenológica hermenêutica: um modo outro de compreensão da angústia na Era da técnica[1]

Eder Oliveira Teixeira
Carmem Lúcia Brito Tavares Barreto
Danielle de Fátima da Cunha Cavalcanti de Siqueira Leite

O sofrimento parece ser uma marca da existência, de modo que aparentemente não há uma biografia humana sem que haja nela alguma experiência de sofrimento. Esse sofrimento pode ser compreendido a partir de diversas perspectivas, sejam elas derivativas – vendo numa direção corporal ou psicológica – ou em sua condição mais originária e, nesse sentido, em sua condição existencial. Encaminhamos este escrito direcionando nosso olhar para o sofrimento em sua dimensão existencial, problematizando a compreensão do sofrimento psíquico, assim como assumido, na maior parte das

[1] Este texto foi elaborado a partir de um recorte da dissertação: *Esta velha angústia: compreensão fenomenológica hermenêutica do sofrimento existencial na clínica psicológica contemporânea*, escrita por Eder Oliveira Teixeira, sob orientação de Carmem Lúcia Brito Tavares Barreto e Danielle de Fátima da Cunha Cavalcanti de Siqueira Leite (2024).

vezes, pelas perspectivas tradicionais no campo da Psicologia e da própria clínica psicológica. Para tanto, versamos sobre alguns pontos que se revelam necessários para pensarmos o sofrimento enquanto mostração da angústia existencial no contexto contemporâneo e, mais especificamente, o seu desvelamento e acolhimento na clínica psicológica, principalmente, no diálogo com a fenomenologia hermenêutica.

Nosso objetivo é tematizar a compreensão fenomenológica hermenêutica do sofrimento existencial sob a perspectiva da ação clínica, com o intuito de poder contribuir para a reflexão sobre a própria clínica psicológica. Para tanto, tecemos uma pesquisa qualitativa de revisão narrativa. Macedocouto e Dias[2] afirmam que a revisão narrativa consiste num modo de elegibilidade de um tema e na possibilidade de discutir seu estado da arte, relacionando produções anteriores e abrindo novos horizontes sem intentar a garantia de que os seus resultados possam ser replicados.

Nesse sentido, elegemos o sofrimento existencial e a clínica psicológica de inspiração fenomenológica hermenêutica como tema de discussão; dialogamos com alguns autores contemporâneos que têm produzido no campo da filosofia e/ou da psicologia, sem esgotar o assunto desvelamos a possibilidade de pensar modos outros de saber/fazer na clínica psicológica.

Nessa perspectiva, dividimos este capítulo em três momentos: inicialmente, tematizamos alguns modos de mostração do sofrimento como modo compreensivo da situação brasileira atual e descrevemos o que estamos

[2] Macedocouto, G. S., & Dias, P. R. R. (2021). Psicoterapia de base fenomenológica-existencial frente ao medo e à angústia como tonalidades afetivas no contexto pandêmico da covid-19. *Revista Brasileira de Psicoterapia*, *23*(2), 127-139. DOI: https://dx.doi.org/10.5935/2318-0404.20210031.

interpretando como contemporâneo, destacando a íntima relação do sofrimento contemporâneo com a Era da técnica; no segundo momento, refletimos sobre a proposta de uma clínica psicológica que se inspira nos indicativos formais da fenomenologia hermenêutica, de Martin Heidegger; e, no terceiro momento, explicitamos a nossa compreensão do sofrimento existencial em sua dimensão originária como modo de mostração da afetividade fundamental da angústia e sua relevância para um modo outro de pensar a clínica psicológica.

Ao final, buscamos tecer algumas considerações acerca da clínica psicológica no diálogo com a fenomenologia hermenêutica, que se revelaram no caminho aqui percorrido, tais como, a tarefa da clínica psicológica diante das sedimentações fáticas do seu tempo, a inspiração fenomenológica hermenêutica como um caminho possível para a ação clínica de cuidado do ser, a crise como um modo de desvelamento do sofrimento existencial, a íntima relação entre o sofrimento existencial e a angústia originária, a sustentação da angústia como uma possibilidade da ação clínica e o modo do saber/fazer da clínica psicológica de inspiração fenomenológica hermenêutica em cuidado e explicitação da situação hermenêutica.

Uma leitura contemporânea do sofrimento brasileiro na "Era da técnica"

Destacamos aqui como interpretamos a realidade brasileira e suas implicações no contexto atual. Os últimos anos no Brasil e também no mundo foram de muito sofrimento nas diversas dimensões da existência para a população. A junção da pandemia da covid-19 com o pandemônio da democracia brasileira, conforme nomeou e descreveu

Duarte[3], possibilitou que fôssemos confrontados cotidianamente com a nossa condição originária de ser-para-a-morte. A cada dia vivenciávamos diversas experiências com realce para diversos fenômenos, tais como: mostração da extinção de projetos de vida e da morte, mortes dos entes queridos, morte da natureza, desmonte das políticas públicas de saúde, desvalorização da educação, desleixo com relação à moradia, descuido com a segurança física e com a segurança alimentar, bem como a desvalorização do diálogo, que foi gradativamente submetido às regras disciplinares regidas pela rigidez e pelo extremismo, aspectos típicos do fascismo.

Para além disso, nossa sociedade, atravessada pelos avanços científicos e tecnológicos, tem experienciado um novo modo de ser marcado pelo excesso de positividade. Em seus escritos, Foucault[4] denunciava o modo restritivo caracterizado por vigiar e punir, que para Han[5] já não se mostra mais como uma marca da nossa época. Assim, não somos mais orientados por regras ameaçadoras e punições, somos atravessados por um senso próprio de dever, por uma autoexigência de desempenho e pela falta da negatividade. Não há espaço para o cansaço nessa sociedade caracterizada pelo excesso de esgotamento e pela existência que se orienta pela autocobrança constante, assim como pelo sentimento de dívida.

Em seus escritos, Rodrigues[6] faz uma discussão de como a promessa ilusória de felicidade se desvela como uma

[3] Duarte, A. (2020). *A pandemia e o pandemônio: ensaio sobre a crise da democracia brasileira*. Rio de Janeiro: Via Verita.

[4] Foucault, M. (1999). *Vigiar e punir: nascimento da prisão* (20a ed.) Petrópolis: Vozes.

[5] Han, B. C. (2015). *Sociedade do cansaço*. Petrópolis: Vozes.

[6] Rodrigues, J. T. (2020). *Angústia e serenidade: A psicopatologia contemporânea em diálogo com Heidegger. 1*(1). Rio de Janeiro: Via Verita.

marca de nosso tempo e aparece como instrumento de exploração e controle, de modo que, em busca da felicidade, o ser se aliena de si mesmo e se orienta pela exploração do mundo como caminho para a sua felicidade e pela tentativa de controle da existência, fugindo do sofrimento, pois compreende que não há espaço para o sofrimento em vida feliz. Busca-se uma felicidade desconhecida e inalcançável, de modo que, nosso horizonte histórico-técnico promove não apenas uma tendência ao fechamento, comum à existência, mas uma defesa da condição de fechamento, uma negação da nossa condição enquanto ser-abertura.

Ainda achamos importante destacar "o projeto cibernético do mundo" como uma marca de nossa época[7]. Nesse contexto, as diversas redes sociais se mostram como modo de relacionamento e contato entre as pessoas, possibilitando o diálogo com aquelas mais distantes e desconhecidas, além da produção de uma vida para ser assistida por fotografias e vídeos curtos, promovendo a ilusão de que esses recortes representam o todo da existência. Contraditoriamente, na imersão nas redes sociais e em outros dispositivos virtuais com o pretexto de uma maior aproximação, é o desvelamento da solidão da existência[8].

Nesse sentido e para além dele, compreendemos que o sofrimento existencial[9] se desvela na rede de sentidos das sedimentações fáticas e, assim, os psicólogos devem atuar

[7] Borges-Duarte, I. (2019). *Arte e técnica em Heidegger*. Rio de Janeiro: Via Verita, p. 198.

[8] Sá, R. N. D., Mattar, C. M., & Rodrigues, J. T. (2006). Solidão e relações afetivas na era da técnica. *Revista do Departamento de Psicologia. UFF, 18*, 111-124. DOI: https://doi.org/10.1590/S0104-80232006000200009.

[9] Aqui compreendido em sua dimensão originária, a partir de sua fenomenalidade própria dentro das sedimentações fáticas transitórias.

considerando o sofrimento contemporâneo. Logo, importa descrever o que compreendemos por contemporâneo. De acordo com Agamben[10], contemporâneo conota aquilo que impele e muda o tempo. Envolve uma relação particular com o tempo e, nessa relação, há um legítimo pertencimento a ele, como também uma revoltada dissociação dele. Sendo assim, aquele que é contemporâneo experiencia a quebra do tempo da sua existência particular com o tempo da história coletiva. É isso que possibilita uma melhor percepção do tempo, pois os que têm essa relação são os que conseguem ver o tempo e, sem serem cegados por sua luz, enxergam também as suas sombras. Enxergar essas sombras exige a disposição de olhar para a luz do tempo que se dirige a nós como infinitamente distante de nós. O que temos é a impossibilidade de apreensão do agora, e a paradoxal relação de um "já" com um "ainda não" que possibilita uma atualização de um outro momento do passado, da percepção da arcaicidade do presente e de uma projeção para o futuro. E este tempo somente é acessado por meio daquilo que não podemos experienciar naquilo em que vivemos, por isso "ser contemporâneo significa, nesse sentido, voltar a um presente em que jamais estivemos"[11].

A contemporaneidade envolve uma relação singular com o tempo em um movimento de aproximação e afastamento. Em tal direção, ser contemporâneo consiste em um posicionamento crítico que considera e sutura as feridas de uma época e realiza uma hermenêutica crítica do cotidiano da vida social e política. O homem contemporâneo deve ser capaz de enxergar uma dimensão especial no tempo e

[10] Agamben, G. (2009). O que é o contemporâneo? *In* Agamben, G. *O que é o contemporâneo? e outros ensaios* (pp. 55-73). Chapecó: Argos Editora.

[11] *Ibid.*, p. 70.

retornar, sabendo que não é possível alcançar uma origem no passado, e sim poder olhar para trás e conseguir enxergar o não vivido no vivido, dissociado do tempo cronológico. É quase fazer uma arqueologia e perceber intempestivamente o que há de doentio na época em que vive.

Diante disso, para além das questões apresentadas, escolhemos enfatizar em nossa facticidade a exploração da terra e dos povos como um caminhar em passo suspenso pelas sombras do tempo. Os fenômenos naturais relacionados à crise climática nos apontam para o quanto se busca subjugar a natureza e a vida, revelando-as como recursos que podem ser explorados ao extremo, objetificando-as diante da emergência do lucro. O quanto se lucra a mais é o que define a quem e o que se deixa morrer.

Em tal contexto, será possível trazer Heidegger para dialogar, já que ele denunciava a exploração como modo do desvelamento do ser em sua época? Considerando os escritos do segundo Heidegger, com ênfase na dimensão da técnica, apresentou-se como possibilidade para compreender o modo próprio de abertura do ser que se dá no tempo, o modo como o mundo se desvela para o *Dasein*[12,13].

Ao questionar a essência da técnica moderna como modo próprio de desvelamento da "Era da técnica", modo como nomeia nosso tempo, Heidegger observa que:

> O desencobrimento, que rege a técnica moderna, é uma exploração que impõe a natureza a pretensão de fornecer energia, capaz de, como tal, ser beneficiada

[12] Heidegger, M. (1959). *Serenidade*. Lisboa: Instituto Piaget. (Coleção Pensamento e filosofia).

[13] Heidegger, M. (2012b). A questão da técnica. *In* M. Heidegger. *Ensaios e Conferências* (8a ed., pp. 11-38). Petrópolis: Vozes; Bragança Paulista: Editora Universitária São Francisco (Originalmente publicado em 1954).

> e armazenada. (...) O desencobrimento que domina a técnica moderna possui, como característica, o pôr, no sentido de explorar. Esta exploração se dá e acontece num múltiplo movimento: a energia escondida na natureza é extraída, o extraído vê-se transformado, o transformado, estocado, o estocado, distribuído, o distribuído, reprocessado. Extrair, transformar, estocar, distribuir, reprocessar são todos modos de desencobrimento[14].

Nesse modo de desvelamento, como Heidegger[15] exemplifica, não é mais a usina que está instalada no rio, "agora é o rio que está instalado na usina", há uma inversão nas situações. As queimadas na Amazônia e as constantes invasões das terras reservadas aos povos originários demonstram o modo contemporâneo regido pelo explorador de "pôr" e "dis-por" da natureza e da vida.

A associação de tudo isso favorece o desalojamento do ser, pois a interpretação vigente é a de que só há um modo de desvelamento de sentido, de conhecimento da verdade e isso se dá sempre no desencobrimento explorador. O suposto eu subjetivo se torna sujeito de tudo em contraponto ao mundo e aos demais entes que são tomados apenas como objetos, utilitários, meios para a satisfação desse sujeito[16]. A esse respeito, Duarte[17] observa-se que o próprio ser humano se revela como recurso desse modo explorador, de maneira que o ser humano contemporâneo se configura, ao mesmo tempo, como super-homem e como sub-homem. Esse

[14] *Ibid.*, p. 19-20.

[15] *Ibid.*, p. 20.

[16] Sá, Mattar, & Rodrigues, 2006.

[17] Duarte, A. (2010). *Vidas em Risco – Crítica do presente em Heidegger, Arendt e Foucault.* Rio de Janeiro: Forense Universitária.

mesmo homem que é explorador também é recurso a ser explorado, constituindo-se em apenas mais uma peça nessa engrenagem da exploração.

Ao pararmos diante desse cenário, em que "a escravidão, o preconceito, a violência, os 20 anos de uma truculenta ditadura militar, a exclusão, o encarceramento em massa e o extermínio de populações indígenas e negras, assassinatos de homossexuais e transsexuais" percorrem toda a história e se fortaleceram no passado mais recente, precisa ser pensado na clínica o que aponta para a urgência da problematização dos saberes e das práticas no campo da psicologia[18]. Afinal, "o relacionamento fundamental do homem frente aos fatos do seu mundo, como frente a si mesmo e a seus próximos está gravemente enfermo"[19]. Parece-nos que essa enfermidade, atualmente, mostra-se na Psicologia de outro modo, distante da solidão existencial, já que compreende o ser humano como sujeito encapsulado, isolado do mundo, em uma tentativa frustrada de apartá-lo do ser-com, de fazê-lo um existente não atravessado pelo mundo, como se isso fosse possível. Nosso ponto de vista é que nossos contemporâneos (não apenas eles, mas nós como um todo e a Psicologia também) são afetivamente afetados pelas sedimentações da exploração, da pandemia, do pandemônio, do excesso de positividade, da ditadura da felicidade e do projeto cibernético de mundo. Nesse ponto, entre as diversas práticas e saberes psicológicos que necessitam ser problematizados,

[18] Mattar, C. M. (2020). Psicologia em tempos sombrios e o despertar da bela adormecida: estudos em subjetividade e clínica. *Arquivos Brasileiros de Psicologia*, *72*(spe), 18-32. DOI: https://dx.doi.org/10.36482/1809-5267.arbp2020v72s1p.18-32, p. 18.

[19] Boss, M. (1981). *Angústia, culpa e libertação: ensaios de psicanálise existencial* (3a ed.). São Paulo: Duas Cidades, p. 7.

propomo-nos a fazer isso com a clínica, sendo questão a ser problematizada na próxima parte.

Clínica psicológica: uma proposta de orientação fenomenológica hermenêutica

Os psicólogos têm sido convocados de diversas maneiras para darem conta de "cuidar" do desamparo e das mostrações da angústia diante da experiência de destruição, de exploração, de pandemia, de pandemônio, de excesso de positividade, de ditadura da felicidade e de projeto cibernético de mundo que nos cercou e nos cerca no momento contemporâneo. Neste contexto, os diversos modos de mostração da angústia, como experiência fundante da existência humana, são evitados, apesar de se apresentarem como fenômeno conhecido, falado, tematizado e representado na arte há séculos. Experiência que continua a clamar, recordando-nos que a finitude é nossa condição existencial.

Os modos adotados para encobrir/evitar as possibilidades de mostração da angústia são diversos e, no contexto do mundo contemporâneo, podem perpassar por: uso de drogas, sejam tidas como lícitas ou ilícitas, uso de tecnologias e aparatos tecnológicos, persona criada para as redes sociais, a ilusão de controle, os chamados modos de vida saudável, as técnicas psicoterápicas e tantos outros mais. A despeito de todas essas tentativas, o clamor da angústia continua, ora abafado, ora gritante, mas sempre contínuo. É nessa direção que buscamos tematizar a *práxis* (reflexão e prática) da clínica psicológica e sua aproximação com os pressupostos fenomenológicos hermenêuticos de Heidegger.

O sentido de clínica psicológica de orientação fenomenológica hermenêutica, que assumimos como ponto de partida nesta discussão, tem como pressupostos o pensamento de Martin Heidegger e suas reflexões junto a Medard Boss e um grupo de psiquiatras e terapeutas que deu origem a sua obra *Seminários de Zollikon*. O sentido da clínica aí apresentada se distingue epistemologicamente da clínica comportamental, da clínica psicanalítica e da clínica humanista. Não se baseia em uma perspectiva biológica, nem trabalha as profundezas da *psique*, nem tão pouco se pauta em uma visão holística de pessoa que, de certa forma, une as duas ideias anteriores.

É importante distinguir ainda a clínica psicológica de inspiração fenomenológica hermenêutica da clínica filosófica. Para Feijoo e Protasio[20], a clínica filosófica se guia por um fazer de tutela, por uma relação pedagógica, por sua vez, a clínica pensada aqui, ou seja, a clínica psicológica acontece no cuidado do psicólogo que se move com o paciente na sua jornada em direção ao modo de ser si mesmo. Neste aspecto, usamos nesse texto de maneira sinônima a clínica fenomenológica hermenêutica e clínica psicológica sempre tendo em perspectiva a clínica psicológica de orientação fenomenológica hermenêutica em um diálogo com os indicativos formais apresentados por Heidegger[21] em sua Analítica Existencial, isto é, na análise que ele fez do modo de ser do *Dasein* em sua obra "Ser e Tempo". Outro ponto que merece destaque é a nossa compreensão de ação clínica que se orienta pela

[20] Feijoo, A. M. L. C., & Protasio, M. M. (2010). Os desafios da clínica psicológica: tutela e escolha. *Revista da Abordagem Gestáltica: Phenomenological Studies, 16*(2), 167-172. Recuperado em 24 jun. 2024, de http://pepsic.bvsalud.org/scielo.php?script=sci_arttext&pid=S1809-68672010000200006&lng=pt&nrm=iso&tlng=pt.

[21] Heidegger, M. (2012a). *Ser e tempo*. Campinas: Editora da UNICAMP; Petrópolis: Vozes (Originalmente publicado em 1927).

tese de Barreto[22]. A psicóloga propõe a compreensão de ação clínica como aquilo que é próprio do fazer do psicólogo. Ao discutir o cuidado em Heidegger, ela aponta para a seguinte compreensão da ação clínica do psicólogo:

> que ao assumir a clínica como modo próprio de cuidar, afirma a importância de dar sentido às vicissitudes da existência como também à implicação/afetação da presença do psicólogo clínico que cuida das diversas funções do cuidar. Assim, a ação clínica converge para intervenções implicadas no movimento de experienciação do cliente, acompanhando-o na tarefa de apropriar-se do que já sabe pré-reflexivamente, tematizando as experiências que vão desvelando-se no existir[23].

Portanto, a ação clínica em uma perspectiva fenomenológica hermenêutica se orienta pela compreensão de que o *Dasein* é lançado ao mundo sem nenhum fundamento, responsável pela sua existência como puro poder-ser, afetado pelo mundo que habita. Desse modo,

> a visão fenomenológica do Dasein (ser-aí) do existente humano se expressa como compreensão, afetabilidade e linguagem. Existimos desde sempre compreendendo, ou seja, numa atividade de pré-compreensão daquilo que nos toca. Este movimento de apreensão é atravessado por uma determinada

22 Barreto, C. L. B. T. (2006). *Ação clínica e os pressupostos fenomenológicos existenciais* (Tese de doutorado). Universidade de São Paulo, São Paulo.

23 Barreto, C. L. B. T. (2013). Reflexões para pensar a ação clínica a partir do pensamento de Heidegger: da ontologia fundamental à questão da técnica. *In* C. L. B. T. Barreto, H. T. P. Morato, & M. T. Caldas (Orgs.). *Prática psicológica na perspectiva fenomenológica*. Curitiba: Juruá Editora, p. 39.

disposição ou tonalidade afetiva na qual se mostra pela linguagem[24].

Ressaltamos que essa interpretação do *Dasein* envolve a compreensão de existir a partir da situação hermenêutica, ontologicamente desprovido de determinações biológicas e psíquicas, de modo que todas as possibilidades de ser só se concretizam na especificidade de um horizonte histórico-existencial, ou seja, isso inclui a não existência de uma essência previamente determinada, assim como a não determinação dos contextos relacionais[25]. Por isso, não se pressupõe uma determinação psíquica, tão pouco se supõe uma subjetividade humana dada *a priore*, pois o *Dasein* só existe no mundo como o aí do ser.

O mundo a que nos referimos não se trata de uma localização geográfica, mas a partir do "conceito ontológico-existenciário da *mundidade*" que "é ela mesma modificável nos respectivos todos estruturais cada vez próprios dos distintos "mundos" particulares, mas contém em si o *a priori* da *mundidade* em geral"[26]. O mundo não é um ente oposto ao *Dasein*, o mundo é a rede de sentidos onde o *Dasein* é lançado. Como recordam Barreto e Morato[27], com

24 Andrade, A. C,. & Barreto, C. L. B. T. (2020). A situação hermenêutica e a clínica psicológica: caminhos possíveis. *Estudos e Pesquisas em Psicologia*, *20*(4), 1191-1211. DOI: https://doi.org/10.12957/epp.2020.56657, p. 1211.

25 Casanova, M. (2019). Pontes sobre o nada: narrativas do sofrimento e transformação existencial. *Revista Natureza Humana*, *21*(2), 130-147.

26 Heidegger, 1927/2012a, p. 105, grifos do autor.

27 Barreto, C. L. B. T., & Morato, H. T. P. (2009). A ação clínica e a perspectiva fenomenológica existencial. *In* H. T. P. Morato, C. L. B. T. Barreto, & André P. Nunes (Orgs.). *Aconselhamento psicológico numa perspectiva fenomenológica existencial: uma introdução.* Rio de Janeiro: Guanabara Koogan.

esse modo de compreendermos o ser-no-mundo, rompemos com o conceito cartesiano de mundo e de homem, quebrando a premissa de subjetivismo psicológico, e rescindimos o compromisso com o modelo tecnicista e cientificista de abordar a realidade.

Ao falarmos de ser-no-mundo, trazemos de modo subjacente a interpretação de que o ser humano se encontra lançado em uma rede de significados como compreensão e, a partir da sua afetividade, desvela pela e na linguagem os sentidos daquilo que se dá a ele em seu horizonte epocal[28].

Aqui, é importante distinguir a afetividade (*Befindlichkeit*) das tonalidades afetivas (*Stimmung*). "O que designamos ontologicamente com a expressão 'encontrar-se' (*Befindlichkeit*) é algo onticamente o mais conhecido e o mais cotidiano: o estado-de-ânimo (*Stimmung*), o ser em um estado-de-ânimo (*Gestimmtsein*)"[29]. Esses termos em alemão são difíceis de traduzir para a língua portuguesa, assim como para outros idiomas, e o artigo de Kahlmeyer-Mertens e Santos[30] trata justamente dessa discussão. Todavia, para nosso propósito aqui, recorremos à discussão empreitada por Borges-Duarte, compreendendo que:

> A disposição afectiva ou afectividade (*Befindlichkeit*) não é, pois, um mero estado de ânimo ou sentimento particular (*Stimmung* – afinação sempre concreta: esta ou aquela, alegria ou tristeza, por ex.),

[28] Andrade & Barreto, 2020.

[29] Heidegger, 1927/2012a, p. 383, acréscimo nosso das palavras do original em alemão.

[30] Kahlmeyer-Mertens, R. S., & dos Santos, G. A. (2020). *Befindlichkeit e Stimmung*, das tonalidades afetivas na analítica existencial de Heidegger. *Ekstasis: Revista de Hermenêutica e Fenomenologia*, 9(1), 179-194. DOI: https://doi.org/10.12957/ek.2020.49403.

mas o *Gestimmtsein* ou estar de antemão afinado (em harmonia, por vezes des-harmônica, *verstimmt*) com o que se nos dá e aparece[31].

A autora ainda argumenta que a melhor tradução para *Befindlichkeit* seria "afetividade". No decorrer de toda essa escrita, sob essa influência, temos trabalhado a partir da perspectiva de afetividade e tonalidades afetivas, isto é, a afetividade diz respeito à dimensão ontológica das disposições afetivas (*Befindlichkeit)* como a sua mostração ôntica, são trabalhadas como as tonalidades afetivas (*Stimmung)*. Esses termos se fazem importantes para o distanciamento de qualquer psicologização fundamentada em um ego encapsulado[32,33]. A afetividade se refere ao modo de abertura do ser na existência e as tonalidades afetivas dizem respeito à mostração da afetividade. É neste contexto que a angústia ocupa uma posição privilegiada na compreensão da afetividade e no fazer clínico da psicologia fenomenológica hermenêutica.

A compreensão de *Dasein*, exposta anteriormente, desvela a psicologia fenomenológica hermenêutica que descrevemos "como uma clínica do cuidado ou da solicitude, compreendida como ser-com, que acontece no encontro e no diálogo entre terapeuta e paciente"[34].

Tendo em vista que o ser-aí não tem essência, ele pode se construir de maneira singular em sua existência.

[31] Borges-Duarte, I. (2012). A afectividade no caminho fenomenológico heideggeriano. *Phainomenon – Revista de fenomenologia* (Lisboa), *24*, 43-62. Recuperado em 24 jun. 2024, de https://dspace.uevora.pt/rdpc/handle/10174/18123, p. 50.

[32] *Ibid.*

[33] Kahlmeyer-Mertens & Santos, 2020.

[34] Andrade & Barreto, 2020, p. 1205.

Nessa perspectiva, a ação clínica se desprende de teorias explicativas e se lança em liberdade co-criativa na tarefa constante do *Dasein* de poder-ser, cuidar de ser si mesmo[35]. Logo, não promete resultados e nem cria garantias[36]. Ela ocorre no tangenciamento das dimensões ôntica e ontológica, ou seja, dá-se "entre a compreensão psicológica dos fenômenos clínicos e a ontologia existencial ao modo de Heidegger"[37].

A ação clínica pretende possibilitar que o paciente amplie seus horizontes compreensivos, apropriando-se das suas experiências e encaminhando modos de ser a partir de suas decisões. Tal acontecimento significa assumir-se como finito, apropriando-se de sua situação hermenêutica de modo a encaminhar outros horizontes de possibilidades, em uma relação dialógica de cuidado. A clínica psicológica de orientação fenomenológica hermenêutica busca acompanhar o paciente na sua existência singular, de modo que possa atentar para o silenciamento dos ruídos que o dispersam de sua decisão mais própria[38]. Essa prática clínica remete ao cuidado do psicólogo implicado em acompanhar o paciente na apropriação da singularidade da sua existência a cada situação existencial, o que o torna responsável por sua existência. Assim, só o *Dasein* pode compreender que

[35] Barreto & Morato, 2009.

[36] Silva, E. F. G. (2018). *A ação clínica do psicólogo diante do desabrigo da angústia* (Tese de doutorado). Universidade Católica de Pernambuco. Pernambuco. Disponível em: http://tede2.unicap.br:8080/handle/tede/1089.

[37] Barreto & Morato, 2009, p. 43.

[38] Sá, R. N. (2005). A analítica heideggeriana da existência em Ser e Tempo. *In* Instituto de Psicologia Fenomenológico-Existencial (Org.). *V Jornada IFEN: Diferentes modos de compreensão da subjetividade* (pp. 1-5). Rio de Janeiro: IFEN.

apenas ele pode responder por aquilo que a sua existência lhe apresenta e lhe interpela[39].

Esse acompanhamento, essa ação clínica, convoca a uma reflexão meditante. Heidegger[40], em *Serenidade,* faz uma distinção entre o pensamento que calcula e a reflexão que medita. De acordo com o filósofo, o pensamento calculante, dominante na Era da técnica, trata-se de uma maneira incessante de planejar e investigar as coisas, analisando possibilidades com objetivos mais econômicos. É comum que a clínica psicológica seja pensada em um modo de adequação, pois as pessoas que procuram acompanhamento psicoterapêutico desejam se adequar aos anseios sociais ditados pelo modo de pensar técnico-explicativo. Por sua vez, a reflexão meditante, na qual a clínica psicológica de orientação fenomenológica hermenêutica se inspira, é a arte do demorar-se junto à. Ela demanda esforço, preparação e tempo. Na Era da técnica em que vige a exploração, o demorar-se na reflexão meditante pode parecer inútil e por isso é subestimado. A ação clínica acontece em um modo outro daquele que vigora na Era da técnica. Ocorre na demora do psicólogo perante o paciente na reflexão que medita ou, como afirma Silva[41], "sem expectativas e garantia de resultados".

O espaço terapêutico da clínica psicológica de orientação fenomenológica hermenêutica é o espaço de entrega de *Dasein* para *Dasein*, pois, sem categorias teóricas, a experiência vivida é desvelada e descrita em sua pertinência junto com o paciente com vistas para a compreensão dos

[39] Sá, R. N., & Barreto, C. L. B. T. (2011). A noção fenomenológica de existência e as práticas psicológicas clínicas. *Estudos de Psicologia (Campinas), 28*, 389-394. DOI: https://doi.org/10.1590/S0103-166X2011000300011.

[40] Heidegger, 1959.

[41] Silva, 2018, p. 7.

modos próprios do seu ser-aí. Sendo assim, é possível pensar "a ação clínica como acolhimento ao outro que se dá pela indicação da situação hermenêutica no encontro clínico"[42]. Certamente, com a ação clínica aqui descrita não se busca eliminar os sintomas e nem se coloca o foco da atenção nas doenças, pois, como Boss[43] já destacava, o psicólogo se afasta de uma postura presunçosa de impor dogmas psicológicos aos pacientes.

A clínica fenomenológica hermenêutica acontece na possibilidade do desvelamento singular de cada fenômeno do e para o paciente: por meio de uma visão terapêutica por parte do psicólogo, que caminha e se liberta dos preconceitos da psicologia tradicional e se guia pela singularidade de cada encontro, que pode propiciar ao paciente a elaboração do modo como está cuidando de ser e do desvelamento de caminhos possíveis para sua existência. A partir disso, abre-se a oportunidade e se faz necessário compreender o sofrimento em sua dimensão existencial.

Sofrimento existencial: possibilidades de mostração da angústia originária

A partir da fenomenologia hermenêutica, a clínica pode ser compreendida como um modo de cuidado que se destina a convocar o paciente a se deparar com a sua história, comprometendo-se com a compreensão, responsabilização e preocupação com a sua existência. A ação clínica do psicólogo, assim como já enunciado, acontece sem atentar para a busca de eliminar os sintomas e sem

42 Andrade & Barreto, 2020, p. 1207.

43 Boss, 1981.

direcionar o foco da escuta para a identificação de patologias. O psicólogo se faz presente na clínica afastando-se de uma postura de suposto saber que lhe outorga o direito de impor dogmas psicológicos aos pacientes[44]. A partir desse horizonte, na clínica psicológica fenomenológica hermenêutica, abre-se a possibilidade de compreender o sofrimento em sua dimensão existencial. Ao compreendermos o sofrimento em sua condição originária, podemos dizer que ele "possui uma fenomenalidade própria, condições específicas de fenomenologização, que obedecem por princípio ao caráter histórico de seu campo"[45].

A clínica, em tal perspectiva, não considera o modo como o sofrimento psíquico é compreendido pela Psicologia tradicional, que objetiva eliminar, explicar ou ao menos controlar os sintomas, a partir da nosologia determinada pelos manuais de saúde mental, com técnicas e medicamentos. De fato, rompe com essa compreensão prévia de sofrimento psíquico que precisa ser explicado e tratado por estar ligado a uma subjetividade supostamente deficiente articulada em alguma patologia médica.

A partir da compreensão de *Dasein*, a ênfase se volta para a indeterminação, a inexistência de um modo natural de ser, e compreende a dificuldade, a crise, o sofrimento de existir com condições próprias ao modo de ser-humano. Dessa maneira, qualquer coisa, até mesmo tudo ou nada, pode gerar sofrimento, mas esse sofrimento está indicado de modo formal na condição de ser como poder-ser humano. Com isso, ainda que passemos boa parte da nossa existência em revolta contra a nadidade, ou seja,

[44] *Ibid.*

[45] Casanova, 2019, p. 132.

a indeterminação da ontologia originária, o sofrimento é sempre incontornável[46].

A compreensão que estamos tecendo aqui do sofrimento existencial é uma ressonância do modo como Heidegger desenvolveu em *Ser e Tempo* a sua compreensão de angústia. O *Dasein* está lançado diante de si pela abertura que lhe é intrínseca e, por isso, "ele *pode* fugir de *diante* de si" experienciando uma existência decaída[47]. A angústia é uma afetividade fundamental que não se angustia diante de algum "ente do-interior-do-mundo" que lhe ameaça, antes, "O *diante do que da angústia é o ser-no-mundo como tal (...) é o mundo como tal (...) é o ser-no-mundo ele mesmo*"[48]. A angústia, em sua condição existencial, implica a própria indeterminação e insignificância do ser, isto é, a nadidade do *Dasein*. É a angústia que denuncia a existência decaída do *Dasein* e o coloca diante do seu poder-ser mais próprio. Ainda que nem sempre se mostre na existência fáctica, a angústia está sempre presente no *Dasein*, que se apropria ou foge desse estranhamento.

Avançamos no tema com a ajuda de Toso, ao destacar em sua tese que "a angústia é a tonalidade afetiva fundamental que possibilita rearticular sentido no contexto da psicoterapia de base heideggeriana"[49]. Portanto, a partir da compreensão heideggeriana da angústia, olhamos o sofrimento existencial não como algo que deva ser aplacado,

[46] *Ibid.*

[47] Heidegger, 1927/2012a p. 517, grifos do autor.

[48] *Ibid.*, p. 521, 523, 525, grifos do autor.

[49] Toso, A. V. R. (2020). A angústia como possibilidade de rearticulação de sentido na psicoterapia fenomenológica-hermenêutica (*Tese de doutorado*). Universidade de Évora. Évora, Portugal, p. 227.

retirado ou curado. Pelo contrário, a ação clínica ocorre com a apropriação da angústia que se desvela no sofrimento existencial e, assim, possibilita o desvelamento de um modo de ser mais próprio.

Voltamos o nosso olhar para o sofrimento existencial a partir da interpretação de que a ação clínica acontece por meio do olhar e da escuta não objetificadora de pacientes e nem tão pouco com propósito de eliminar o sofrimento[50]. Certamente, isso não inclui uma isenção diante dos problemas sociais, históricos e culturais enfrentados, apenas, demarcamos que nossa perspectiva diz respeito a outra leitura do sofrimento. De fato, Duarte[51] defende que cabe à filosofia manter seu foco em pensar o presente, e nós pensamos que cabe à Psicologia clínica acolher o sofrimento existencial na forma que ele se desvela na contemporaneidade e, ao mesmo tempo, reverbera singularmente na existência de cada paciente.

Nessa perspectiva compreensiva, direcionamo-nos para a dimensão originária da angústia, dito de outra forma, compreendemos a angústia como existencial. Para tanto, apoiamo-nos nos indicativos formais de Heidegger[52] que, em sua obra *Ser e Tempo*, discute a dimensão originária da angústia deste ser que é ser-para-a-morte. De acordo com o filósofo, o *Dasein* é jogado no mundo sem uma essência prévia, cabendo a ele decidir como responder à existência em sua facticidade. Esse estar jogado no mundo e ser destinado à morte indicam que a angústia é

[50] Mattar, C. M. (2019). A escuta clínica: entre a psicologização e a análise fenomenológico-existencial. *Arquivos do IPUB (Rio de Janeiro), 1*, 72-87.

[51] Duarte, 2020.

[52] Heidegger, 1927/2012a.

originária da condição do *Dasein* enquanto ser-para-morte ou ser-finito. É possível ignorar, abafar e até não ouvir por um tempo o clamor da angústia, mas não é possível eliminá-lo. A angústia é constituinte da existência, faz parte de nossa dimensão ontológica. Tratar a angústia como sintoma pode ter sua validade em determinados contextos, mas não dá conta da abrangência desse fenômeno originário e muito menos o silencia, nem nos possibilita compreender o sofrimento humano em sua dimensão originária-existencial.

Compreendemos que a ação clínica se dá na compreensão de que angústia é um modo de abertura privilegiado do *Dasein*. A angústia é a afetividade que afina o nosso ser mais próprio. É a angústia que irrompe a nossa liberdade e a ação clínica não se dá para amenizá-la, pelo contrário, pois no submergir na angústia experienciamos o emergir em liberdade. Conforme escreveu Barreto, cabe ao psicólogo "sustentar a tensão do atravessamento, acompanhando o cliente em sua dor e angústia[53]". Parece-nos correto dizer que a ação clínica pode possibilitar a apropriação de modos decadentes de existir, abrindo para a condição da decisão mais própria. Aqui é importante destacar que essa liberdade fala da capacidade de decisão dentro do horizonte histórico ao qual nos encontramos desde sempre lançados e tendo que cuidar do ser. Logo, não estamos falando de liberdade para tudo e qualquer coisa. Falamos em liberdade para nosso ser mais próprio, podendo encaminhar-nos de um modo mais livre frente ao hiperativo do impessoal. É justamente a angústia que aponta para o nosso ser mais próprio diante do que se angustia. O clamor da angústia desvela para nós

[53] Barreto, 2006, p. 178.

tanto o nosso ser-para-a-morte quanto a nossa condição de desamparo, por sermos lançados no mundo como nada e ser-finito, temporal.

Considerações finais

Diante do exposto, compreendemos como urgente a tarefa da clínica psicológica não se deixar cegar pelo tempo e nem se afastar dele, mas manter-se desperta ou mesmo se despertar para as demandas contemporâneas. Num país marcado pela desvalorização da natureza e das pessoas mais vulneráveis, urge o compromisso da clínica psicológica em trabalhar no sentido radical de libertação como alternativa outra à adequação psíquica e/ou social.

Nessa direção, elegemos a clínica psicológica de inspiração fenomenológica hermenêutica como central para a nossa discussão. A postura crítica à essência exploradora da técnica, a compreensão ontológica do *Dasein* e o modo outro de compreender a própria clínica como espaço de habitação, e não de tutela, parece-nos ambiente propício para a promoção, por assim dizer, da capacidade de decisão nos momentos em que a vida nos tira a liberdade, isto é, um modo de compreender o "como" responder diante das sedimentações fáticas de nosso horizonte histórico.

Nesse sentido, nosso horizonte fático e suas sedimentações têm desvelado os movimentos de autocobrança e culpa, de construção de uma propaganda vida ideal e da busca desenfreada pela desconhecida felicidade. Essas sedimentações podem irromper em crises existenciais que mobilizam os pacientes a buscar o apoio psicológico na clínica, muitos clamando por um retorno à familiaridade.

Os escritos de Borges-Duarte[54] e Barreto[55] nos auxiliam na compreensão fenomenológica do sofrimento existencial e suas crises. A filósofa compreende esse sofrimento como crise e provação, e essa crise se relaciona com o rompimento da estabilidade no processo temporal. Esta crise/ruptura se desvela na clínica psicológica por meio de inseguranças, dúvidas, hesitações, ou seja, pelo dar-se conta dessa crise. Este dar-se conta é a provação, que também pode ser compreendida como sofrimento existencial. O caminhar na existência é repleto de crises, de rupturas na familiaridade cotidiana, de quebras nas certezas construídas, é um movimentar-se em sofrimento existencial que também se traduz em abertura para o novo. O sofrimento existencial diz respeito a um movimento hermenêutico, primeiro implícito que vai se desvelando "*o sentir do sentido que falta*"[56].

A psicóloga segue a mesma linha compreensiva e destaca que nessa situação hermenêutica, como possibilidade de compreender o sofrimento existencial, desvela-se a quebra de modos de ser do impessoal que buscam ocultar a "irremediável contingência e ambivalência da existência humana diante dos acontecimentos/crises/rupturas"[57]. Ela aponta ainda que o fenômeno do sofrimento existencial é compreendido em

[54] Borges-Duarte, I. (2020). Dúvida e provação como experiência da crise (Hegel para psicólogos). *In* E. Dutra (Org.). *Sofrimento, existência e liberdade em tempos de crise* (pp. 79-102). Rio de Janeiro: IFEN.

[55] Barreto, C. L. B. T. (2022). Sofrimento e clínica psicológica como situação hermenêutica. *In* E. Dutra (Org.). *Sofrimento e historicidade: o desamparo ético político na contemporaneidade* (pp. 201-212). Rio de Janeiro: Via Verita.

[56] Borges-Duarte, 2020, p. 100, grifos da autora.

[57] Barreto, 2022, p. 206.

sentido amplo e não se limita ao psiquismo, à subjetividade ou à patologia psiquiátrica. Portanto, o sofrimento, na forma como o compreendemos, é uma mostração da angústia ontológica, que anuncia que somos somos ser-para-a-morte, indeterminação e ser lançado que tem como tarefa cuidar de ser. Construímos ou assumimos projetos que, quando findam, podem abrir o momento de crise, desvelar a nossa própria finitude (condição de ser-finito), possibilitar a experiência do sofrimento existencial e de apropriação da angústia enquanto ser-para-a-morte.

Desse modo, o sofrimento existencial e a angústia originária se desvelam como temas centrais para pensar a clínica psicológica e para o cuidado do *Dasein*. É na compreensão deste sofrimento e na sustentação dessa angústia que se mostra a possibilidade de convocar o paciente para a responsabilidade diante da tarefa inevitável de ter de cuidar de ser, é na reflexão meditante frente ao clamor da angústia que a possibilidade de um modo outro de se encaminhar na existência se desvela.

Parece-nos importante destacar que o gesto clínico de sustentação da angústia não diz respeito a uma tarefa do psicólogo causar angústia no paciente, até porque na interpretação aqui discutida, a angústia é compreendida em sua dimensão originária e, ainda que em alguns momentos se desvele de modo tácito, sua presença perdura ininterruptamente. Nesse sentido, a ação clínica de sustentar a angústia se ampara na compreensão de que a angústia é mobilizadora da existência e se desvela como um clamor para o ser-mais--próprio, sua sustentação pressupõe um modo outro de estar com o paciente que não com o objetivo de aplacar a angústia, no sentido de confortar o paciente abafando ou tamponando a tarefa existencial de ter de cuidar de ser, antes sustentando sua responsabilidade intransferível pelo cuidado de si.

Compreendemos que o grande desafio da clínica psicológica de inspiração fenomenológica hermenêutica se dá na abertura de modos outros que não aqueles puramente submetidos às sedimentações do mundo. Aos psicólogos que se orientam por essa perspectiva mostra-se a tarefa de penetrar a superfície artificial dos sintomas, desvelando as demandas existenciais de cuidado. Nessa clínica, não traçamos como objetivo desmitificar a ditadura da felicidade, por exemplo, como pode propor a clínica filosófica ou as abordagens psicológicas que trabalham com psicoeducação, antes, orientamo-nos pela possibilidade de ouvir clamor existencial na queixa de quem cuida da sua existência sedimentado por essa ditadura. De maneira semelhante, nossa convocação não é para estimular a busca dessa felicidade desconhecida como se fôssemos *coachings*. Esses modos tutelares se mostram insuficientes para as demandas existenciais, não aplacam a solidão, o desamparo e a angústia originária, como já nos apontaram as discussões de Feijoo e Protasio[58].

A ação clínica como aquilo que é próprio do fazer do psicólogo se mostra como um modo outro de responder às convocações das sedimentações mundanas. Nessa perspectiva, alinhamo-nos com a compreensão de que parte da ação clínica diante do sofrimento do paciente se dá na explicitação da sua situação hermenêutica, por meio do diálogo terapêutico, o que pressupõe que o psicólogo já tem como ponto de partida a desconstrução dos modos prévios dados pela Psicologia científica atrelados aos componentes orgânicos e/ou psíquicos[59]. Além do mais, a clínica como situação

[58] Feijoo & Protasio, 2010.

[59] Barreto, 2022.

hermenêutica se dá na abertura de possibilidades outras de cuidado da existência, e não apenas aquelas possibilidades já sedimentadas pelo horizonte fático.

Na relação dialógica de cuidado e explicitação da situação hermenêutica, o psicólogo intenciona o desvelamento da verdade em seu caminho fenomenológico na especificidade de cada fenômeno, abrindo outras possibilidades de sentido, caminhando com o paciente em direção à descoberta da existência em sua dimensão compreensiva que é carregada de afeto[60,61].

Assim, o psicólogo que se inspira na fenomenologia hermenêutica não trabalha orientado pelos manuais nosológicos que objetivam a aplacar os sintomas que se mostram pela angústia existencial e se alinham à essência da técnica. Antes, para ele se abre a possibilidade de uma ação clínica, que se mostra pela explicitação da situação hermenêutica do paciente, de modo que ambos juntos se encaminham numa relação dialógica de cuidado, que atravessa a superfície do sintoma para fazer ecoar o clamor da angústia originária.

Referências

Agamben, G. (2009). O que é o contemporâneo? *In* Giorgio Agamben. *O que é o Contemporâneo? e outros ensaios* (pp. 55-73). Chapecó: Argos Editora.

Andrade, A. C,. & Barreto, C. L. B. T. (2020). A situação hermenêutica e a clínica psicológica: caminhos possíveis. *Estudos e Pesquisas em Psicologia*, 20(4), 1191-1211. DOI: https://doi.org/10.12957/epp.2020.56657.

60 Andrade & Barreto, 2020.

61 Borges-Duarte, 2020.

Barreto, C. L. B. T. (2006). *Ação clínica e os pressupostos fenomenológicos existenciais* (Tese de doutorado). Universidade de São Paulo, São Paulo.

Barreto, C. L. B. T. (2013). Reflexões para pensar a ação clínica a partir do pensamento de Heidegger: da ontologia fundamental à questão da técnica. *In* C. L. B. T. Barreto, H. T. P. Morato, & M. T. Caldas (Orgs.). *Prática psicológica na perspectiva fenomenológica*. Curitiba: Juruá Editora.

Barreto, C. L. B. T. (2022). Sofrimento e clínica psicológica como situação hermenêutica. *In* E. Dutra (Org.). *Sofrimento e historicidade: o desamparo ético político na contemporaneidade* (pp. 201-212). Rio de Janeiro: Via Verita.

Barreto, C. L. B. T., & Morato, H. T. P. (2009). A ação clínica e a perspectiva fenomenológica existencial. *In* H. T. P. Morato, C. L. B. T. Barreto, & André P. Nunes (Orgs.). *Aconselhamento psicológico numa perspectiva fenomenológica existencial: uma introdução*. Rio de Janeiro: Guanabara Koogan.

Borges-Duarte, I. (2012). A afectividade no caminho fenomenológico heideggeriano. *Phainomenon – Revista de fenomenologia* (Lisboa), v. 24 (2012), 43-62. Recuperado em 24 jun. 2024, de https://dspace.uevora.pt/rdpc/handle/10174/18123.

Borges-Duarte, I. (2019). *Arte e técnica em Heidegger*. Rio de Janeiro: Via Verita.

Borges-Duarte, I. (2020). Dúvida e provação como experiência da crise (Hegel para psicólogos). *In* E. Dutra (Org.). *Sofrimento, existência e liberdade em tempos de crise* (pp. 79-102). Rio de Janeiro: IFEN.

Boss, M. (1981). *Angústia, culpa e libertação: ensaios de psicanálise existencial* (3a ed.). São Paulo: Duas Cidades.

Casanova, M. (2019). Pontes sobre o nada: narrativas do sofrimento e transformação existencial. *Revista Natureza Humana*, *21*(2), 130-147. Recuperado em 18 jul. 2024, de http://pepsic.bvsalud.org/scielo.php?script=sci_arttext&pid=S1517-24302019000200010&lng=pt&tlng=pt.

Duarte, A. (2010). *Vidas em Risco – Crítica do presente em Heidegger, Arendt e Foucault.* Rio de Janeiro: Forense Universitária.

Duarte, A. (2020). *A pandemia e o pandemônio: ensaio sobre a crise da democracia brasileira.* Rio de Janeiro: Via Verita.

Feijoo, A. M. L. C., & Protasio, M. M. (2010). Os desafios da clínica psicológica: tutela e escolha. *Revista da Abordagem Gestáltica*: Phenomenological Studies, 16(2), 167-172. Recuperado em 24 jun. 2024, de http://pepsic.bvsalud.org/scielo.php?script=sci_arttext&pid=S1809=68672010000200006-&lng=pt&nrm=iso&tlng-pt.

Foucault, M. (1999). *Vigiar e punir: nascimento da prisão* (20a ed.) Petrópolis: Vozes.

Han, B. C. (2015). *Sociedade do cansaço.* Petrópolis: Vozes.

Heidegger, M. (1959). *Serenidade.* Lisboa: Instituto Piaget. (Coleção Pensamento e filosofia).

Heidegger, M. (2012a). *Ser e tempo.* Campinas: Editora da UNICAMP; Petrópolis: Vozes (Originalmente publicado em 1927).

Heidegger, M. (2012b). A questão da técnica. *In* Martin Heidegger. *Ensaios e Conferências* (8a ed., pp. 11-38). Petrópolis: Vozes; Bragança Paulista: Editora Universitária São Francisco (Originalmente publicado em 1954).

Kahlmeyer-Mertens, R. S., & dos Santos, G. A. (2020). *Befindlichkeit* e *Stimmung*, das tonalidades afetivas na analítica existencial de Heidegger. *Ekstasis: Revista de Hermenêutica e Fenomenologia*, 9(1), 179-194. DOI: https://doi.org/10.12957/ek.2020.49403.

Macedocouto, G. S., & Dias, P. R. R. (2021). Psicoterapia de base fenomenológica-existencial frente ao medo e à angústia como tonalidades afetivas no contexto pandêmico da covid-19.

Revista Brasileira de Psicoterapia, *23*(2), 127-139. DOI: https://dx.doi.org/10.5935/2318-0404.20210031.

Mattar, C. M. (2019). A escuta clínica: entre a psicologização e a análise fenomenológico-existencial. *Arquivos do IPUB. Rio de Janeiro, 1*, 72-87.

Mattar, C. M. (2020). Psicologia em tempos sombrios e o despertar da bela adormecida: estudos em subjetividade e clínica. *Arquivos Brasileiros de Psicologia*, *72*(spe), 18-32. DOI: https://dx.doi.org/10.36482/1809-5267.arbp2020v72s1p.18-32

Rodrigues, J. T. (2020). *Angústia e serenidade: A psicopatologia contemporânea em diálogo com Heidegger. 1*(1). Rio de Janeiro: Via Verita.

Sá, R. N. (2005). A analítica heideggeriana da existência em Ser e Tempo. *In* Instituto de Psicologia Fenomenológico-Existencial (Org.). *V Jornada IFEN: diferentes modos de compreensão da subjetividade* (pp. 1-5). Rio de Janeiro: IFEN.

Sá, R. N., & Barreto, C. L. B. T. (2011). A noção fenomenológica de existência e as práticas psicológicas clínicas. *Estudos de Psicologia (Campinas)*, *28*, 389-394. DOI: https://doi.org/10.1590/S0103-166X2011000300011.

Sá, R. N. D., Mattar, C. M., & Rodrigues, Joelson T. (2006). Solidão e relações afetivas na era da técnica. *Revista do Departamento de Psicologia*. UFF, 18, 111-124. DOI: https://doi.org/10.1590/S0104-80232006000200009.

Silva, E. F. G. (2018). *A ação clínica do psicólogo diante do desabrigo da angústia* (Tese de doutorado). Universidade Católica de Pernambuco. Pernambuco. Disponível em: http://tede2.unicap.br:8080/handle/tede/1089.

Toso, A. V. R. (2020). *A angústia como possibilidade de rearticulação de sentido na psicoterapia fenomenológica-hermenêutica* (*Tese de doutorado*). Universidade de Évora. Évora, Portugal.

9

Filho(a) enlutado(a) por suicídio de um dos pais: revisão da literatura

Pedro Pereira Cavalcante Filho
Carmem Lúcia Brito Tavares Barreto

Este capítulo é parte da investigação científica que subsidiou a tese de doutorado do primeiro autor intitulada *A experiência de filho(a) enlutado(a) de pais que deram fim à própria vida*. O estudo trata de uma revisão sistemática da literatura com o objetivo de identificar, analisar e sintetizar os resultados dos trabalhos científicos que versam sobre o enlutamento de filho ou filha de pais e mães que anteciparam a morte, publicados no Brasil entre os anos de 2011 e 2023.

Na contemporaneidade, o ato de pôr fim à vida é considerado um grave problema de saúde pública pela Organização Mundial da Saúde (OMS). A morte voluntária ocorre em números alarmantes, sendo atualmente uma das 10 principais causas de mortalidade no mundo, de acordo com o Relatório *Suicide WorldWide in 2019* da *World Health* Organization[1], publicado em junho de 2021.

[1] World Health Organization. (2021). *Suicide worldwide in 2019: Global health estimates. Geneva: WHO*. Retrieved jun. 2024, from https://www.who.int/publications/i/item/978924002 6643

O relatório aponta que, em 2019, ocorreram mais de 700 mil mortes por suicídio, representando mais de uma em cada 100 mortes no mundo, o que resultou na média global de 9 mortes para cada 100 mil habitantes, ou seja, aproximadamente 1 morte a cada 45 segundos e tentativas de dar cabo à vida no mundo a cada 3 segundos.

A morte voluntária foi permeada ao longo do tempo por diferentes compreensões. Segundo Minois[2], na Antiguidade, o fenômeno do suicídio suscitava compreensões e reações diversas, que incluíam as ideias de pecado ou de crime e resultava inclusive na punição do cadáver. Na Idade Média, o suicídio era compreendido como ato corajoso e honroso, se praticado por nobres e guerreiros. Ao contrário, se cometido por camponeses e artesãos, era considerado gesto de covardia e fuga, punido com a recusa de sepultamento do corpo e o confisco dos bens.

Feijoo[3] afirma que os estudos sobre o enlutamento são importantes para a compreensão das especificidades do luto por suicídio. Segundo a autora, atualmente a morte vai pouco a pouco se distanciando do contexto familiar e "dirigindo-se para o hospital como um lugar onde a vida deveria terminar, com a experiência do luto acontece a mesma coisa. Cada vez mais, o luto passa a ser um tabu e como tal deve pertencer ao íntimo"[4]. Isso acontece por ser o luto um comportamento considerado, na maioria das vezes, um sofrimento psíquico, inclusive submetido a classificações psiquiátricas.

[2] Minois, G. (2018). *História do suicídio: a sociedade ocidental diante da morte voluntária* (F. Santos, Trad.). São Paulo: Editora Unesp.

[3] Feijoo, A. M. L. C. (2021). *Suicídio e Luto: da investigação fenomenológico-hermenêutica às práticas clínicas fenomenológico-existenciais*. Rio de Janeiro, RJ: Edições Ifen.

[4] *Ibid.*, p. 190.

Para Botega[5] e Kovács[6], o luto é uma resposta ao rompimento de um vínculo diante da morte de um ente querido. Tal perda penetra gradualmente na vida dos sobreviventes, provocando a emergência de sentimentos e reações de tristeza, angústia, preocupação, raiva, medo, acusação, culpa, vergonha, banalização, irritação, ressentimentos e indignação, entre outros. Algumas vezes, o impacto da perda vivenciado pela morte antecipada de um ente querido é particularizado pelo tabu e estigma que ainda impera atualmente[7].

Por sua vez, Fukumitsu ressalta que a experiência dos(as) sobreviventes diante do pôr fim à vida de uma pessoa querida devasta a vida, não apenas de quem comete o ato, mas igualmente de várias outras vidas que fazem parte de seu vínculo. "O suicídio parece abarcar o sofrimento individual e coletivo, pois desvela uma obrigação para que a família olhe para a sua disfuncionalidade"[8].

O pôr fim à vida como grave problema de saúde pública, bem como as ressonâncias que o ato "desperta" nos(as) sobreviventes requerem investigações que possam apontar possibilidades para a compreensão de um fenômeno que, ao

[5] Botega, N. J. (2015). *Crise suicida: Avaliação e manejo*. Porto Alegre: Artmed Editora.

[6] Kovács, M. J. (coord.) (1992). *Morte e desenvolvimento humano*. São Paulo: Editora Casa do Psicólogo.

[7] Cavalcante, P. P. Filho. (2023). Do silêncio à voz: sobrevivente de pai que deu fim à própria vida. *In* A. S. Bertolucci, A. C. F. de Oliveira, G. F. S. Cabral, & P. P. Cavalcante, Filho (Orgs.). *Suicídio: ditos e interditos* (pp. 20-35). Rio de Janeiro, RJ: Editora Via Verita.

[8] Fukumitsu, K. O. (2013). *O processo de luto do filho da pessoa que cometeu suicidio*. [Tese de doutorado, Instituto de Psicologia, Universidade de São Paulo]. Recuperado em 18 jul. 2024, de https://www.teses.usp.br/teses/disponiveis/47/47131/ tde-04072013-143625/pt-br.php , p. 33.

ocorrer, instala uma crise na família e desencadeia acentuado sofrimento existencial. Daí a importância desta revisão da literatura sistemática que subsidia a tese de doutorado, de nos levar a voltar o nosso olhar para os filhos ou as filhas de pais e mães que deram fim à própria vida.

Método

Trata-se de uma revisão da literatura de escopo, sistemática, com o objetivo de levantar a abordagem que a literatura científica tem dado à temática em estudo. Realizamos uma busca de artigos, dissertações e teses publicadas no Brasil entre os anos de 2011 e 2023. Para a busca dos estudos consultamos no mês de janeiro de 2024, as bases de dados do Portal de Periódicos da Coordenação de Aperfeiçoamento de Pessoal de Nível Superior (Capes), Biblioteca Virtual em Saúde (BVS Brasil), *Scientific Electronic Library Online* (SciELO), Literatura Latino-americana e do Caribe em Ciências da Saúde (Lilacs) e Biblioteca Digital Brasileira de Teses e Dissertações (BDTD).

Os descritores escolhidos foram: luto, suicídio, pais, relações familiares e sobreviventes, todos indexados ao Vocabulário de Descritores em Ciências da Saúde (DeCS), da BVS Saúde. As equações de busca nas bases de dados citadas foram compostas com a interseção do booleano AND em todos os descritores: 1º descritor, "luto AND suicídio AND filhos", 2º descritor, "luto AND suicídio AND relações familiares", e 3º descritor, "luto AND suicídio AND sobreviventes".

Para a composição do banco de dados da pesquisa nos bancos de dados elegidos, adotamos como critérios de inclusão artigos, dissertações e teses publicados em língua portuguesa no Brasil, contendo resumos e textos disponibilizados na íntegra. Excluímos do corpus desta investigação os documentos encontrados em língua estrangeira e que não discutissem os temas de interesse deste estudo, bem como os achados publicados em domínios de acesso pago.

A busca e a análise crítica dos estudos selecionados foram desenvolvidas em duas etapas, sendo, na primeira, realizada a leitura dos documentos por título e resumo e, na segunda, a leitura na íntegra dos achados selecionados. A seleção dos trabalhos foi realizada pelo primeiro pesquisador, enquanto dois juízes avaliaram e validaram os resultados da busca, bem como a qualidade dos documentos para a inclusão no banco de dados desta pesquisa.

Resultados e discussões

Identificamos por título e resumo 80 publicações científicas, das quais 18 foram excluídas pela leitura dos resumos por não atenderem aos critérios de inclusão e 25 por serem repetidas. A Biblioteca Digital Brasileira de Teses e Dissertações (BDTD) apresentou o maior número de achados (32), dos quais foram excluídas 11 dissertações e 2 teses pela leitura dos resumos e, por serem repetidas, 2 dissertações e 3 teses. Para a leitura na íntegra, foram selecionadas 11 dissertações e 3 teses.

Já o Portal de Periódico da Capes apresentou 25 achados, dos quais 2 foram excluídos pela leitura dos resumos e 6 por repetição. Foram selecionados 18 artigos para leitura na íntegra.

Na base de dados Lilacs foram encontrados 4 estudos, sendo 2 excluídos por serem repetidos. Foram selecionados 2 artigos para leitura na íntegra.

A SciELO apresentou 13 achados, dos quais 3 foram excluídos pela leitura do resumo e 7 por repetição. Foram selecionados 3 artigos para leitura na íntegra.

Na Biblioteca Virtual em Saúde (BVS Brasil) encontramos 5 estudos, sendo os 5 excluídos por serem repetidos.

Na Tabela 1, apresentamos os resultados das buscas nas bases de dados citadas por descritores.

Tabela 1 – Quantitativos dos achados por base de dados

Banco de dados pesquisados/quantitativos						
Equações	**BDTD**	**P Capes**	**BVS Brasil**	**LILACS**	**SciELO**	**Totais**
Luto AND suicídio AND filhos	17	07	04	04	00	32
Luto AND suicídio AND relações familiares	06	05	00	02	01	14
Luto AND suicídio AND sobreviventes	09	14	00	07	04	34
Totais	32	26	04	13	05	80

Nota: Elaborada pelos(as) autores(as) (2024).

Continuando, na Figura 1, apresentamos o fluxo dos procedimentos das etapas de seleção por critérios de inclusão e exclusão.

Figura 1 – Fluxograma das etapas de seleção

1ª ETAPA	Fase 1 Achados	⊃	**Total de achados nas bases de dados: 80**
	Fase 2 Exclusão de Achados	⊃	**Exclusão de achados por leitura de títulos e resumos: 43** – Repetidos: 25 – Não atendeu aos critérios: 18
2ª ETAPA	Fase 3 Separação dos Achados	⊃	**Estudos selecionados para leitura na íntegra: 37** – Artigos: 23; Dissertações: 10; Tese: 04.
	Fase 4 Inclusão de Achados	⊃	**Estudos incluídos por atender aos critérios de inclusão: 5** – Artigos: 02; Dissertações: 02; Tese: 01.

Nota: Elaborada pelos(as) autores(as).

A revisão da literatura apresentou escassez de estudos com a temática da experiência de filhos enlutados ou filhas enlutadas por suicídio. Os estudos encontrados, em grande parte, relacionavam-se ao luto decorrente de várias causas de morte, em outros casos, as temáticas abordadas eram bem distintas das que se enquadram no objetivo desta revisão, por se tratarem de luto pela doação de órgãos e autolesão em jovens, do significado da morte para profissionais de saúde, da violência entre adolescentes, da prevenção e posvenção do suicídio, de considerações psicanalíticas sobre autolesão e de luto por suicídio e posvenção na polícia militar.

Na Tabela 2, apresentamos as áreas de conhecimento dos 37 achados, com predominância da área de Psicologia, com 30 estudos:

Tabela 2 – Área de conhecimento dos achados

Discriminação	**Quantidades**
Psicologia	30
Teoria e História Literária	02
Saúde Mental	02
Enfermagem	01
Total	37

Nota: Elaborada pelos(as) autores(as) (2024).

Na sequência, apresentamos na Tabela 3 os tipos de materiais encontrados. Observamos que 37 das produções científicas encontradas nos bancos de dados pesquisados concentram-se em 4 teses de doutorado, 10 dissertações de mestrado e 23 artigos.

Tabela 3 – Tipos de achados nos bancos de dados pesquisados

Discriminação	**Quantidades**
Tese de doutorado	04
Dissertação de mestrado	10
Artigos	23
Total	37

Nota: Elaborada pelos(as) autores(as) (2024).

Em relação ao período de produção das publicações, de acordo com a Tabela 4, no ano de 2015 nenhum trabalho foi encontrado nos bancos de dados pesquisados, enquanto o ano de 2022 foi o que apresentou o maior número de publicações (10), representando 27% do total de publicações encontradas (37).

Tabela 4 – Ano/Número de textos publicados

Tipo	2011	2012	2013	2014	2016	2017	2018	2019	2020	2021	2022	2023	Total
Teses	-	-	01	-	-	-	-	-	01	01	01	-	**04**
Dissertações	01	01	-	01	01	01	-	-	-	02	03	-	**10**
Artigos	-	01	01	02	02	-	04	02	01	01	06	03	**23**
Totais	**01**	**02**	**02**	**03**	**03**	**01**	**04**	**02**	**02**	**04**	10	03	37

Nota: Elaborada pelos(as) autores(as) (2024).

Composto o *corpus* da revisão, a partir da análise dos conteúdos dos materiais selecionados, salta aos olhos a escassez de trabalhos sobre o tema pesquisado. Dos 37 trabalhos selecionados para leitura na íntegra foram excluídas 8 dissertações, 3 teses e 21 artigos por não atenderem aos critérios de inclusão. Na Tabela 5 estão relacionados os 5 estudos componentes do banco de dados desta pesquisa, todos de conformidade com os critérios de elegibilidade.

Tabela 5 – Relação de materiais do banco de dados da pesquisa

Título	**Autor (a)**	**Dissertação/ Artigo**	**Ano**	**Elegibilidade**
O processo de luto do filho da pessoa que cometeu suicídio.	Karina Okagima **Fukumitsu**	Tese	2013	Por inclusão
O enlutamento por suicídio: elementos de compreensão na clínica da perda.	Artur Mamed **Cândido**	Dissertação	2011	Por inclusão
Autópsia psicológica: compreendendo casos de suicídio e o impacto da perda.	Tatiane Gouveia de **Miranda**	Dissertação	2014	Por inclusão

Título	Autor (a)	Dissertação/ Artigo	Ano	Elegibilidade
Especificidades sobre o processo de luto frente ao suicídio.	Karina Okagima **Fukumitsu**	Artigo	2016	Por inclusão
Vivenciando o luto na família: do luto à busca pela superação.	Kassiane **Dutra et al.**	Artigo	2018	Por inclusão

Nota: Elaborada pelos(as) autores(as) (2024).

O estudo de Fukumitsu[9], O processo de luto do filho da pessoa que cometeu suicídio, teve por objetivo compreender o processo de luto do filho ou da filha da pessoa que cometeu suicídio. Foram entrevistados 9 filhos enlutados por suicídio, sendo 3 do gênero masculino e 6 do gênero feminino. A pesquisa é de natureza qualitativa, com as unidades de significados extraídas de acordo com o método fenomenológico proposto por Husserl[10] e as adequações ao método propostas por Moustakas[11], compreendidas a partir da abordagem Gestalt-terapia.

Para a autora, o processo de enlutamento por suicídio envolve momentos de instabilidade. O sobrevivente acredita que poderia ter salvado a pessoa, sente-se impotente por não ter percebido os sinais de que ela iria dar fim à vida e por não ter conseguido evitar a morte de seu ente querido.

A pesquisadora comenta que, a partir das narrativas, foi possível levantar as principais afetações do enlutamento de filhos e filhas de pais e mães que deram fim à própria vida:

[9] Fukumitsu, 2013.

[10] Husserl, E. (2000). *A ideia da fenomenologia*. Lisboa: Edições 70.

[11] Moustakas, C. (1994). *Phenomenological research methods*. Thousand Oaks, CA: Sage Publications.

culpa, autoacusação, insegurança, raiva, vergonha, sensação de abandono e rejeição, sentimento de ter sido ludibriado, lesado, traído, buscar abrigo e proteção, medo do desconhecido e dos sentimentos, lidar com o estigma e o isolamento, entre outras.

Ao se sentirem ameaçados pelo impacto do suicídio, os colaboradores relataram que, por não saber que a morte ocorrera por suicídio, dois processos de luto se instalaram: o primeiro, da morte em si, e o segundo, pelo conhecimento posterior de que a morte se deu por suicídio.

A autora relata que a maioria dos entrevistados (6) ouviram que o suicídio não era assunto para ser falado; outros sentiram que o próprio contexto familiar não permitia que o tema fosse compartilhado. Nesse sentido, a pesquisadora compreende o suicídio como a morte interdita.

Com a interdição da morte por suicídio, o processo de luto dos sobreviventes é vivido isoladamente, em decorrência da desaprovação da sociedade, causada pelo estigma e o tabu que envolvem historicamente o pôr fim à própria vida. Como desconstruir as compreensões moralizantes sobre a morte voluntária? Como compreender que a morte de si é uma das possibilidades de poder-ser do *Dasein*?

Fukumitsu[12] levanta uma questão: qual seria a melhor idade para elaborar o suicídio? A pesquisadora pontua que, independentemente da idade em que o filho ou a filha se encontrava quando ocorreu o suicídio de seu pai/mãe, tudo parece ser muito difícil de vivenciar antes e depois do evento: compreender, suportar, perguntar, contar e cuidar.

A prematuridade da morte do pai ou da mãe parece ter provocado a sensação nos filhos de se sentirem sem chão

12 Fukumitsu, 2013.

e, segundo a autora, pode ser compreendida como um dos gatilhos para que o filho ou a filha tenha se tornado responsável também prematuramente, forçado que se viu a assumir tarefas como cozinhar, cuidar e acompanhar os estudos de seus irmãos, arrumar e limpar a casa, entre outras atividades.

Segundo Fukumitsu[13], a culpa e as autoacusações apareceram na maioria dos depoimentos, pois se acredita que o suicídio desafia a potência tanto da família quanto do profissional que trabalha com pessoas que cometeram suicídio. Os diferentes modos de lidar com a culpa e as autoacusações emergiram nas narrativas dos entrevistados, como o de utilizar a culpa como controle, como uma maneira de se sentirem paralisados ou de depositarem a responsabilidade da morte sobre quem ficou. Outras formas de manejo também foram evidenciadas: receber apoio dos familiares e amigos, assegurar seu lugar de pertencimento na religião, assegurar seu lugar de pertencimento na profissão - dos 9 entrevistados, 2 fizeram Psicologia e 3 eram estudantes de Psicologia. Além disso, fazer psicoterapia e buscar apoio em outras pessoas do seu convívio.

Para alguns entrevistados, o segredo tornou-se poderoso quando apenas alguns sabiam de como se dera a morte e quem sabia ficava no poder ou, então, com o peso do saber. Para a autora, o não falar é uma das piores violências.

Por outro lado, cada colaborador precisou ter coragem para buscar um novo sentido de vida. Não somente os filhos ou as filhas de pessoas que cometeram suicídio, mas também os enlutados por suicídio em geral parecem conviver com a constante busca para encontrar o próprio tom e ritmo, razão pela qual acreditamos que seja preciso coragem para

[13] *Ibid.*

que a vida novamente impere e as transformações possam acontecer.

Nesse sentido, Barnes[14] pontua que o luto redesenha "o tempo, sua extensão, sua textura, sua função: um dia não significa mais que o próximo, então, por que eles ganharam nomes diferentes? Ele também reconfigura o espaço. Você encontrou uma nova geografia, mapeada por uma nova cartografia"[15], em que a dor, o sofrimento, a angústia e a tristeza teimam em paralisar a vida dos sobreviventes.

Concordo com Fukumitsu[16], ao concluir, que não devemos generalizar os achados de sua pesquisa, uma vez que os fatores de vulnerabilidade e as potencialidades devem ser compreendidas como possíveis influências e características de colaboradores de seu estudo, e que não são as mesmas para todos os filhos ou todas as filhas de pessoas que cometeram suicídio.

Afinal, sou filho de pai que deu fim à própria vida e a minha experiência foi vivenciada por um silenciamento que calou a minha voz e a dos meus irmãos por mais de 30 anos.

Por sua vez, Cândido[17], em sua dissertação, com o título *O enlutamento por suicídio: elementos de compreensão na clínica da perda*, busca contribuir para a compreensão clínica das experiências vividas por pessoas que perderam alguém por suicídio.

[14] Barnes, J. (2014). *Altos voos e queda livre* (L. V. de Castro, Trad.). Rio de Janeiro, RJ: Editora Rocco.

[15] *Ibid.*, p. 92.

[16] Fukumitsu, 2013.

[17] Cândido, A. M. (2011). *O enlutamento por suicídio: Elementos de compreensão na clínica da perda [Dissertação de mestrado, Instituto de Psicologia, Universidade de Brasília]*. Recuperado em 18 jul. 2024, de http://icts.unb.br/jspui/handle/10482/10000

Inicialmente o pesquisador convidou 25 sobreviventes, dos quais 12 aceitaram o convite e 8 participaram da entrevista. Os 8 colaboradores da pesquisa contavam idades entre 25 e 51 anos, sendo 5 do gênero feminino e 4 do gênero masculino. Quanto ao acesso aos colaboradores, o pesquisador respeitou um período de seis meses entre a data da morte e a data do primeiro contato.

Em relação ao grau de relacionamento dos sobreviventes com a pessoa que deu fim à vida, o estudo contou com três irmãs, um filho, uma esposa, uma prima, um cunhado e um amigo. Foi utilizado o método clínico-qualitativo, com a coleta de dados realizada a partir de um roteiro de entrevista semiestruturada.

O conteúdo das entrevistas foi analisado por meio das seguintes linhas temáticas: "antecedentes da perda: contextos e vulnerabilidades" – permitiu que se compreendesse o modo como cada participante se percebeu implicado e como repercutiu o processo de luto; "o luto por suicídio: experiências e elaborações" – que se avaliasse o impacto da perda para acessar o universo de concepções e elaborações de cada sobrevivente sobre o significado da perda; e "o luto por suicídio: estratégias de enfrentamento e suporte psicossocial" – que se apreendesse a percepção dos colaboradores da pesquisa sobre as estratégias de enfrentamento do luto e sobre o suporte psicossocial oferecido pela rede de apoio.

Cândido[18] relata que, dos 8 entrevistados, apenas um reconheceu que a família conseguiu se reorganizar de modo saudável, manter-se em coesão para enfrentar a crise pela morte de um dos membros por suicídio. Entre os demais, o mais comum foram famílias que se desorganizaram, em

[18] *Ibid.*

que o suicídio se tornou um tema interdito. Vários deles relacionam o suicídio a contextos familiares disfuncionais.

O autor realça o caso de uma participante se reconhecer como herdeira de um contexto suicidogênico, ao perder a mãe por suicídio na infância, e por ter presenciado ainda criança a tentativa de suicídio do pai. Também por ela ter tentado dar fim à vida várias vezes durante a adolescência, só deixando de fazê-lo depois de casar-se e se converter ao protestantismo, e pelo fato de o irmão, na idade adulta, ter antecipado a sua morte.

Segundo Cândido[19], todos os participantes referiram que a morte por suicídio difere das outras pelos severos desafios que atravessam os sobreviventes no enfrentamento do luto. A maioria dos enlutados relatou ter sido lançado em períodos variáveis de vulnerabilidade psicológica, durante os quais viveram experiências de profunda insegurança, desorientação, ansiedade, desamparo, raiva, culpa e dificuldade de aceitar a morte.

O autor pontua ainda que alguns participantes destacaram que o acolhimento oferecido pela comunidade religiosa foi importante para a vivência do seu processo de luto, enquanto outros fizeram ressalvas aos tabus sobre o assunto, que reforçaram a manifestação de sentimento de culpa e de atitudes de condenação.

Cândido[20] assinala que quanto mais os entrevistados conseguiram tolerar a angústia veiculada pelas memórias dolorosas, maior foi a possibilidade de reconstruírem os seus universos de significados pessoais. Desse modo, a saudade que os enlutados passaram a sentir ofereceu-lhes condições

[19] *Ibid.*

[20] *Ibid.*

para que pudessem avaliar a amplitude da perda que viveram e reconstituir a narrativa de suas vidas, sem o peso de uma angústia desorganizadora.

Lembro mais uma vez de Barnes[21], que relata a perda de sua esposa e a angústia que tomou conta de si pela ausência – a ponto de pensar em antecipar sua morte –, e a reflexão que o levou a não praticar o ato. Ele entendeu que, embora ela não estivesse viva, estava viva em sua lembrança. "Se ela estava em algum lugar, era dentro de mim, internalizada. Isto era normal. E era igualmente normal – e irrefutável – que eu não podia me matar porque a estaria matando também"[22].

Já Miranda[23], em seu estudo intitulado *Autópsia psicológica: compreendendo casos de suicídio e o impacto da perda*, realizou entrevistas semiestruturadas de autópsia psicológica com sobreviventes de suicídio, para avaliar os fatores clínicos, os precipitadores, os estressores e as motivações que contribuíram para a prática do ato.

A pesquisa qualitativa com estudo de múltiplos casos contou com 4 participantes, sendo 2 filhas de um pai que deu fim à vida aos 64 anos, e o pai e a mãe de um filho suicida aos 26 anos. A pesquisadora utilizou como recursos as entrevistas semiestruturadas e, para análise dos dados, o método clínico-qualitativo.

No primeiro caso, do enlutamento das filhas pela morte do pai, os resultados do estudo, de acordo com a

[21] Barnes, 2014.

[22] *Ibid.*, p. 98.

[23] Miranda, T. G. de. (2014). *Autópsia psicológica: compreendendo casos de suicídio e o impacto da perda* [Dissertação de mestrado, Instituto de Psicologia, Universidade de Brasília]. Repositório Institucional da UnB. Retirado em 24 jun. 2024, de https://repositorio.unb.br/handle/10482/16392

autora, apontaram alguns fatores estressores e precipitadores narrados pelas filhas como contribuintes para o ato como: dificuldades financeiras, agravadas por ameaças de morte sofridas pelo pai se não pagasse a dívida, iminente perda do emprego, que garantia o sustento da família, falta de apoio dos filhos e arrependimento por trair a cônjuge.

Para Miranda, as frustrações, as dificuldades enfrentadas pelo pai e o sentimento de humilhação pública ou de constrangimento foram evitados com o suicídio. O ato foi consumado por enforcamento, em uma árvore situada na calçada de sua casa. A autora comenta que o corpo enforcado deixado visível para todos que passavam ver sugere o desejo do pai de vingar-se da família com a exposição do suicídio.

A autora ainda realça os comportamentos suicidas que permeiam o cotidiano da família. Desde a adolescência, o pai ameaçava suicidar-se. Depois de casado, usava a ameaça de antecipação da morte como meio de manipulação para que a esposa concordasse com a venda de algum patrimônio. A esposa tentou suicídio por duas vezes – por envenenamento e overdose de medicamentos –, mas fracassou, pois, foi encontrada a tempo de ser socorrida. Uma das filhas relata que não se suicidaria por saber dos problemas que causaria aos filhos, entretanto, dois outros irmãos também têm ideações suicidas.

Para a pesquisadora, a morte do pai gerou um medo autodestrutivo nos membros da família, como se houvesse uma sensação de "destino ou ruína". Uma das filhas, segundo Miranda[24], pergunta: "será que é alguma patologia, alguma coisa assim? Eu acho que é obsessão em família, né?

[24] *Ibid.*

Os suicidas da família". Como se distanciar da busca de explicações que reforçam o tabu e o estigma do pôr fim à vida?

Quanto ao processo de luto, a pesquisadora registra que, mesmo após 28 anos da morte do pai, as filhas continuam buscando explicações, tentando compreender o que aconteceu, além de se culparem pelo ato em si. A dor que as filhas atribuíram aos demais familiares expressou-se em sentimentos de desespero, abatimento, agonia, aflição, angústia e remorso, além do sofrimento de modo particular da mãe, que se impôs ao silêncio.

Para Miranda, o silêncio e o sigilo podem expressar a culpa que a família sente que, no entanto, não deixa de recorrer a eles para sua proteção, ainda que o silenciamento dos sobreviventes possa ser provocado pelo medo, pelo preconceito, pela culpa, pela vergonha ou pela não aceitação da morte.

No segundo caso, de pais que perderam o filho por suicídio, as entrevistas ocorreram cinco meses após a morte. Para Miranda[25], as narrativas apontaram que o filho, desde criança, era fortemente dependente da mãe, de quem exigia, por exemplo, que acordasse de noite para o cobrir e dar-lhe água.

Segundo a autora, o filho projetava nos outros a responsabilidade de atender às suas necessidades e explodia quando não eram satisfeitas. Três meses antes do suicídio ele apresentava um comportamento depressivo e irritável. Cogitou-se como diagnóstico o Transtorno de Déficit de Atenção/Hiperatividade, com predominância da desatenção.

Os pais, relata a autora, disseram que nenhum evento precipitador/estressor imediato foi percebido que tenha

[25] *Ibid.*

induzido o rapaz ao suicídio, embora ele externasse ser humilhante não passar em um concurso de que estava participando, e se autorrecriminasse, com raiva de si mesmo, aparentando desesperança com o futuro, apesar de negar que tinha algum problema.

Um dia antes do suicídio, o rapaz foi a uma festa e passou o dia bebendo com amigos. Para a pesquisadora, o álcool foi usado para amenizar o sofrimento e, ao mesmo tempo, de aliviar a dor de ter planejado se matar por enforcamento em seu quarto, quando todos dormiam.

Miranda concluiu seu estudo dizendo que, no relato do processo de luto dos pais, percebeu que o silêncio dos sobreviventes se configurava em não falar sobre o ato praticado e o segredo de como se deu o modo da morte do ente querido para outras pessoas. Miranda[26] percebeu ainda que o enlutamento foi tomado por muita comoção, sentimento de culpa, abandono – distanciamento das pessoas, por não tolerarem a angústia da dor dos sobreviventes e não entenderem o "porquê" do suicídio, a falta de apoio, de espaço para escuta, fatores que podem se configurar em silenciamento, gerando sintomas patológicos nos(as) enlutados(as).

Já Dutra *et al.*[27], em *Vivenciando o suicídio na família: do luto à busca pela superação*, buscaram compreender a vivência da família ao perder um familiar por suicídio, a partir de uma abordagem qualitativa referenciada na perspectiva construtivista da Teoria Fundamentada nos Dados (TFD).

26 *Ibid.*

27 Dutra, K., Preis, L. C. P., Caetano, J., Santos, J. L. G. dos, & Lessa, G. (2018). Vivenciando o suicídio na família: do luto à busca pela superação. *Revista Brasileira de Enfermagem*, *71*(suppl 5), 2274-2281. https://doi.org/10.1590/0034-7167-2017-0679

A pesquisa foi realizada com a entrevista de 20 participantes, sendo 13 profissionais de saúde, entre 28 e 58 anos de idade, e 7 familiares enlutados por suicídio, com idade entre 24 e 51 anos. O tempo em que ocorreram os atos variou entre 4 meses e 11 anos.

Os participantes foram organizados em 3 grupos: o primeiro, composto por 9 profissionais do Programa de Estratégias de Saúde da Família (ESF), o segundo formado com 4 profissionais do Centro de Atenção Psicossocial (Caps), e o terceiro, formado por 7 familiares (3 filhos, 1 esposa, 1 tia e 1 mãe). A coleta de dados ocorreu por meio de entrevista intensiva.

Entre os principais resultados encontrados, os pesquisadores indicaram que, num primeiro momento, os familiares entraram em estado de choque, ficaram desesperados com a notícia, mesmo ante as evidências de que a pessoa apresentava ideações suicidas, porque achavam que o ato não seria consumado. O desespero tomou conta e a busca por explicações levou um dos participantes do grupo a acreditar, de início, que a morte poderia ter ocorrido por assassinato, e não por suicídio.

Segundo os autores, após sair do estado de choque, os familiares se voltaram à convivência com o sofrimento e as repercussões do suicídio, como angústia, tristeza e culpa por não terem evitado a morte, e ao enfrentamento das cobranças e julgamentos da sociedade.

As principais estratégias adotadas pelos entrevistados para reconstruir a vida, amenizar o sofrimento e retomar a dinâmica da vida foram voltar-se para Deus, deixar a cidade, buscar o apoio de vizinhos, amigos e de profissionais, principalmente psicólogos.

Dutra *et al.*[28] recomendam que o estudo, por ser oriundo de um único cenário, em um município do sul de Santa

[28] *Ibid.*

Catarina, com aproximadamente 30 mil habitantes, deve ser generalizado com cautela, em função das características metodológicas e das nuances da problemática pesquisada. Importa compreender o cuidado dos autores em relação à generalização dos resultados da pesquisa. Nessa direção, vale destacar que a teoria fundamentada em dados, segundo Gil[29], apesar de ter alguns pontos convergentes com a pesquisa fenomenológica, apresenta diferenças importantes em seus fundamentos.

Enquanto a pesquisa fenomenológica tem como perspectiva de estudo o modo como se dá a experiência dos colaboradores de pesquisa atravessados por determinado acontecimento – não cabendo generalizações pela vivência singular de cada colaborador –, a teoria fundamentada em dados tem como fundamento a interação com a realidade dos colaboradores para daí formular uma teoria que explique como vivenciam e reagem ante os acontecimentos que vêm ao seu encontro.

O artigo de Fukumitsu e Kovács[30], "Especificidades sobre processo de luto frente ao suicídio", apresenta um recorte de sua tese já comentada anteriormente, pois versa sobre os seus achados junto aos 9 colaboradores de pesquisa enlutados por pais e mães que deram fim à própria vida.

A revisão da literatura indicou escassez de estudos a respeito da experiência do luto de filhos por suicídio do pai ou da mãe, apenas uma tese, duas dissertações e dois artigos abordaram o tema, com destaque para a tese de

[29] Gil, A. C. (2019). *Como elaborar projetos de pesquisa* (6a ed.). São Paulo: Editora Atlas.

[30] Fukumitsu, K. O., & Kovács, M. J. (2016). Especificidades sobre processo de luto frente ao suicídio. *Revista Psicologia*, *47*(1), 3-12. https://dx.doi.org/10.15448/1980-8623.2016.1.19651

Fukumitsu[31] e o artigo de Fukumitsu e Kovács[32], que versam sobre o processo de luto de filhos (3) e de filhas (6) enlutados por suicídio do pai ou da mãe (4 pais e 5 mães).

Importa destacar que os resultados apresentados não são representativos de todos os filhos enlutados por suicídio. A pesquisa qualitativa não permite generalizações, o fenômeno do luto envolve multidimensionalidade com manifestações de singularidade experienciada por cada pessoa, como indicam Oliveira e Machado[33], cada enlutado processa o luto conforme suas características de personalidade.

Por sua vez, os desafios apresentados pelos colaboradores de pesquisa para superar o enfrentamento do luto, pelo estigma e o tabu que ainda envolvem o tema na contemporaneidade, como aludem Scavacini et al.[34], provocaram, entre outros, silenciamento, isolamento e o não reconhecimento e validação social do processo de luto. Como compreender o enlutamento de filhos afetados pelo pôr fim à vida dos pais e mães em uma sociedade que prega o sucesso e a felicidade a todo custo? Em uma sociedade positivista, em que a dor e o sofrimento são tamponados?

Considerações finais

Na atualidade, o suicídio é um dos maiores desafios da saúde pública mundial, tanto pelo número de mortes

31 Fukumitsu, 2013.

32 Fukumitsu & Kovács, *op. cit.*

33 Oliveira, A. A., & Machado, F. C. L. (2018). Adolescência, suicídio e o luto dos pais. *Revista Uningá*, *55*(2), 141-153. https://doi.org/10.46311/2318-0579.55.eUJ129

34 Scavacini, K., Cornejo, E. R., & Cescon, L. F. (2019, janeiro-junho). Grupo de apoio aos enlutados pelo suicídio: uma experiência de posvenção e suporte social. *Revista M. – estudos sobre a morte, os mortos e o morrer*, *4*(7), 201-214. https://doi.org/10.9789/ 2525-3050.2019.v4i7.201-214

enquadradas nesse tipo quanto pelas tentativas, além do estigma e do tabu que envolvem o fenômeno. Não menos atenção deve ser dada pelos governantes, universidades e toda a sociedade aos enlutados por suicídio, pelas ressonâncias sobre o existir dos sobreviventes diante da perda de um ente querido.

Nesse sentido, o presente trabalho buscou compreender como o filho experiencia a perda do pai ou da mãe por suicídio, a partir de estudos já publicados no Brasil durante os últimos 15 anos. A revisão da literatura apresentou escassez de estudos a respeito dessa temática. Em sua maioria, os estudos encontrados se relacionavam ao luto por várias outras causas: luto pela doação de órgão, autolesão em jovens, violência entre adolescentes, prevenção e posvenção do suicídio.

Chamou-nos a atenção, no ano de 2020, além do número maior de trabalhos publicados (10), a abordagem, pela grande maioria, da prevenção e posvenção do suicídio, talvez motivados pelo agravamento do pôr fim à vida durante o tsunami da pandemia da covid-19.

Apenas 5 trabalhos foram incluídos no banco de dados desta revisão sistemática da literatura por abordarem o tema em estudo. Nesses, realçamos que os(as) colaboradores(as) das pesquisas apresentaram sentimentos pelas perdas de seus entes queridos como: ansiedade, raiva, angústia, desamparo, desespero, medo, aflição, abatimento, entre outros.

Importa sinalizar que os estudos de certo modo denotam a busca de explicações para o ato, a ideia de prevenção e controle do ato. Nenhum dos estudos teve como foco a compreensão da experiência dos(as) enlutados(as), em uma perspectiva fenomenológico-existencial.

A partir dessa constatação, a revisão da literatura apresentou limitações para a compreensão das ressonâncias do suicídio sobre filhos, diante das decisões de pais e mães que deram fim à própria vida. Essas limitações nos convocam a atender à necessidade de realizar pesquisas com esses sobreviventes, com um olhar fenomenológico que acompanhe a crise existencial dos colaboradores de pesquisa, para nos aproximarmos da experiência de cada um em suas narrativas e, assim, criarmos condições para que o fenômeno se mostre em seu caráter mais originário, antes de qualquer preconceito ou ideia moralizante acerca do pôr fim à vida.

Referências

Barnes, J. (2014). *Altos voos e queda livre* (L. V. de Castro, Trad.). Rio de Janeiro, RJ: Editora Rocco.

Botega, N. J. (2015). *Crise suicida: Avaliação e manejo*. Porto Alegre: Artmed Editora.

Cândido, A. M. (2011). *O enlutamento por suicídio: Elementos de compreensão na clínica da perda* [Dissertação de mestrado, Instituto de Psicologia, Universidade de Brasília]. Repositório Institucional da UnB. http://icts.unb.br/jspui/handle/10482/10000

Cavalcante, P. P. Filho. (2023). Do silêncio à voz: sobrevivente de pai que deu fim à própria vida. *In* A. S. Bertolucci, A. C. F. de Oliveira, G. F. S. Cabral, & P. P. Cavalcante, Filho (Orgs.). *Suicídio: ditos e interditos* (pp. 20-35). Rio de Janeiro, RJ: Editora Via Verita.

Dutra, K., Preis, L. C. P., Caetano, J., Santos, J. L. G. dos, & Lessa, G. (2018). Vivenciando o suicídio na família: do luto à busca pela superação. *Revista Brasileira de Enfermagem*, *71*(suppl 5), 2274-2281. https://doi.org/10.1590/0034-7167-2017-0679

Feijoo, A. M. L. C. (2021). *Suicídio e Luto: da investigação fenomenológico-hermenêutica às práticas clínicas fenomenológico-existenciais*. Rio de Janeiro, RJ: Edições Ifen.

Fukumitsu, K. O. (2013). *O processo de luto do filho da pessoa que cometeu suicídio* [Tese de doutorado, Instituto de Psicologia, Universidade de São Paulo]. Biblioteca Digital de Teses e Dissertações da USP. Recuperado em 22 jun. 2024, de https://www.teses.usp.br/teses/disponiveis/47/47131/ tde-04072013-143625/pt-br.php

Fukumitsu, K. O., & Kovács, M. J. (2016). Especificidades sobre processo de luto frente ao suicídio. *Revista Psicologia*, *47*(1), 3-12. https://dx.doi.org/10.15448/1980-8623.2016.1.19651

Gil, A. C. (2019). *Como elaborar projetos de pesquisa* (6a ed.). São Paulo: Editora Atlas.

Husserl, E. (2000). *A ideia da fenomenologia*. Lisboa: Edições 70.

Kovács, M. J. (coord.) (1992). *Morte e desenvolvimento humano*. São Paulo: Editora Casa do Psicólogo.

Minois, G. (2018). *História do suicídio: a sociedade ocidental diante da morte voluntária* (F. Santos, Trad.). São Paulo: Editora Unesp.

Miranda, T. G. de. (2014). *Autópsia psicológica: compreendendo casos de suicídio e o impacto da perda* [Dissertação de mestrado, Instituto de Psicologia, Universidade de Brasília]. Repositório Institucional da UnB. Retirado em 24 jun. 2024, de https://repositorio.unb.br/handle/10482/ 16392

Moustakas, C. (1994). *Phenomenological research methods*. Thousand Oaks, CA: Sage Publications.

Oliveira, A. A., & Machado, F. C. L. (2018). Adolescência, suicídio e o luto dos pais. *Revista Uningá*, *55*(2), 141-153. https://doi.org/10.46311/2318-0579.55.eUJ129

Scavacini, K., Cornejo, E. R., & Cescon, L. F. (2019). Grupo de apoio aos enlutados pelo suicídio: uma experiência de posvenção e suporte social. *Revista M. – estudos sobre a morte, os mortos e o morrer*, *4*(7), 201-214. https://doi.org/10.9789/ 2525-3050.2019.v4i7.201-214

World Health Organization. (2021). *Suicide worldwide in 2019: Global health estimates*. Geneva: WHO. Retrieved jun. 2024, from https://www.who.int/publications/i/item/978924002 6643

10

Cuidado entre mulheres: a ética amorosa de bell hooks no serviço de Psicologia aplicada da UFF

Thamiris Iorio

Uma das tendências centrais no campo da psicologia fenomenológico-hermenêutica contemporânea é a formulação de uma atitude denominada atitude decolonial, ou pensamento decolonial, por parte de pesquisadores engajados na investigação dos problemas concretos da realidade brasileira. Nesses círculos, afirma-se que, ainda que o pensamento de Martin Heidegger forneça bases teóricas consistentes para uma prática clínica em Psicologia, atenta ao horizonte histórico de sentido em que está situada, há situações específicas que parecem escapar dos limites que a analítica da existência abarca. Por um lado, parece-nos pouco razoável esperar de qualquer teoria a resolução de todos os problemas. Por outro lado, sabe-se que a realidade está sempre em transformação, o que implica que qualquer conhecimento produzido também o esteja. Por isso, nos parece pertinente a elaboração da questão de se uma atitude decolonial seria possível em psicoterapia de bases fenomenológico-hermenêutica e, em caso afirmativo, em que consistiria essa atitude.

Sá[1] demonstrou as contribuições da tradição hermenêutica para a psicoterapia, evidenciando a centralidade da questão do sentido na relação intérprete-objeto de interpretação. O campo relacional em que se dá a compreensão dos conteúdos implica que o psicoterapeuta, como existente, esteja inserido nesse campo, e não antes ou para além dele. Isso significa que não apenas o horizonte histórico de sentido do psicoterapeuta atua em sua compreensão, como também, posteriormente, a própria interpretação lançada pelo psicoterapeuta sobre a fala do paciente. O que está em causa, nesse sentido, é menos o grau de verdade representacional da interpretação do psicoterapeuta sobre o conteúdo analisado e mais as possibilidades e os limites colocados sobre a mostração do fenômeno pela interpretação.

Trata-se, sobretudo, de uma especificidade metodológica das ciências humanas, que, diferentemente das ciências naturais, buscam compreender o sentido "a partir de uma relação empática, garantida pelo parentesco entre o intérprete e o objeto de interpretação"[2].

A noção de compreensão como constituinte do modo de ser do existente tem na psicoterapia um papel metodológico importante. Considerando o componente afetivo, essencial no manejo clínico do sofrimento, acrescenta-se aquilo que Borges aponta como a novidade da fenomenologia heideggeriana em relação a Husserl e que pode ser de especial interesse às práticas clínicas em fenomenologia-hermenêutica: a constatação, pela experiência, daquela

[1] Sá, R. N. (2017). *Para além da técnica: ensaios fenomenológicos sobre psicoterapia, atenção e cuidado.* Rio de Janeiro: Via Verita.

[2] *Ibid.*, p. 15.

que é "a mais primitiva das aberturas ao mundo: a via régia do afecto"[3].

Toma-se como fundamental, portanto, o resgate da tradição hermenêutica para uma atitude decolonial em psicoterapia, uma vez que o exercício da hermenêutica previne o psicoterapeuta de cair numa interpretação arbitrária sobre o que é ou não questão para o paciente, ao tomar-se em consideração o contexto atual de efervescência nas enunciações das opressões sociais geradoras de sofrimento.

Adotando-se como recurso metateórico a hermenêutica, coloca-se a seguinte questão que norteará nosso caminho metodológico: ao adotar-se um ponto de vista interessado nas especificidades do nosso tempo, o que se abre de possibilidade na compreensão do sofrimento de mulheres? Os desafios na tentativa de conciliação da fenomenologia-hermenêutica com o pensamento decolonial demonstram apenas a relevância da proposta.

Em resposta a possíveis críticas de se seria a associação entre fenomenologia e pensamento decolonial em psicoterapia um projeto possível, utiliza-se o posicionamento de Trzan:

> Escrever um texto que busca ser recebido como fenomenológico e decolonial implica que de algum modo os leitores mais interessados ou se identificam com a fenomenologia (em suas mais diversas possibilidades), com o pensamento decolonial ou os dois ou simplesmente carregam a curiosidade de como esses dois campos podem dialogar[4].

3 Borges-Duarte, I. (2021). Angústia e tédio como fenómenos ontológicos. *In Cuidado e afectividade em Heidegger e na Análise Existencial Fenomenológica* (pp. 127-140). Lisboa/Rio de Janeiro: Documenta/Nau/PUC-Rio, p. 135.

4 Trzan, A. (2022). Pele colonial, máscaras fenomenológicas: quando a colonialidade nos impede de ver os fenômenos. *In* C. Mattar & A. Trzan

Assim, o presente trabalho apresenta uma análise dos resultados mais significativos da ação de implantação de um grupo terapêutico no Serviço de Psicologia Aplicada (SPA) da Universidade Federal Fluminense (UFF/Niterói), no período de junho de 2022 a fevereiro de 2023, com agenda aberta para o público-alvo de mulheres. Na descrição da experiência clínica desse projeto, pretende-se encaminhar a questão sobre como articular uma prática clínica decolonial à tradição da fenomenologia-hermenêutica, além de ampliar o conhecimento acerca da dinâmica de alguns dos problemas de gênero, que estão na estrutura da realidade brasileira e que geram sofrimento, sobretudo para as mulheres. Ainda, visa visibilizar as possibilidades de cuidado clínico a partir do dispositivo de grupo formado por mulheres.

Pretende-se, por fim, realizar uma contribuição ética na construção de redes de cuidado que reparem o tecido esgarçado das políticas públicas para mulheres, em defesa dos direitos humanos. Para isso, os esforços terapêuticos caminham na direção do acolhimento e da compreensão, a fim de propiciar às mulheres a possibilidade do encontro, do relato, do diálogo e da reflexão acerca de situações enfrentadas cotidianamente que são, irremediavelmente, pautadas nos preconceitos de gênero e nas relações de violência naturalizadas e banalizadas no Brasil.

Intitulada *Grupo de Cuidado entre Mulheres*, a ação ofereceu assistência psicológica semanal às interessadas por meio de prática clínica vinculada ao Programa de Pós-Graduação em Psicologia, da UFF, e ao Laboratório de Estudos, Pesquisas e Extensão em Fenomenologia, Hermenêutica e Psicologia (LAPHEPSI), coordenado pela professora Cristine

(Orgs.). *Psicologia, fenomenologia e questões decoloniais*. Rio de Janeiro, RJ: Via Verita, p. 86.

Mattar e cadastrado pelo CNPq. A realização dos encontros ocorreu no contexto de retorno às atividades presenciais no pós-pandemia, sendo muitos dos encontros realizados com o uso de máscaras em respeito às orientações de saúde em vigor na Universidade Federal Fluminense.

Inicialmente, do ponto de vista terapêutico, poder-se-ia perguntar: por quê propor um grupo de cuidado entre mulheres? Responde-se que, do ponto de vista ético, o objetivo da prática visa à promoção da liberdade e da saúde através do exercício atento da relação consigo e com outrem, tomando-se como ponto de partida duas hipóteses terapêuticas: a desconstrução das sedimentações identitárias que conferem extrema rigidez ao modo de ser caracterizado aqui como feminino e que geral sofrimento e o empoderamento do feminino como ferramenta de luta e de resistência. Segundo o Diretor-Geral da OMS, Dr. Tedros Adhanom Ghebreyesus:

> Ao contrário da Covid-19, a violência contra as mulheres não pode ser interrompida com uma vacina. Só podemos lutar contra isso com esforços sustentados e enraizados – por governos, comunidades e indivíduos – para mudar atitudes prejudiciais, melhorar o acesso a oportunidades e serviços para mulheres e meninas e promover relacionamentos saudáveis e de respeito mútuo[5].

Nesse sentido, os estudos de gênero e da condição social das mulheres, no contexto da sociedade brasileira, são imprescindíveis na desnaturalização da hierarquia estruturante das relações entre homens e mulheres. Mattar ressalta que, no Brasil, “O véu que encobria a violência e, de maneira mais ampla, a vida que se leva por ser mulher [...] começou a

[5] UOL, 2021.

ser rasgado"[6]. O discurso sobre as opressões de gênero atualmente recebe legitimação inclusive por parte das grandes mídias que, funcionando como megafone, facilitam o acesso à informação do que seria violência e opressão no cotidiano. Por isso, compreende-se que a desinformação acaba sendo uma opção para qualquer um que se diga desatualizado.

As especificidades das sedimentações históricas de nosso tempo chegam à clínica psicoterápica em forma de sofrimento, como ressalta Holzhey-Kunz[7]. Segundo a autora, a queixa da solidão é hoje um fenômeno em massa. O ideal do amor romântico, se realizado, funciona como proteção para a angústia. Entretanto, Kunz ressalta que mesmo nas relações afetivas bem-sucedidas é impossível aplacar a solidão, uma vez que se trata de uma condição ontológica: apenas o existente pode viver a própria experiência de si e do mundo.

Feijoo[8] segue linha próxima ao tratar da questão da solidão feminina. A autora demonstra como as exigências sociais de que a felicidade apenas ocorre se estiver atrelada ao casamento impactam a imagem que a mulher tem de si mesma. Quando sua realidade destoa daquilo que é esperado dela, socialmente e por ela mesma, a mulher percebe-se aquém de alguma suposta realização que não foi capaz de levar à cabo, ainda que tal realização nem sempre coincida com seu desejo. Como se, para se legitimar como mulher,

6 Mattar, C. M. (2016). *Mulher, Intimismo e Violência Conjugal: tecendo redes e histórias*. Curitiba: Prismas, p. 15.

7 Holzhey-Kunz, A. (2021). *Verdade emocional. O conteúdo filosófico das experiências emocionais*. Rio de Janeiro: Via Verita.

8 Feijoo, A. M. L. C. (2015). Solidão, cristalização da identidade feminina e a clínica psicológica existencial. *In* A. M. L. C. Feijoo & M. Protásio (Orgs.). *Situações Clínicas I, Análise Fenomenológica de Discursos Clínicos*. Rio de Janeiro: IFEN.

fosse necessário estar em um casamento heterossexual, se considerarmos o contexto da heteronormatividade.

Na década de 1950, Beauvoir já percebe o artifício da linguagem pelo qual o gênero masculino é considerado superior em relação ao feminino na sociedade patriarcal. Conforme a autora demonstra, a partir da análise de discursos da tradição metafísica, a mulher não é considerada um sujeito que dispõe da própria liberdade, mas como o outro do homem. Esse, sim, sujeito universal que prescinde das marcas do tempo e da história para que seu discurso sobre si e o mundo seja conferido de legitimidade. Mas como se deu essa hierarquização? Beauvoir pontua que é, principalmente, a conivência da mulher com sua condição de "outro", em relação ao homem, que perpetua as relações hierárquicas de gênero. Em sua obra, mais de uma vez Beauvoir questiona o sentido da falta de sororidade recorrente entre as mulheres.

Em linha próxima, Butler[9] argumenta que a binaridade dos gêneros é construída no tempo e na história através da linguagem, colocando em questão a naturalidade com que se concebe os gêneros feminino e masculino a partir do sexo biológico. A autora demonstra como os comportamentos de gênero são performados de ato em ato pelos "atores", quase sempre pouco conscientes do artifício pelo qual esses atos assumem a aparência de naturalizados. Segundo Butler, é a finalidade social de produção de riquezas e manutenção da propriedade privada que estrutura a binaridade dos gêneros, a partir da valorização histórica do núcleo familiar composto pelo casal heterossexual que, ao se reproduzir, perpassa para a próxima geração suas riquezas.

[9] Butler, J. (2003). *Problemas de gênero: feminismo e subversão da identidade.* Rio de Janeiro: Civilização brasileira.

bell hooks[10] também pondera os efeitos da ganância, destacando o medo como o principal fator de geração de sofrimento na sociedade patriarcal, uma vez que impede a aproximação do próximo. Destaca que o individualismo não necessariamente produz felicidade, uma vez que a experiência da falta raramente é aplacada: gera-se sempre mais desejo e, consequentemente, mais falta de algo que é impossível de se conquistar na sociedade capitalista. hooks[11] demonstra ainda que o feminismo, como atitude de resistência à hegemonia dos valores capitalistas, como a ganância e o individualismo, pode ser adotado por todos que quiserem viver numa comunidade onde a simplicidade seja incentivada, afinal, "viver com simplicidade é a principal forma de resistir à ganância diariamente. Pessoas de todo o mundo estão cada vez mais cientes da importância de viver com simplicidade e compartilhar recursos"[12].

Kilomba[13], por sua vez, demonstra os limites da compreensão da mulher, enquanto o outro do homem para a compreensão da realidade cotidiana das mulheres pretas, que são, na verdade, o outro do outro. A história de vida das mulheres pretas é tradicionalmente contada por autores brancos, como nos livros escolares de história que narram a comercialização de escravos e sua exploração no período colonial brasileiro. A consequência é grave: na medida em que é retirado da mulher o direito de contar sua própria história e, consequentemente, de poder se colocar como protagonista

[10] hooks, B. (2021). *Tudo sobre o amor.* São Paulo: Elefante.

[11] hooks, B. (2016). *O feminismo é para todo mundo.* Rio de Janeiro: Rosa dos tempos.

[12] hooks, *op. cit.*, p. 134.

[13] Kilomba, G. (2019). *Memórias da plantação: episódios de racismo cotidiano.* Rio de Janeiro: Cobogó.

de sua vida, a mulher preta é impedida de se responsabilizar pela sua existência, e de, portanto, viver em liberdade (mesmo após a Lei Áurea), uma vez que estará subordinada ao discurso e ao poder exercido pelo outro.

Segundo a autora: "Toda vez que sou colocada como 'Outra', estou experienciando o racismo, porque eu não sou a 'outra'. Eu sou eu mesma"[14]. Assim, as mulheres pretas sofrem dupla violência, uma em decorrência do racismo e outra pelo preconceito de gênero. Não se trata de verificar qual ocorre primeiro, mas o privilégio que a realidade das mulheres pretas ganha nas discussões acerca dos preconceitos que geram exclusão e desigualdade em razão da dupla violência. Em meio a um cenário de difícil solução rápida, tendo em vista os séculos de escravidão, Kilomba propõe um caminho de emancipação através da enunciação da própria história, que devolveria para a mulher preta o lugar de sujeito da própria existência. Beauvoir também viu na construção do lugar de sujeito da própria existência a possibilidade de realizar um corte na situação, isto é, um corte na submissão às opressões sofridas histórica e cotidianamente.

A libertação pela enunciação da própria história, indicada por Kilomba e Beauvoir, é associada à construção de uma ética amorosa nas relações cotidianas, tal como proposto por hooks. Dessa hipótese teórica surge a proposta do projeto do *Grupo de Cuidado entre Mulheres*. Poder-se-ia perguntar: como adotar uma ética amorosa nas práticas clínicas em grupo com mulheres? Segundo hooks, a partir de um compromisso com a responsabilidade (consigo e com os demais), com o cuidado e com o crescimento, de modo que a vida de todas seja melhorada. Nessa ética, é pressuposto que

[14] *Ibid.*, p. 80.

todas têm direito de ser livres, mas, para isso, é necessário o investimento de tempo e o compromisso. A ética amorosa abre caminho para a transformação de si, que, para hooks, implica no "verdadeiro amor". Isso não significa que não haverá desafios, traições, coisas ruins, mas que elas poderão ser enfrentadas de maneira que a vida seja elevada, e não amaldiçoada. Essa elevação pode acontecer a partir do momento em que mulheres se autorizarem a olhar com o sentimento de segurança para as feridas geradas no sistema patriarcal e, a partir desse olhar, assumirem aquilo que pode ser de responsabilidade sua, incluindo seus sentimentos e emoções, e o que pode ser de responsabilidade daqueles que foram (e que são) agentes de nosso sofrimento, bem como daqueles outros que o testemunharam[15].

Assim, a proposta do grupo surge como grupo como possibilidade de resgate do protagonismo das mulheres, no sentido colocado por Beauvoir e Kilomba. Trata-se de facilitar um espaço em que mulheres pudessem se responsabilizar por sua narrativa e, consequentemente, pela sua existência, libertando-se do aprisionamento gerado pelo discurso do outro. Se, por um lado, Kilomba coloca que a emancipação se dá através do resgate da própria história de vida, por outro, Evaristo[16] pontua que essa história não é individual, mas também a história de coletivo, submetido a opressões cotidianas geradoras de sofrimento. Daí a potência do grupo: trazer luz a esse coletivo no sentido de reforçar a narrativa singular.

As hipóteses teóricas indicavam um cuidado baseado na promoção do lugar de sujeito, no vínculo e na possibilidade

[15] hooks, 2021.

[16] Evaristo, C. (2016). *Insubmissas lágrimas de mulheres*. Belo Horizonte: Nandyala.

de formação de uma comunidade amorosa, nos termos de hooks. Na prática, entretanto, desafios imprevistos nos mostraram a complexidade do fenômeno, que é o encontro entre mulheres de diferentes realidades, reforçando a importância do recurso à tradição hermenêutica em complemento aos estudos decoloniais. Inicia-se aqui a descrição da prática clínica de formação e acompanhamento do grupo de mulheres.

O projeto

As inscrições para o projeto foram realizadas por meio de endereço eletrônico, disponibilizado previamente no *site* do Serviço de Psicologia Aplicada (SPA-UFF) e nas redes sociais. O cartaz de divulgação incluía as informações objetivas sobre o horário e início do grupo, acompanhadas do seguinte texto:

> Qualquer doença na alma deve ser vencida com uma transformação na alma. Essa virada é feita por meio da afirmação do próprio valor – uma afirmação abastecida pela preocupação com os outros." (bell hooks). As vagas para o grupo de cuidado entre mulheres estão abertas. Esse espaço é totalmente gratuito e vinculado ao Serviço de Psicologia Aplicada (SPA) da UFF, tendo como proposta um espaço de cuidado e de acolhimento com aposta no vínculo e no respeito.
>
> #pracegover No cartaz de fundo bege, há o desenho de três punhos femininos e de algumas folhas verdes na parte inferior. Em preto, as informações da Universidade Federal Fluminense, do Serviço de Psicologia Aplicada e da data de início do grupo: dia 06/06/2022, das 14h às 16h, presencial e semanalmente no campus Gragoatá, com 15 vagas e inscrições pelo *e-mail* grupotpmulheresuff@gmail.com

até 30/05. Em vermelho, o título Grupo de cuidado entre mulheres e os nomes da coordenadora da ação, Cristine Mattar, e da coordenadora e mediadora, Thamiris Iorio.

A fim de facilitar um espaço que favorecesse a troca entre as participantes e uma atmosfera de proximidade, delimitou-se um total de 10 vagas para o grupo. Optou-se também pela formação de um grupo único, que teria início e término nas datas estipuladas previamente pelas coordenadoras, totalizando 9 meses. Poder-se-ia perguntar, e de fato foi perguntado pelas interessadas, o que seria preciso para se inscrever no grupo. A resposta foi que bastaria a manifestação da disponibilidade, acompanhada pela identificação do nome. Jamais os encontros poderiam acontecer se não houvesse disponibilidade das participantes em estar presentes, portanto, essa era a única condição, colocada não exatamente pelas coordenadoras, mas pela própria dinâmica da atividade.

A construção de um espaço terapêutico pautado mais pela disponibilidade, tanto da terapeuta quanto das participantes, e menos por uma relação autoritária, foi decisiva para o andamento do projeto. Segue-se o caminho aberto por Camasmie[17] na prática clínica em grupo através da abordagem fenomenológico-existencial. O cuidado torna-se tão mais eficaz quanto mais realizado horizontalmente, isto é, sem a marcação de uma figura de poder nas relações terapêuticas. Camasmie[18] parte da noção heideggeriana de *ser-com* para desenvolver a compreensão de que existimos

[17] Camasmie, A. (2012). *Psicoterapia em grupo na abordagem fenomenológico-existencial: contribuições heideggerianas.* Niterói, RJ.

[18] *Ibid.*

sempre em relação com o outro, e não antes dela, e que, portanto, os vínculos grupais podem ser terapêuticos justamente pelo resgate dessa estrutura essencial e constitutiva do modo de ser do ente humano. Nesse sentido, cuidar de si não é excludente de cuidar do outro, e que é no modo como o existente cuida do outro que ele mostra como é. Portanto, diferentemente de determinar a dinâmica que o grupo irá seguir, cabe à terapeuta promover um espaço de confiança, considerando as especificidades trazidas ao encontro pelas participantes. Ao considerar a tradição hermenêutica que destaca a centralidade do sentido, faz-se necessária uma atenção para o modo como as mulheres se olham, conversam, dirigem-se umas às outras, e mesmo às suas expressões durante a fala, para além dos conteúdos objetivos que elas trouxeram aos encontros. Seleciona-se três momentos do grupo que possibilitam a reflexão sobre em que consistiria uma atitude decolonial em psicoterapia de bases fenomenológico-hermenêutica.

O retorno de Hortência

Hortência inicia seu relato em meio a um choro prolongado. Conta detalhadamente as insatisfações da sua rotina, trazendo problemas concretos de solução aparentemente impossível. Trata-se de uma situação de violência doméstica que perdura há mais de duas décadas. Em alguns momentos, ela demonstra compreender os motivos de seu marido, dada a circunstância financeiramente desfavorável da família. Porém, em outros, reivindica para si o direito de questionar o modo como tem sido tratada por aquele que mais ama. Duas razões a impedem de romper com o casamento e buscar sua felicidade: a primeira é a dependência em relação ao marido, tanto no âmbito financeiro quanto emocional, e a segunda é o fato de terem uma filha de pouca idade e Hortência se reconhecer como responsável por ela.

Hortência conta ainda que se envergonha de algumas atitudes pelas quais passa para manter o casamento. Trata-se de situações de humilhação pública com o marido, incluindo agressões físicas e casos extraconjugais. Fica claro no discurso de Hortência que ela não se identifica como vítima, talvez desafortunada.

As demais participantes ouvem o relato silenciosamente. Entretanto, percebo uma inquietação em suas expressões corporais: tensionamento dos lábios, mudanças bruscas na posição do corpo e o mastigar de unhas. Então, em uma das poucas pausas que Hortência fez, Rosa começou a contar uma experiência pessoal que julgava ser parecida com a de Hortência, e como ela fez para resolver o problema. Em seguida, Margarida e Jasmim fizeram o mesmo. Até que as três, uma após a outra, iniciaram uma oferta de conselhos para Hortência – o que ela deveria e poderia fazer para se livrar da situação de sofrimento que, segundo as participantes, ela não precisava passar. Consenti as falas, num primeiro momento, sem intervir, apenas deixando Hortência à vontade para verificar a viabilidade das soluções propostas, se achasse que poderiam ajudá-la.

Ao ouvirem Hortência, há uma identificação de Rosa, Margarida e Jasmim: elas se reconhecem em alguma medida nos desafios enfrentados por Hortência. Por um lado, como todas existem no mesmo horizonte histórico de sentido, isto é, na sociedade estruturada sobre o patriarcado, é natural que passem por desafios de natureza semelhante. A violência doméstica relatada primeiramente por Hortência diz de uma história pessoal, sem dúvidas, mas sobretudo de uma realidade coletiva recorrente em inúmeros lares brasileiros. Por isso, o relato de Hortência tem muitos rostos para além do seu.

Por outro lado, por mais que Hortência, Rosa, Margarida e Jasmim tivessem sofrido agressões no casamento em razão do gênero, o modo como cada uma lida com a agressão é necessariamente singular. Pode-se retribuir, sequer ter qualquer reação, denunciar, acreditar merecer. São várias possibilidades de relação com o fato de ser agredida que, ao mesmo tempo em que se utiliza a mesma palavra para descrever a realidade de cada uma, tratando-se inclusive de uma estratégia política e de resistência identitária, questiona-se se, por utilizar a mesma palavra, tratar-se-ia estritamente de uma mesma experiência.

O que se abre como possibilidade de compreensão do fenômeno, considerando o processo de identificação das participantes e a confiança de Hortência ao compartilhar seu relato? A reação de Hortência à oferta de soluções das demais participantes nos fornece algumas pistas que consideramos relevantes. Hortência ouve as sugestões e, ao final do encontro, as participantes despedem-se. Nos encontros seguintes, Hortência não aparece, fato que deixa as participantes preocupadas. Digo-lhes que eu mesma poderia enviar uma mensagem para Hortência, e que provavelmente o fizesse, mas proponho que uma participante, que estivesse disposta, buscasse notícias de Hortência. O resultado ficou claro no encontro seguinte: Hortência apareceu, desculpando-se que havia tido problema de saúde que impediu sua locomoção. Agradeceu pela preocupação das participantes.

Considerando a ausência de Hortência nos encontros seguintes à conversa, seguida por seu regresso após a mensagem, uma compreensão possível do fenômeno aponta para o sentido do relato de Hortência para o grupo. Do ponto de vista da experiência de Hortência, mais do que buscar soluções, ou talvez, menos do que isso, sua demanda era se sentir pertencente a uma comunidade amorosa[19]. Na medida em que as participantes anunciam soluções que conseguiram executar, é colocada sobre Hortência a incumbência de solucionar seus problemas também, afinal, as participantes que tiveram problemas semelhantes assim o fizeram. Ainda que implicitamente, o que está em jogo para Hortência é ou realizar o que acredita que Rosa, Margarida e Jasmim esperam dela ou permanecer presa aos problemas que já lida há mais de vinte anos. Caso siga na segunda opção, o sentimento de pertencimento ao grupo é colocado em xeque, devido à diferença de atitude em relação às outras participantes. Diferença, vale ressaltar, que não se tem garantias de que será acolhida. Daí a restrição de Hortência em não retornar aos encontros.

Do ponto de vista de Rosa, Margarida e Jasmim, compreende-se que, ao oferecerem sua experiência pessoal para Hortência, elas demonstram sua generosidade. Não apenas por narrarem a própria história, mas inclusive pela oferta de soluções que, segundo elas mesmas afirmaram, ajudaram-lhes a lidar com o sofrimento. O compartilhamento generoso de recursos é uma maneira de expressar amor[20], ainda que, nem sempre os recursos atendam às necessidades específicas de quem demanda amor.

A impermanência de Acácia

Acácia é uma mulher branca de meia idade, bem-sucedida na profissão e de boa condição financeira. Acácia entra no grupo durante o pico de uma crise depressiva, que

[19] hooks, 2021.

[20] *Ibid.*

se estendia já há dois anos em razão de um luto familiar muito próximo. Embora Acácia dispusesse de recursos para administrar a mudança de rotina que precisou enfrentar, ela não teve um espaço apropriado para a elaboração de sua dor, de modo que se encontrava em tristeza profunda quando chegou ao projeto.

Enquanto contava sua história, Acácia mostrava fotos de si mesma em seu celular antes e depois da morte de seu ente querido. Chamava a atenção das participantes o fato de seus cabelos terem outra cor e Acácia parecer pelo menos dez anos mais jovem no intervalo entre as fotografias, embora se passassem apenas dois anos do primeiro registro para o segundo.

Acácia foi prontamente recebida pelas participantes, que se puseram a consolá-la pela sua perda, afirmando que logo sua dor deixaria de existir e se transformaria no sentimento denominado saudade. Na medida em que as participantes, uma após a outra, reforçaram essa abordagem inclusive de forma incisiva, trazendo relatos pessoais de luto, incluindo o mesmo membro familiar em questão que o de Acácia, Acácia parecia demonstrar mais necessidade em afirmar sua dor, repetindo o quão difícil era não conviver mais com seu ente querido. Como se Acácia não quisesse abrir mão da única ligação que a fazia se sentir próxima do ente: a dor do luto, ou, ao menos, como se Acácia tivesse necessidade em fazer sua dor ser ouvida antes de se decidir lidar com o sofrimento pela dor. A impressão que tive é que o diálogo entre Acácia e as participantes acontecia precariamente, por mais que estivessem conversando durante duas horas: as participantes demonstraram ter necessidade de aplacar rapidamente o sofrimento de Acácia, enquanto a necessidade de Acácia me parecia ser dar ao sofrimento algum espaço para ser visto. Diante das intervenções das participantes, perguntava a Acácia o que ela achava do que ouvia, no que ela respondia vagamente.

Ao final do encontro, Acácia ficou de nos confirmar se continuaria a frequentar o grupo, pois havia uma incompatibilidade de horários. Embora Acácia tivesse saído mais cedo do trabalho para chegar a tempo, não tinha como garantir que seria possível fazê-lo toda vez. Assim, nos despedimos e aguardamos pelo próximo contato de Acácia, que não aconteceria mais.

Na semana seguinte, Acácia não retornou e não fez mais contato. Cheguei a perguntar como ela estava e se ela pretendia continuar, ao que ela respondeu que havia tido um problema no trabalho e que não poderia sair mais cedo naquele dia. O que chamou minha atenção foi a reverberação que a presença de Acácia teve no grupo, no encontro seguinte. Rosa, surpreendentemente, iniciou o encontro perguntando por Acácia. Respondi que não havia recebido nenhum contato dela até então, mas que o espaço continuaria disponível caso ela retornasse. Então, Rosa pediu licença para descrever todo o mal-estar que passou ao longo da semana por conta do contato com Acácia, na semana anterior, surpreendendo-me.

Em seu desabafo, havia críticas ao modo como Acácia falava e se dirigia às demais, embora, durante o encontro com Acácia, eu tivesse tido a impressão de que o encontro entre elas havia sido bastante positivo, com alguns ruídos de comunicação naturais no contexto de um primeiro encontro. As críticas de Rosa pareciam se fundamentar num fenômeno recorrente nos relacionamentos entre mulheres: a rivalidade feminina. Seu posicionamento marcava um lugar muito específico: a de anfitriã do grupo, afinal, ela havia sido uma das primeiras participantes a chegar no projeto. Rosa dizia que por ela Acácia não seria bem-vinda, pois sua "*vibe*" não era semelhante à "*vibe*" das demais. Caso ela seguisse frequentando os encontros, sua presença atrapalharia a fluidez do grupo.

Em uma leitura infeliz da situação, talvez exercendo algum juízo de valor, senti que precisava facilitar para Rosa a possibilidade do exercício de abertura com Acácia. Por mais que parecesse ter uma "vibe" diferente, assim como as demais participantes, Acácia se abriu ao encontro ao compartilhar suas preocupações, ainda que no modo restrito que lhe era possível colocar-se. Perguntei a Rosa o que achava e ela pareceu refletir um pouco.

As demais participantes não tomaram partido na oposição de Rosa à Acácia. Para ajudar Rosa a exercer alguma empatia, precisava ter o cuidado de não julgar a atitude dela em criticar Acácia durante sua ausência. Afinal, tratava-se muito mais de uma expressão livre de suas diferenças do que de um ato deliberado e maldoso de falar sobre alguém que não está presente.

Na semana seguinte, Rosa demonstrou ter repensado sua atitude em relação à Acácia. Confessou que se sentiu tão à vontade no grupo que achou que podia deliberar sobre quem se adequava a ele ou não. Ela dizia isso entre lágrimas, enquanto reconhecia, também, o desafio pessoal em lidar com a diferença.

Por um lado, fiquei tranquila ao ver como ela se sentiu à vontade para compartilhar seu processo pessoal de análise, desencadeado a partir de uma situação pontual no grupo. Ao mesmo tempo, tive impressão de que suas lágrimas foram desencadeadas pela intervenção feita no sentido de aceitação do modo de expressar a dor de Acácia, que era o que lhe era possível naquele momento. Não teria essa postura reforçado a rivalidade feminina em vez de acolher o receio de Rosa em perder espaço no grupo com a chegada de Acácia? Tal reflexão me ocorreu apenas após o encerramento do grupo, mediante a visualização da especificidade do fenômeno da rivalidade feminina e de suas consequências para o exercício da empatia, no sentido de abertura à outridade, de umas diante das outras.

O questionamento de Girassol

Ao longo da realização do projeto, foram feitas várias sugestões de manejo clínico por parte de professores do Programa de Pós-Graduação da UFF, tendo em vista os desdobramentos do projeto na publicação da pesquisa. Uma dessas sugestões indicava que seria interessante um relato transcrito da fala das participantes do grupo, para colocar em diálogo suas falas com as de autores clássicos da Psicologia, no contexto de escrita da dissertação. Dei-me conta, só então, que não havia tomado nota de nenhuma fala das mulheres integralmente.

O projeto foi apresentado às interessadas como um espaço de acolhimento, de modo que elas não foram avisadas que haveria gravação o que, talvez, tenha contribuído para a espontaneidade das conversas nos encontros. Ainda assim, concordei com a pertinência da sugestão e em dada altura propus às participantes a seguinte dinâmica: para cada encontro, um tema entre quatro seria sorteado e uma participante seria responsável por disparar a conversa, então, as conversas deveriam ter como referência aquele tema específico. A escolha dos temas tomou em consideração as situações de opressão de gênero mais recorrentes na sociedade para as mulheres brancas: casamento (heterossexual), padrões estéticos, maternidade e trabalho. Após apresentar às participantes a proposta, perguntei-lhes o que achavam e se topariam iniciar no encontro seguinte. A resposta foi surpreendente.

Girassol questionou, delicada e imediatamente, se falar desses temas escolhidos previamente as ajudaria de alguma forma, já que havia sido a busca por ajuda, e por um espaço relativamente livre de normatizações, que motivou sua entrada no grupo.

Considerando uma vez mais as contribuições da tradição hermenêutica para a compreensão da relação entre psicoterapeuta e paciente, ou intérprete e objeto de interpretação, ressalta-se a afetação produzida tanto no intérprete pelo objeto, quanto no objeto de interpretação pelo intérprete. Ao receber a proposta de encontros temáticos, Girassol compreendeu que o sentido da proposta destoava daquele sentido inicial do projeto: o de facilitar um espaço para o diálogo e para o encontro entre mulheres, a partir de suas próprias necessidades, no sentido inclusive de uma construção de autonomia.

Como possibilitar autonomia direcionando previamente os temas? Além disso, para ocorrer de forma espontânea, a construção de vínculos deve prescindir de qualquer utilização do outro como reserva de recursos, por mais legítimos que sejam os interesses em jogo. A participação das mulheres no novo formato proposto as colocaria na posição de entrevistadas, o que mudaria radicalmente a forma que elas se colocariam por saber que suas falas seriam registradas e que haveria alguma expectativa sobre elas: serem os mais dramáticas possíveis, talvez, dando nova configuração ao dispositivo de grupo que se pretendia, inicialmente, facilitar um cuidado entre mulheres. Tal visão só me foi possível a partir do acolhimento da questão de Girassol que, sentindo-se à vontade, falou o que pensava com toda franqueza.

Agradeci seu posicionamento e concordei com a pertinência terapêutica de seu ponto de vista, ponderando que falar sobre os temas escolhidos dependeria, sobretudo, de existir algo sobre esses temas que elas gostariam de dizer. Lavanda, na linha de Girassol, respondeu que não queria falar sobre nenhum desses temas em específico naquele dia, mas sobre um acontecimento que lhe ocorreu naquela manhã. Portanto, os temas foram rejeitados. Compreende-se que, ao propor temas fechados como disparadores da conversa, as questões seriam posicionadas previamente para as participantes: caberia a elas, necessariamente, expressar seu sofrimento acerca do casamento, da maternidade, dos padrões estéticos e do trabalho.

Por mais que a escolha dos temas fosse fundamentada pelos estudos acerca da condição social da mulher e das opressões de gênero que se têm conhecimento, trata-se de questões distantes da realidade existencial das participantes, uma vez que não parte delas a iniciativa em trazer a questão, mas da terapeuta. Ou seja, a proposta temática caracterizou-se muito mais por uma demanda da terapeuta de aprofundamento naqueles temas, sob a circunstância do registro das falas das participantes, do que por necessidade delas em lidar com o sofrimento. Por isso, do ponto de vista terapêutico, tal dinâmica é ineficaz se considerarmos que, na prática clínica de base fenomenológico-hermenêutica, a questão do paciente não deve ser posicionada pelo terapeuta.

Nesse sentido, tornam-se claros os riscos de uma atitude decolonial em psicoterapia que não considere a tradição hermenêutica: posicionar previamente a questão geradora de sofrimento antes que o paciente o faça. No caso das participantes, o equívoco seria pressupor que Girassol e Lavanda tivessem algum sofrimento para relatar no casamento, por exemplo, pelo fato de serem mulheres em um sistema patriarcal em um relacionamento heterossexual. Elas até podem ter, mas não necessariamente. Se a terapeuta considerar que elas necessariamente sofrem em alguma medida no casamento, não seria essa uma escuta baseada em preconcepções? Assim como pressupor que toda mulher preta quer falar sobre violência racista em terapia. Até pode ser, mas o decisivo para a conversa acontecer é que a terapeuta crie condições favoráveis para que a mulher preta hipotética queira falar e, portanto, fale.

De outro modo, não estaria a psicoterapia ofertando identidades para o paciente antes mesmo de ele se abrir existencialmente para a identificação com essas identidades?

Considerações finais

A facilitação de um espaço seguro possibilitou às participantes se colocarem em condição de abertura umas com as outras, o que, gradualmente, conferiu ao grupo de mulheres uma "vida própria" e independente do espaço institucional e do horário determinados para os encontros. Nos intervalos entre um encontro e outro, elas mantiveram contato, realizando passeios pela orla da praia, frequentando a padaria para tomarem café da manhã juntas e até viajando para a cidade vizinha, Rio de Janeiro, para irem ao centro cultural.

As fotos dos passeios eram enviadas no grupo do WhatsApp do projeto, de modo que a pesquisadora pôde acompanhar a evolução do vínculo do grupo, assim como a diminuição gradual da necessidade das mulheres em estar no projeto, uma vez que elas passavam a combinar seus encontros pelo WhatsApp pessoal. Uma das participantes chegou a ceder um quarto de sua casa para receber por dez dias outra participante que estava com o contrato de aluguel expirado e aguardando a data de sua viagem de volta para sua cidade natal. Nesse sentido, a força da troca coletiva e dos laços criados no projeto demonstraram a potência do cuidado horizontal entre mulheres, indicando um caminho possível de resistência ao patriarcado como indicado por bell hooks. Entretanto, ressalta-se que a construção de vínculo entre mulheres não acontece desacompanhada de afetos negativos e de estranhamento, tendo em vista o horizonte de sentido em que estão situadas. A esse respeito, não há caminho terapêutico definido a não ser aquele firme o suficiente para abarcar os riscos do encontro.

Nesse sentido, conclui-se com uma indicação, já enunciada por Mattar: "Talvez precisemos encontrar outros nomes para tratar dos modos de sofrimento, nomes que levem em conta as especificidades das suas condições por aqui, bastante consolidadas, peculiares e persistentes"[21].

Referências

Beauvoir, S. (1949). *O segundo sexo* (S. Milliet, Trad.). São Paulo, SP: Difusão Européia do Livro.

Borges-Duarte, I. (2021). Angústia e tédio como fenómenos ontológicos. *In Cuidado e afectividade em Heidegger e na Análise Existencial Fenomenológica* (pp. 127-140). Lisboa/Rio de Janeiro: Documenta/Nau/PUC-Rio.

Butler, J. (2003). *Problemas de gênero: feminismo e subversão da identidade.* Rio de Janeiro: Civilização brasileira.

Camasmie, A. (2012). *Psicoterapia em grupo na abordagem fenomenológico-existencial: contribuições heideggerianas.* Niterói, RJ.

Evaristo, C. (2011). *Insubmissas lágrimas de mulheres.* Belo Horizonte: Nandyala.

[21] Mattar, C. M. (2022). Trauma e desmentido à brasileira: a clínica como testemunho. *In* C. Mattar & A. Trzan (Orgs.). *Psicologia, fenomenologia e questoes decoloniais.* Rio de Janeiro, RJ: Via Verita, p. 176.

Feijoo, A. M. L. C. (2015). Solidão, cristalização da identidade feminina e a clínica psicológica existencial. *In* A. M. L. C. Feijoo & M. Protásio (Orgs.). *Situações Clínicas I, Análise Fenomenológica de Discursos Clínicos.* Rio de Janeiro: IFEN.

Gonzalez, L. (2020). *Por um Feminismo Afro-Latino-Americano: Ensaios, Intervenções e Diálogos.* Rio Janeiro: Zahar.

Holzhey-Kunz, A. (2021). *Verdade emocional. O conteúdo filosófico das experiências emocionais.* Rio de Janeiro: Via Verita.

hooks, B. (2016). *O feminismo é para todo mundo.* Rio de Janeiro: Rosa dos tempos.

hooks, B. (2021). *Tudo sobre o amor.* São Paulo: Elefante.

Kilomba, G. (2019). *Memórias da plantação: episódios de racismo cotidiano.* Rio de Janeiro: Cobogó.

Mattar, C.M. (2016). *Mulher, Intimismo e Violência Conjugal: tecendo redes e histórias.* Curitiba: Prismas.

Mattar, C.M. (2022). Trauma e desmentido à brasileira: a clínica como testemunho. *In* C. Mattar & A. Trzan (Orgs.). *Psicologia, fenomenologia e questões decoloniais.* Rio de Janeiro, RJ: Via Verita.

Mattar, C.M. & Sá, R.N. (2008). Os sentidos de "análise" e "analítica" no pensamento de Heidegger e suas implicações para a psicoterapia. *Estudos e Pesquisas em Psicologia, Rio de Janeiro, 8* (2), 191-203.

Sá, R.N. (2015). Hermenêutica fenomenológica da experiência de si mesmo e psicoterapia. *In* A. M. L. C. Feijoo & M. Protásio (Orgs.), *Situações Clínicas I, Análise Fenomenológica de Discursos Clínicos.* Rio de Janeiro: IFEN.

Sá, R.N. (2017). *Para além da técnica: ensaios fenomenológicos sobre psicoterapia, atenção e cuidado.* Rio de Janeiro: Via Verita.

Trzan, A. (2022). Pele colonial, máscaras fenomenológicas: quando a colonialidade nos impede de ver os fenômenos. *In* C.

Mattar & A. Trzan (Orgs.). *Psicologia, fenomenologia e questões decoloniais*. Rio de Janeiro, RJ: Via Verita.

Sobre os autores

Alice Moreira Pauferro

Graduanda em Psicologia na Universidade Federal de Minas Gerais (UFMG). Monitora do Projeto de Extensão do Plantão Psicológico do SPA-UFMG e pesquisadora voluntária no projeto de pesquisa *O Plantão Psicológico na UFMG.*

E-mail: alicempauferro@gmail.com

ORCID: 0009-0007-5312-5738

André Prado Nunes

Psicólogo. Doutor em Psicologia Escolar e do Desenvolvimento Humano pelo Instituto de Psicologia da Universidade de São Paulo. Colaborador do Laboratório de Estudos em Fenomenologia Existencial e Prática em Psicologia do Instituto de Psicologia da Universidade de São Paulo – LEFE-IPUSP. Docente filiado ao Centro de Psicologia Aplicada (CPA) – Campus Paraíso, Universidade Paulista – UNIP, São Paulo, Brasil. Coorganizador do livro *Aconselhamento Psicológico numa perspectiva Fenomenológica Existencial*. Pesquisador na área de Plantão Psicológico e formação em Psicologia.

E-mail: andre.pradonunes@gmail.com.

ORCID: 0000-0001-8498-2758

Andréa Carla Ferreira de Oliveira

Doutora em Psicologia Clínica pela Universidade Católica de Pernambuco (UNICAP). Mestre e Graduada em Psicologia pela Universidade Federal do Rio Grande do Norte (UFRN). Psicóloga da UFRN, lotada na Diretoria de Qualidade de Vida, Saúde e Segurança no Trabalho. Coordenadora do Projeto de Extensão ProEscuta: Atendimento psicológico aos docentes em situação de crise existencial.

E-mail: andreacarla.oliveira@gmail.com

ORCID 000-003-2300-4963

Carmem Lúcia Brito Tavares Barreto

Doutora em Psicologia pela Universidade de São Paulo-USP. Pós-doutora em Filosofia pela Universidade de Évora. Psicóloga Clínica. Autora de diversos Artigos Científicos e Capítulos de Livro. Professora colaboradora do Programa de Pós-graduação em Psicologia Clínica da UNICAP. Pesquisadora vinculada PRAXIS – Centro de Filosofia, Política e Cultura da Universidade de Évora com um projeto em rede: *Fenomenologia existencial: A situação hermenêutica – Teoria e Pratica.*

E-mail: carmemluciabarreto@hotmail.com

ORCID 0000-0002-5532-039X

Caroline Garpelli Barbosa

Doutora e Mestra pelo Programa de Pós-Graduação em Psicologia do Desenvolvimento e Aprendizagem (Unesp/Bauru). Graduada em Psicologia pela mesma instituição. Docente na Universidade Federal Fluminense. Seu campo de pesquisa é a clínica fenomenológica hermenêutica em articulação com as formas de sofrimento na contemporaneidade.

E-mail: cgarpelli@id.uff.br

ORCID 0000-0002-5399-0779

Claudia Lins Cardoso

Doutora em Psicologia Clínica pela Pontifícia Universidade Católica do Rio de Janeiro. Mestre em Psicologia Social pela Universidade Gama Filho. Professora Associada do Departamento de Psicologia da Faculdade de Filosofia e Ciências Humanas da Universidade Federal de Minas Gerais (UFMG). Coordenadora do Curso de Especialização em Psicologia Clínica: Gestalt-terapia e Análise Existencial (UFMG). Psicóloga Clínica. Gestalt-terapeuta.

E-mail: clins.rj@gmail.com

ORCID: 0000-0003-0533-5398

Cristine Monteiro Mattar

Psicóloga (UFF). Pós-doutora em Filosofia (Universidade de Évora). Doutora em Psicologia Social (UERJ). Mestra em Psicologia (UFF). Professora associada do Departamento de Psicologia da UFF/Campus Niterói. Coordena o Laboratório de Estudos, Pesquisas e Extensão em Fenomenologia, Hermenêutica e Psicologia (LAPHEPSI/UFF). Pesquisa as interfaces entre Psicologia, Filosofia e Clínica psicoterápica, com ênfase em: fenomenologia-hermenêutica, expressões e interpretações do mal-estar no contemporâneo, prevenção e clínica da depressão, pensamento decolonial e realidades brasileiras.

E-mail: cristinemattar@id.uff.br

ORCID: 0000-0002-3469-3699

Danielle de Fátima da Cunha Cavalcanti de Siqueira Leite

Psicóloga. Mestra e Doutora em Psicóloga Clínica. Professora da Graduação e Pós-graduação da Universidade Católica de Pernambuco – UNICAP. Atual coordenadora do Laboratório de Clínica Fenomenológica Existencial e

Psicossocial – LACLIFEP. Desenvolve pesquisa no contexto da clínica de Psicologia no diálogo com a fenomenologia hermenêutica.

E-mail: danielle.leite@unicap.br

ORCID: 0000-0002-9437-0031

Eder Oliveira Teixeira

Mestre em Psicologia Clínica pela Universidade Católica de Pernambuco (UNICAP). Psicólogo graduado pela Universidade Federal da Paraíba (UFPB), com aprofundamento na área Clínica e enfoque Fenomenológico Existencial. Membro do Laboratório de Pesquisa em *Psicologia Clínica Fenomenológica Existencial e Psicossocial* – LACLIFEP, vinculado à linha de Pesquisa *Práticas Clínicas: Psicologia e Política* do Programa de Pós-graduação em Psicologia Clínica da UNICAP (2022 – atual). Membro do Grupo de Pesquisa em Psicologia Fenomenológica Existencial vinculado ao Departamento de Psicologia da UFPB (2019 – atual).

E-mail: contatosederteixeira@gmail.com

ORCID: 0000-0002-6521-091X

Henriette Tognetti Penha Morato

Doutora em Psicologia Escolar e do Desenvolvimento Humano pela Universidade de São Paulo, em 1989. Atualmente, é Professor Associado Sênior do Instituto de Psicologia da Universidade de São Paulo. Pós-doutorado na Universidade Paris 7, entre 2005 e 2006, com pesquisa realizada na Universidade de Firenze. Atualmente, coordena o Laboratório de Estudos em Fenomenologia Existencial e Prática em Psicologia (LEFE) do Instituto de Psicologia da Universidade de São Paulo. Líder do Grupo de Pesquisa no Diretório CNPq *Aprendizagem Significativa na formação de profissionais de saúde e educação*. Bolsista Produtividade CNPq: PQ-2 – Vigência: 2011 a 2014; 2014 a 2017.

E-mail: hmorato@usp.br

ORCID: 0000-0002-1360-1169

Irene Borges Duarte

Professora emérita na Universidade de Évora. Investigadora do Praxis e coordenadora do grupo de Fenomenologia. Foi diretora do curso PhD na Universidade de Évora (2011-2022) e Presidente da Associação Portuguesa da Filosofia Fenomenológica (2011-2017). Integra a direção da Sociedad Iberoamericana de Estudios Heideggerianos (desde 2017). Atividade investigadora no horizonte de uma Ontologia hermenêutica de raiz fenomenológica, com os seguintes eixos principais de atenção: (1) a Análise Existencial fenomenológica, de base heideggeriana, em relação com a Psicanálise; (2) a Fenomenologia da Técnica nas suas manifestações culturais e ambientais; (3) a questão da linguagem e da tradução, nas vertentes teórica e prática, muito especialmente no contexto do projecto "Heidegger em Português"

E-mail: iborgesduarte@gmail.com

ORCID: 0000-0002-5218-6754

Júlia Alves

Psicóloga graduada pela Universidade Federal de Minas Gerais (UFMG). Pós-graduanda em Psicologia Clínica pela UFMG. Atua em consultório particular, em psicoterapia individual de adolescentes e adultos. Foi bolsista pela Pró-Reitoria de Pesquisa da UFMG no projeto *O Plantão Psicológico na UFMG*.

E-mail: julialves.878@gmail.com

ORCID: 0009-0008-4563-5356

Lívia Grijó Halfeld

Graduada e Mestra em Psicologia pela Universidade Federal Fluminense (UFF). Especialista em Psicologia Clínica Fenomenológico-Existencial pelo Núcleo de Clínica Ampliada Fenomenológica Existencial (NUCAFE). Atualmente, é Doutoranda em Psicologia na UFF. Integrante do Laboratório de Estudos, Pesquisas e Extensão em Fenomenologia, Hermenêutica e Psicologia (LAPHEPSI/CNPq). Coordenadora discente da Especialização em Psicologia Clínica Fenomenológico-existencial da NUCAFE. Atua como Psicóloga Clínica e supervisora clínica em consultório particular. Atua também como professora de Convivência Ética e atualidades no Colégio e Curso pH, localizado no Rio de Janeiro, e como professora de Psicologia fenomenológico-existencial em cursos de Pós-graduação.

E-mail: liviahalfeld@gmail.com

ORCID: 0009-0009-6820-5997

Luana de Matos Guimarães

Psicóloga graduada pela Universidade do Estado do Rio de Janeiro (UERJ), Mestre em Psicologia (ênfase em Clínica e Subjetividade) pela Universidade Federal Fluminense (UFF) com Bolsa CAPES e Estágio Docência, Especialista em Psicologia Clínica Fenomenológica Existencial pelo Instituto NUCAFE, com Formação pelo Instituto de Psicologia Fenomenológico-Existencial do Rio de Janeiro (IFEN). Atualmente é Pós-graduanda na DIHS/ENSP/FIOCRUZ em Direitos Humanos, Gênero e Sexualidade e integra o Laboratório de Estudos e Pesquisas em Fenomenologia, Hermenêutica e Psicologia (LAPHEPSI/CNPq/UFF), onde atuou como supervisora clínica e coordenadora de grupo de estudos no Programa de Extensão

Fenomenologia e Clínica da Depressão (PROEX/UFF). Atua como Psicóloga Clínica em consultório particular.

E-mail: luanaguimaraes@id.uff.br

ORCID: 0009-0005-0272-9326

Lucas de Paula Alves Oliveira Reis

Psicólogo graduado pela Universidade Federal de Minas Gerais (UFMG). Atua em psicoterapia individual de adultos e adolescentes. Atualmente, faz formação em daseinsanalyse na Associação Brasileira de Daseinsanalyse (ABD). Integrante do Projeto Alcance. Foi pesquisador voluntário no projeto de pesquisa *O Plantão Psicológico na UFMG*.

E-mail: lucasdepaulaao@gmail.com

ORCID: 0009-0000-3356-0774

Paulo Eduardo Rodrigues Alves Evangelista

Professor do Departamento de Psicologia da Faculdade de Filosofia e Ciências Humanas (FAFICH) da Universidade Federal de Minas Gerais (UFMG). Doutor em Psicologia Escolar e do Desenvolvimento Humano pela USP. Mestre em Filosofia. Graduado em Psicologia pela PUC-SP. Coordenador do Curso de Especialização em Psicologia Clínica: Gestalt-Terapia e Análise Existencial – UFMG, do Grupo de Pesquisa CNPq *Psicologia, Fenomenologia Existencial e Contemporaneidade* e do Laboratório de Análise de Processos em Subjetividade (LAPS) da UFMG.

E-mail: pauloevangelista@ufmg.br

ORCID: 0000-0001-9691-6141

Pedro Pereira Cavalcante Filho

Engenheiro e empresário. Mestre e doutorando em Psicologia Clínica pela Universidade Católica de Pernambuco

(UNICAP). Pesquisador vinculado ao Laboratório de Psicologia Clínica Fenomenológica Existencial e Psicossocial (LACLIFEP/UNICAP).

E-mail: ppcaval@gmail.com

ORCID: 0000-0003-4110-8467

Thamiris Iorio

Atua como Psicoterapeuta em clínica particular. Doutoranda em Filosofia na Universidade de Évora. Mestra em Psicologia pela Universidade Federal Fluminense. Graduada em Psicologia pela mesma universidade. Especialista em Psicologia Clínica na abordagem Fenomenológico-Existencial pelo NUCAFE. Formada em Psicologia Clínica Fenomenológico-Existencial pelo IFEN. Durante o Mestrado, ministrou aulas na Graduação sobre os temas Daseinsanalyse e Questões Decoloniais como professora convidada. Coordenou grupos de estudos no campo da fenomenologia-hermenêutica. Escreveu o projeto que foi aprovado pela Comissão de Ensino para a realização do grupo *Cuidado entre Mulheres*, no Serviço de Psicologia Aplicada da UFF. Coordenou o mesmo.

E-mail: thamiris.iorio@gmail.com

ORCID: 0009-0000-4894-6725

Anotações

Construindo ideias
e conectando mentes

Este livro foi composto com tipografia Minion Pro
e impresso em papel Pólen Soft 80g. em setembro de 2024.